广视角 · 全方位 · 多品种

权威 · 前沿 · 原创

皮书系列为
"十二五"国家重点图书出版规划项目

U0513350

产业安全蓝皮书

BLUE BOOK OF
INDUSTRIAL SECURITY

中国出版传媒产业安全报告
（2014）

ANNUAL REPORT ON CHINA'S PUBLISHING AND MEDIA
INDUSTRIAL SECURITY (2014)

主　编／北京印刷学院文化产业安全研究院

社会科学文献出版社
SOCIAL SCIENCES ACADEMIC PRESS (CHINA)

图书在版编目（CIP）数据

中国出版传媒产业安全报告. 2014/北京印刷学院文化产业
安全研究院主编. —北京：社会科学文献出版社，2014.4
（产业安全蓝皮书）
ISBN 978 - 7 - 5097 - 5636 - 2

Ⅰ.①中… Ⅱ.①北… Ⅲ.①出版工作 - 安全 - 研究报告 -
中国 - 2014 ②传播媒介 - 产业 - 安全 - 研究报告 - 中国 - 2014
Ⅳ.①G239. 2 ②G219. 2

中国版本图书馆 CIP 数据核字（2014）第 021870 号

产业安全蓝皮书
中国出版传媒产业安全报告（2014）

主　　编／北京印刷学院文化产业安全研究院

出 版 人／谢寿光
出 版 者／社会科学文献出版社
地　　址／北京市西城区北三环中路甲 29 号院 3 号楼华龙大厦
邮政编码／100029

责任部门／经济与管理出版中心（010）59367226　　责任编辑／王莉莉
电子信箱／caijingbu@ ssap. cn　　　　　　　　　　责任校对／白秀红
项目统筹／恽　薇　蔡莎莎　　　　　　　　　　　　责任印制／岳　阳
经　　销／社会科学文献出版社市场营销中心（010）59367081　59367089
读者服务／读者服务中心（010）59367028

印　　装／北京季蜂印刷有限公司
开　　本／787mm×1092mm　1/16　　　　　　　　　印　　张／15. 25
版　　次／2014 年 4 月第 1 版　　　　　　　　　　　字　　数／245 千字
印　　次／2014 年 4 月第 1 次印刷
书　　号／ISBN 978 - 7 - 5097 - 5636 - 2
定　　价／69.00 元

本书受教育部专项任务"中国产业安全指数研究"（项目编号：B09C1100020）资助

产业安全蓝皮书学术委员会

主编简介

北京印刷学院文化产业安全研究院（Institute for Culture Industrial Security Research，ICISR）于 2013 年 4 月在北京印刷学院成立，是一所专门研究文化产业安全问题的学术机构。

文化产业安全研究院充分利用北京印刷学院传媒类大学的特色优势，将文化和产业安全两大前沿研究领域的优势资源和研究力量深度整合，以"文化产业安全"为研究重点，以"文化产业安全评价与产业发展政策"以及"文化产业安全指数"为研究特色，立足文化产业领域的学科前沿，聚焦文化产业安全领域的热点和难点问题，进行广泛的社会调查和资料积累，持续开展前沿性、专业性和交叉性的研究，发布年度《中国文化产业安全报告》《中国出版传媒产业安全报告》，以期为政府制定文化产业政策、保证文化产业的安全发展提供理论依据和智力支持。

文化产业安全研究院突出研究特色，发展科研人才队伍，致力发展成为文化产业安全领域的科学研究中心、人才培养中心、学术交流中心、资料信息中心与咨询服务中心，并加强与相关大学、政府、研究机构、企业的协作互动，向国内领先的学术研发机构迈进。

摘　要

在各种传播媒介中，出版传播是迄今为止历史最为悠久、传播最为深广、最基本也是最核心的一种传播方式，有着其他传播方式不可替代的优势。出版传媒产业在文化产业中占有核心地位，在保障文化安全、繁荣文化发展方面担负着重要责任，发挥着不可替代的作用。

出版传媒产业既有经济属性，又有文化属性。然而，出版传媒产业的经济属性在我国长期受到忽视，出版曾一直被看成"出版事业"，这在很大程度上制约了出版传媒产业的发展。经过了十年左右的改革以及转企改制，中国出版传媒产业取得了重大的发展。不过，在发展的同时，产业安全问题不容小觑。总的来看，对中国出版传媒产业安全的挑战可以分为两个方面：自身的安全隐患和外来的威胁。

从自身的发展来看，第一，刚经历了转企改制的中国出版传媒产业现代企业制度尚未建立和完善。第二，市场竞争不充分，我国的出版传媒市场呈现的是不完全竞争的市场特征。第三，市场监管体系尚不健全。市场的立法还不完善，执法监督还有很多不到位的地方，行业协会的自律作用也没有充分发挥。第四，多年积累下来的产业结构中的问题亟待解决：产业集中度低，缺乏规模优势；产业发展不平衡，专业协作水平低；地区发展不均衡；产品结构不合理。

从外部环境来看，我国的出版传媒产业目前面对国外出版传媒集团大军压境的局面。国外出版传媒集团看到了中国市场的潜力，虎视眈眈。一方面，它们凭借强大的实力，利用产品、技术和资金的优势，从合法的途径进入中国的出版传媒市场，挤占我国出版传媒企业的市场份额。另一方面，他们从出版产业的相关领域以及出版传媒产业链下游的印刷、发行业务，以国际合作出版等形式，向编辑出版核心业务逐步渗透，对我国的出版传媒产业安全构成了威胁。西方文化霸权主义也凭借其强势文化，对我国进行文化渗透和同化。

综上所述，我国出版传媒产业的安全形势不容乐观。

要消除出版传媒产业的安全隐患，必须从内外两方面入手。要消除内部隐患，保障中国出版传媒产业的安全，就得发展、增强自身的力量。国有企业全面建立和完善现代企业制度，优化产业结构，提高产业的创新能力。全面激活民营企业，从而使得国内出版传媒市场实现充分竞争，全面提高中国出版传媒产业的总体竞争力。面对国外出版传媒企业进入带来的安全挑战，中国出版传媒产业在发展自己的同时，要把握好对外开放的节奏。对于需要开放的领域，要建立完善的法律法规和监管体系；对于需要保护的业务，要设置适当的壁垒；提高对违法进入中国出版传媒市场行为的执法力度；加强出版内容监管，建立系统的文化安全预警机制。

另外，从长远来看，优化出版传媒产业人才培养机制对于保障我国出版传媒产业安全至关重要。目前，需要大力改革出版传媒产业人才培养机制，加快出版传媒人才培养，优化出版传媒人才结构，提高出版传媒队伍的素质。

总之，要保障我国出版传媒产业的长治久安，迎接跨国出版集团的竞争挑战，我们一方面要筑好篱笆，运用好各种壁垒；另一方面，要消除自身的安全隐患，提高自身的竞争力，在竞争中发展壮大中国的出版传媒产业。

Abstract

Among various communication media, publishing, with the longest history, is at the core. The advantage of which cannot be fully replaced by any other. The publishing and media industry is situated at the central place of the culture industry, whose security is deadly critical in the existence of a nation.

The publishing and media industry has both economic and cultural attributes. However, the economic attributes of the publishing and media industry was once neglected for a long time in China. Publishing was a " cause " instead of an "industry" for decades. That was why the development of publishing sector lagged behind other industries. The reform and corporatization of printing houses has been going on for over a decade. The reform has made great achievements. But at the same time, some problems of industrial security have arisen. Generally speaking, the threats come from two sources. One is the internal defects of the industry, while the other is the penetration of overseas multinational publishers.

The internal defects mainly include the following: First, the newly-reformed publishing and media industry of China has not yet set up a complete modern enterprise system. Second, the publishing and media market of China has not experienced adequate competition. Third, a sound market regulatory system has not been established. The publishing and media market in China is still without a well structured legal system. And law enforcement is not powerful enough to ensure the order of the market. In addition, trade associations and societies in the publishing and media industry have a long way to go before they can play an important part in industry self-regulation. Fourth, there are many problems in the existing industrial structure of the publishing and media industry in China, including low industrial concentration with a lack of scale advantage, uneven industrial development with low level of collaboration, unbalanced regional development, irrational structure of products.

Besides these internal defects, threats also come from multinational giants in the publishing and media industry. The international players have seen the potential of the publishing market of China, and try to force their way into it. Furthermore, in the process of global cultural integration, the western cultural hegemony uses their power to undermine the cultures of the developing world through market penetration. As a developing country with different ideology and culture, China is sure to be the subversion target of the western culture hegemony.

To sum up, the security situation is serious for publishing and media industry in China.

To eliminate these safety problems, China's publishing and media industry has to work both domestically and internationally. To get rid of hidden dangers from within the domestic industry, it has to develop and strengthen herself. First of all, the state-owned publishing and media businesses should establish comprehensive and modern corporate system, optimize the industrial structure and enhance the innovativeness of the businesses. Secondly, the private sectors of the industry should be fully activated, and supported, to encourage domestic market competition. This is a way to realize the adequate competition of the domestic publishing and media market and sharpen the competitiveness of the whole industry. Thirdly, to ensure fair competition, there should be a well established market management system.

To meet the security challenge from outside threats, China's publishing and media industry should set the appropriate pace for opening to the outside world. For those fields that are to open up, the legal and management systems must be established. For those fields that need protection, appropriate barriers should be set up to block outsiders. Let the law and market work. In addition, a security warning system should be built to ensure that precautions are taken.

Besides, in the long run, it is essential to optimize the mechanism of publishing and media talents cultivation. To have an edge in the industry competition talents are a key factor.

In conclusion, to ensure the long-term security of the publishing and media industry in China, we have to, on the one hand, build our fences to protect the industry, on the other hand, eliminate the hidden danger inside the industry, sharpen its competitiveness and develop it into a power in the publishing and media world.

目 录

B I 总报告

B II 安全现状篇

Ⓑ Ⅲ　评价预警篇

Ⓑ Ⅳ　国际经验篇

皮书数据库阅读 **使用指南**

CONTENTS

B I General Report

B II Current Situation

BⅢ   Evaluation & Early Warning

B IV　International Experiences

总 报 告

General Roport

  改革开放以来，中国出版传媒产业取得了很大的发展。但是，产业安全问题不容小觑，中国出版传媒产业的安全状况亟待研究。总的来看，对中国出版传媒产业安全的威胁可以分为两个方面：内部的安全隐患与外来的威胁。

  刚经历了转企改制的中国出版传媒产业面临着现代企业制度尚未建立和完善，市场竞争不充分，市场监管体系尚不健全的问题。此外，多年来积累下来的产业结构中的问题也亟待解决：产业集中度低，缺乏规模优势；产业发展不平衡，专业协作水平低；地区发展不均衡；产品结构不合理。

  与此同时，我国的出版传媒产业目前面临着国外出版传媒集团的大军压境。国外出版传媒集团看到了中国市场的潜力，虎视眈眈，他们凭借强大的实力，挤占我国出版传媒企业的市场份额，向编辑出版核心业务渗透，对我国的出版传媒产业安全形成了威胁。

  总之，我国出版传媒产业的安全形势不容乐观。

  要消除出版传媒产业的安全隐患，必须从两方面入手。首先，打铁先得本身硬，要想保障中国出版传媒产业的安全，就得发展、增强自身的力量，从整体上优化产业结构，在企业中全面建立和完善现代企业制度，并提高产业的创新能力，从而提高中国出版传媒产业的总体竞争力。其次，面对跨国出版企业的进入带来的安全挑战，在发展自己的同时，要把握好对外开放的节奏，需要开放的领域，要建立完善的法律法规和监管体系；需要保护业务，要设置适当的壁垒，适度阻止境外出版传媒企业介入。

B.1

中国出版传媒产业安全报告

孙万军*

摘 要：

在全球化时代，刚经历了转企改制的中国出版传媒产业面临各种各样的挑战，亟待针对出版传媒产业安全形势进行研究。本报告梳理了中国出版传媒产业总体运行情况，概括了我国出版传媒产业发展的基本特点；全面分析了我国出版传媒产业安全的基本状况，探讨了影响我国出版传媒产业安全的内部因素和外部因素；在此基础上提出了维护我国出版传媒产业安全的对策。

关键词：

出版传媒产业 产业安全 运行特点 对策

一 中国出版传媒产业安全研究概述

（一）研究背景与意义

1. 研究背景

人类社会发展到 21 世纪，进入了信息时代，各种传播媒介已经深深地融入了社会生活的各个角落，成为人们日常生活中不可或缺的一部分。在各种各样的传播媒介中，出版传播是人类迄今为止历史最为悠久、传播广度最深、最基本、最核心的一种传播方式，有着其他传播方式无可替代的优势。虽然近年

---

* 孙万军，博士，北京印刷学院新闻出版学院教授，硕士生导师。

来广播、电视、互联网等媒体发展迅速，大有后来者居上之势，但是这些后出现的媒体始终还是脱离不了出版传播这个传播"母体"。例如，广播、电视新闻离不开新闻稿件；电视剧、电影离不开剧本；许多网络媒体也有其"稿本"，出版传媒产业仍然占据传媒业的核心地位。

出版传媒产业是一个较为特殊的行业，其特殊性在于：这个产业既具有经济属性，又具有文化属性。作为国民经济的一个重要组成部分，出版传媒产业和其他产业一样承担着为社会创造价值、积累财富、促进就业等使命，在国民经济和社会的发展中扮演重要的角色。出版传媒产业在发挥其经济作用的同时，还肩负着积累文化、传承文明的使命。迄今为止，人类文明中的大部分成果都以出版物的形式被保存。在如今全球化的时代，民族的文化与政治及经济相互交融，在综合国力竞争中，文化的地位和作用越来越突出。文化代表一个国家的软实力，是民族之魂，立国之本。一个民族的生命力、创造力和凝聚力都孕育在其文化之中。因此，可以说，一个国家文化产业的安全关系其民族的生存与发展。而出版传媒产业在文化产业中占据核心地位，在保障文化安全、繁荣文化发展方面担负着重要责任，发挥着不可替代的作用。出版传媒产业的安全不仅仅关系着国家的经济安全，更关乎国家的文化安全和政治安全。

我国处于社会主义建设的初级阶段，正处于社会变革的转型期，经济成分和经济利益多种多样，各种社会生活方式、思想观念大量涌现。中国的出版传媒业是市场化和产业化运作较晚的行业之一，也是开放度较弱的行业之一。改革开放之前，中国的出版传媒业一直在计划经济的轨道上运行。由于其具有强烈的意识形态属性，出版传媒业的产业化进程远远落后于其他经济领域。如今面对着市场经济的风浪，要想远行，就不能安稳地驻足在陆地上，必须投入全球出版传媒市场这个海洋中经历风浪的洗礼才能扬帆远航。于是，就有了出版传媒业的转企改制，要把习惯在计划经济陆地上平稳行进的火车改造为能够遨游商海的巨轮。目前，脱胎于计划经济、刚刚完成了转企改制的出版社，从由财政拨款的事业单位变成"自主经营，自负盈亏，自我发展"的市场主体——企业，改制带来的阵痛尚未消散，还面临各种各样的问题。这艘刚刚组装完毕的航船是否经得起国际市场竞争的大风大浪还有待时间的检验。放眼世界，全球化的浪潮早已波涛汹涌，形形色色的文化大潮拍打着古老的神州海岸，文化霸权主义者盯上了这片历史悠久的土地，潜移默化地向国人灌输其所宣扬的西方价值观，各国出版传媒产业的巨头都在策划瓜分世界出版传媒市场上"最后的蛋糕"。与此同时，信息技术革命的风暴铺天盖地，卷起层层巨浪，要吞噬出版行业这艘古老的巨轮。

在这样的商海上航行，到处是漩涡和暗礁，这正是中国出版传媒产业现阶段不得不面对的情形。目前，我国出版传媒产业面临的安全形势不容乐观。一方面，面临全球化的挑战和文化霸权主义的威胁；另一方面，要应对后转制时期出现的新情况以及数字时代带来的变革压力等一系列问题。在这种形势下，针对中国出版传媒产业安全问题的研究就更加紧迫，只有摸清航道上的暗礁浅滩，才能让中国出版传媒产业这艘航船破浪前行。

2. 出版传媒产业安全研究现状综述

随着经济和文化的全球化、中国加入世界贸易组织和中国出版产业市场化的不断推进，中国出版传媒产业的安全问题愈加突出。特别是 21 世纪以来，面对新威胁和挑战的不断出现，出版传媒产业安全问题越来越引起学术界和业界的关注。

李祥洲 2001 年在《中国出版》上撰写了《新时期出版安全面面观》一文。这是较早探讨中国出版业安全的一篇文章，从政治与出版安全、市场经济与出版安全、科技进步与出版安全、加入世贸组织与中国出版安全的关系等几方面探讨了中国出版业安全的问题。王建辉于 2002 年 11 月在《出版科学》的"卷首语"中发表了《新闻出版与文化安全》一文，提出了"新闻出版是文化的重要组成部分，在保护文化安全方面肩负着重大责任"。他在文章中提出新闻出版要依托文化维权捍卫文化安全、构筑文化屏障维护文化安全、传播先进文化加强文化安全的呼吁。2003 年，湖南少年儿童出版社的杨实诚在《出版科学探索论文集》中撰文《面对人世，谈维护出版文化安全》，指出"中国出版业直面新的形势，出版文化安全问题会提到比以往更为重要的位置来考虑"。可以看出，早期的出版业安全研究主要关注的是出版业的文化属性，把出版业的安全与国家的政治、文化和意识形态安全紧密地联系起来。

2004 年，我国的出版社转企改制拉开序幕，研究者开始关注出版业经济属性方面的安全问题。金炳亮在《出版科学》2004 年第 5 期上发表《中国出版产业化进程与国家文化安全》一文，认为在文化产业化、经济全球化和贸易自由化的强大冲击下，中国出版产业化进程被大大推进，而出版的产业化必将给国家的文化安全带来冲击。随着研究的逐步深入，学界对中国出版传媒产业安全研究的视角也开始多了起来。2006年，朱建伟的文章《出版体制改革背景下的出版安全观》论述了出版安全与体制的关系，认为出版安全的实质是出版体制安全、出版机制安全、出版媒介安全、出版内容安全和出版贸易安全。同年，彭文波在《对国际版权贸易的文化安全思考》一文中，从国际版权贸易的角度探讨了在版权引进和输出逆差现象日益严重的趋势下，我国面临严重的国家文化安全威胁，提出了在版权贸易中构筑文化安全体系的思路。

伴随着数字化通信技术的发展，研究者的视线开始转向了数字时代的出版传媒产业安全问题。2009年，陈颖的文章——《论网络环境下学术期刊的出版安全》探讨了网络环境下学术期刊出版安全面临的威胁。董中锋的文章《论数字化时代中国的出版文化安全》较为全面地从文化的角度阐述了在数字技术时代中国出版文化安全面临的挑战。

纵观近年来学界对出版传媒产业安全的研究，虽然研究的角度越来越丰富，关注的问题越来越深刻，但是迄今为止还没有在产业安全理论的框架下对我国出版传媒产业进行系统梳理和探讨的研究，这就为本书的研究留下了空间。

3. 出版传媒产业安全研究的目的和意义

产业安全问题是出版传媒产业面临的一个重大问题，但目前出版传媒产业面临的潜在威胁尚未被业界所充分认识和重视。本书以科学发展观为指南，依据产业安全理论，全面梳理我国出版传媒产业发展中存在的安全隐患和要面对的风险，考察影响我国出版传媒产业安全的因素，为使我国出版传媒产业健康有序地发展、提高国际竞争力以及监管部门进行有效的行业监管，提供了较有价值的参考建议和应对策略。

首先，从目前国内的研究来看，对出版传媒产业安全还没有明确的界定，这样不利于对这个领域的系统研究。针对这种情况，本书第一步将界定出版传媒产业安全的内涵和外延，为该领域的研究做一些基础性工作。其次，本书将全面梳理影响我国出版传媒产业安全的内部因素和外部因素，并运用定性和定量分析的方法，对这些因素进行分析，发现其对我国出版传媒产业生存和发展所产生的不利影响，对不良后果起到预测、预判和预警的作用。再次，运用定性和定量相结合的方法，建立出版传媒产业评价指标体系，对我国出版传媒产业安全进行测评，判断存在其中的安全隐患。另外，由于出版传媒产业除了具有经济属性之外还具有文化属性，本书还将关注出版传媒产业安全对我国文化安全的影响。最后，在对出版传媒产业安全问题进行系统研究的基础上，对如何处理影响我国出版传媒产业安全的内部因素和外部因素提出有针对性的应对策略，为管理部门制定政策提供依据，为出版企业的生产以及学术界的研究提供参考。

由于出版传媒产业的文化属性，出版活动实质上是一种特殊的文化活动，出版承载着一个国家的意识形态、政治和文化的责任，因此，出版传媒产业的安全和国家的文化安全息息相关。中国是一个社会主义国家，有着和西方经济文化强国不同的意识形态，于是受到了西方某些势力的敌视。西方一些国家通过各种媒介对中国的意识形态进行攻击，营造反华舆论，推销他们信奉的社会政治理论、价值观念、意识形态和生活方式。他们希望通过媒介的传播，潜移默化地改变人们的思维和价值观。在利益的驱动下，西方一些反华势力利用大众传媒重点报道中国所谓的"阴暗面"的东西以及各种反对中国政府的言论和声音，目的在于引起人们思想和价值观念的混乱，消解中华民族的凝聚力，从而诱发中国社会的不安定。作为国家文化安全重要组成部分之一的中国出版传媒文化产业，正面临来自外部和内部的一系列威胁和挑战。因此，有必要对我国的出版传媒产业安全形势进行全面、系统的研究，摸清影响我国出版传媒产业安全的各种因素，以便相关部门制定出版传媒产业安全战略，在提高出版传媒产业竞争力和出版从业人员文化安全意识的同时，有效地保障出版传媒产业的安全，保障国家和民族的文化安全。基于这样的目的，本书致力于较为系统、全面地探讨中国出版传媒产业的安全问题，在分析和研究处于变革中的中国出版传媒产业安全问题的过程中，形成初步的出版传媒产业安全研究理论框架，为以后更进一步的研究奠定基础。

（二）研究的内容与方法

1. 研究的内容

出版传媒产业文化和经济的双重属性决定了该产业的安全要受文化和经济等各方面诸多复杂因素影响。首先，作为文化产业的核心，出版传媒产业势必受到文化全球化的影响。从出版产品、出版形态、语言文字到出版观念和指导思想，无不存在着文化的踪迹。出版传媒产业肩负着维护民族文化安全的重要责任，但目前出版安全面临着西方文化霸权主义的挤压以及不同意识形态的渗透。其次，作为国民经济中的一个重要产业，在全球贸易自由化大潮的冲击下，出版传媒产业从产品、技术、投资到贸易等各方面都受到来自境外的跨国出版传媒集团的威胁。最后，作为一个历史悠久的行业，出版传媒产业还得应对新技术革命的挑战。更为重要的是，中国的出版传媒业刚刚经历了转企改制，其中很多企业还没有真正经历市场竞争的大浪淘沙，内部还存在着很多缺陷。中国出版传媒产业面对的安全形势是严峻的，但是，当前对出版传媒产业安全尚缺乏系统化的研究。本书旨在对中国出版传媒产业的安全形势进行较为全面、系统的探讨，为以后进一步的研究奠定基础，主要涉及以下内容。

其一，界定出版传媒产业安全的内涵和外延，初步建立出版传媒产业安全研究的理论框架。当前出版传媒产业安全范畴尚没有明确的界定，出版传媒产业安全研究的理论体系还没有建立，这种情况不利于对我国的出版传媒产业安全展开系统的研究。本书将以科学发展观为指导，以产业安全理论为基础，遵循出版传媒产业的发展规律，在仔细梳理相关学术思想和观点的基础上，认真分析我国出版传媒产业的运行环境和特点，对出版传媒产业安全的内涵和外延加以界定，为在出版传媒产业安全领域形成系统的研究体系奠定初步的理论基础。

其二，分析国内外出版传媒行业发展的新特点，研究中国出版传媒产业的国际竞争力和产业控制力的状况及其发展趋势。在当前经济全球化、贸易自由化的语境中，要研究中国出版传媒产业安全问题，就必须先认真研究出版传媒产业面临的新形势和新特点，分析这些外部因素和内部因素对中国出版传媒产业安全的影响范围和影响程度，在对这些影响因素进行仔细分析的基础上，建立出版传媒产业安全评价指标体系，并根据这一体系对中国的出版传媒产业安全进行评价。

目前中国新闻出版体制机制发生了根本性变化，基本上完成了转企改制，越来越多地参与国际竞争。中国的出版传媒产业"走出去"与世界出版业相融合，同时，世界出版传媒业走进中国市场，与中国的出版传媒产业相竞争，已经成了不可避免的趋势。中国加入世界贸易组织后，出版传媒市场也逐渐开放，2003年中国对外开放了图书的零售业务，2004年开始向外资开放图书发行批发业务。越来越多的外资出版企业进入中国，跨国出版集团以其强大的竞争力给中国的出版产业带来了巨大的压力，我国的出版传媒产业不得不参与到国际竞争中，并通过国际市场竞争来发展壮大自己。与此同时，中国的出版传媒产业还得对国外出版企业时刻保持警惕，防止其对我国出版传媒业的控制达到危险的程度。

本书在现有产业安全研究成果的基础上，根据指标体系设置的基础理论，结合出版传媒产业的特点，探讨中国出版传媒产业的优势和劣势、国际竞争力和产业控制力的发展趋势，分析影响中国出版传媒产业发展安全的外部因素和内部因素，对各种影响因素进行评价，研究我国出版传媒产业所面临的安全形势。

其三，分析出版传媒产业自身的安全隐患，研究中国出版传媒产业运行风险。出版传媒产业的文化属性决定了出版传媒产业本身的安全与国家的文化安全息息相关，因此，影响出版传媒产业安全的就不仅仅是经济因素，还有很多其他方面的因素。另外，刚刚步入市场化运作的中国出版传媒产业还存在诸多问题，主要表现为：还没有建立完善的现代企业制度；自身的市场竞争不充分；创新能力不足；行业的监管水平有待提高等。这些问题如果不能得到认真研究和妥善解决，将导致中国出版传媒产业运营风险的发生，并给出版传媒产业带来安全隐患，从而危及国家的文化安全。

本书将基于对出版传媒产业风险研究成果的评述，建立中国出版传媒产业运营风险分析框架，并依据此框架对我国出版传媒产业运营风险进行研究，为我国出版传媒产业发现安全隐患、防范运营风险提供借鉴与参考。

本书还将考虑中国出版传媒产业自身的发展特点带来的安全隐患，建立出版传媒产业安全评价指标体系，运用定性分析和定量分析相结合的方法，测算我国出版传媒产业的安全水平。

其四，对出版传媒产业安全进行评价，对产业中的安全隐患发出预警。想要准确评估我国出版传媒产业的安全状况，就有必要建立一套既符合出版传媒产业自身特点，又具有科学性的产业安全评估指标体系。本书将在充分借鉴国内外研究成果和经验的基础上，结合我国出版传媒行业自身的特点，综合分析影响我国出版传媒产业安全的内部因素和外部因素，从产业的国内环境、国际竞争力和产业控制力等方面构建初步的产业安全评估体系，并对各个方面的指标进行细化。在此基础上，通过调查访谈、定量分析等手段测试、调整和完善指标结构，以形成一套科学合理的出版传媒行业安全评价指标体系。

基于所建立的出版传媒行业安全评价指标体系，采取恰当的方式，对中国出版传媒产业的安全状况进行分析，以发现其中隐含的重大不利影响因素，判断其可能会引发的不良后果，对可能危及中国出版传媒产业安全的问题能够及时预测、预判，以起到预警作用，为出版传媒产业化解风险提供参考。

其五，为应对出版传媒产业风险提供应对策略建议。在对出版传媒产业安全进行定量分析的基础上，对一些影响产业安全的重大因素开展定性分析，根据研究结果，对中国出版传媒产业运营中的风险进行系统、动态的研判。针对影响中国出版传媒产业安全的重大问题进行专题研究，并提出应对策略的建议，为调整产业政策、优化产业结构、全面提高中国出版传媒产业安全度提供策略参考。

2. 研究的方法

（1）理论研究和实际案例相结合的方法。本书一方面依据产业安全理论来考察出版传媒行业的安全问题，对出版传媒产业安全的内涵和外延加以界定，梳理出版传媒产业安全理论框架的脉络；另一方面，注意把理论与中国出版传媒产业安全实际案例相结合，尤其是较为典型的案例，用理论指导实际的案例分析，同时在实际案例分析中验证理论的严谨性。这样，把理论研究和实际案例结合起来，系统地研究中国出版传媒产业安全与发展中的重大问题。

（2）全行业描述与细分领域描述相结合的方法。要对出版传媒产业安全有全面的把握，就必须先从整体上进行描述，因为产业安全度的高低和产业竞争力、产业控制力等众多因素密切相关，有必要从全行业的角度对这些关键的因素加以梳理和评价。同时，出版传媒产业中包括很多领域，如编辑、发行、印刷、数字出版等，每个领域都有自己的特殊规律，要想全面研究出版传媒产业的安全状况，就不能忽视这些领域的特殊性。因此，本书采用全行业描述与细分领域描述相结合的方法，理清整体宏观系统和局部微观系统的关联和特征，以此来总结出版传媒产业安全与发展的一般性规律和一些领域的特殊情况。

（3）纵向比较与横向比较相结合的方法。一方面，出版传媒产业安全问题的研究需要对纵向的历史数据进行分析，以把握产业安全问题的发展趋势；另一方面，还需要横向与别的国家和地区的出版传媒产业进行对比，找出问题。因此，本书采取纵向比较与横向比较相结合的方法，既关注中国出版传媒业的历史数据，又关注与不同国家和地区出版传媒产业的对比。

（4）定性研究和定量研究相结合的方法。要对一个产业的安全进行评价，一定会涉及构建产业安全评价标准的问题，对产业安全的指标数据加以分析和研究，并采取适当的方法来处理这些指标，这样就需要进行定量研究，对这些指标和数据进行通过数理统计和分析来进行定量描述。但是，并不是所有的指标都适宜定量描述，有些指标充满了不确定性和模糊性，不适宜用定量分析的方法研究，针对这些指标，本书采用定性描述的方法加以分析和探讨。这样把定量分析和定性描述相结合，力求做到研究的全面和准确。

（三）出版传媒产业安全

1. 出版传媒产业安全概念的界定

（1）出版传媒产业。产业是人类社会化分工的产物，是社会生产力发展的必然结果。在社会经济活动的过程中，一些具有同类生产技术特征或产品特征的经济活动的集合就形成了一个产业。虽然出版活动在中国有着很长的历史，但是出版传媒被称为产业的历史并不长。造成这一现象的主要原因是，长期以来在出版传媒业的文化属性和经济属性中，文化属性受到了重视，而出版传媒的经济属性没有得到应有的重视。

从新中国成立到20世纪80年代，出版活动在中国一直被称为"出版事业",当时的出版机构是不以盈利为目的公益性事业单位。"出版事业"最重要的使命就是维护现行政治体制的合法性,宣传党和国家的路线、方针、政策,维护国家的安定团结,是舆论工具,当时强调的是出版活动的文化属性。直到20世纪90年代,随着社会对出版活动的经济属性越来越重视,出现了"出版产业"的说法。同时,中国的出版行业开始了市场化和产业化运作,成了真正的"产业"。新世纪的到来拉开了中国出版行业转企改制的帷幕,到2010年,中国出版业的转企改制基本完成。随着信息技术革命的飞速发展,出版业的内涵也在不断地丰富,并逐步扩大,传统的出版概念已经不能完全覆盖出版活动了,于是"出版产业"逐步扩大为"出版传媒产业"。

1971年联合国教科文组织在修订的《世界版权公约》中给"出版"下了一个定义:可供阅读或者通过视觉可以感知的作品,以有形的形式加以复制,并把复制品向公众传播的行为。1991年颁布的《中华人民共和国著作权法实施条例》中对"出版"的定义是:出版是将作品编辑加工后,经过复制向公众发行。总结前人的观点,赵洪斌等研究者提出了出版的概念:

> 结合现代出版的实际发展状况可以认为,出版活动包括选择、编辑——对作品进行选择、编辑等并使之成为出版物的过程,该环节是一个对知识信息体系进行选择的过程,并使其成为适合受众消费,因此这是好的出版物得以产生的基础环节;印刷、复制——原始作品需经过大量的印刷、复制,并通过有形的载体形式,成为出版物而被众多的受众所接受;发行、流通——通过一定的发行、流通手段使公众获得这些出版物,这是出版活动的内在动机和根本目的。这三个环节和过程对应现代企业的核心流程就是供应、生产、销售三个环节。这应该是出版的基本核心内涵与功能。①

从产业链的角度来看,出版产业主要包括编辑、印刷和发行三个环节。而编辑出版领域涵盖了图书、期刊、报纸、音像的出版,除此之外,还囊括了近

---

① 赵洪斌、盛梅等:《出版产业的概念、内涵及其特征》,《重庆社会科学》2011年第2期,第81~82页。

年来新出现的网络和数字等出版形态；印刷领域则包括印刷、印刷设备的生产、磁介质的生产、电子出版设施设备制造、复制生产、复制设备生产制造等；发行领域涵盖了出版物批发、零售以及电子文献的在线传递等。另外，和出版活动密切相关的版权交易、出版创新、广告推广等活动，都可以归到出版传媒产业中来。这些领域有的已经超出了传统的"出版行业"概念所覆盖的范围，所以本书使用"出版传媒产业"这个概念来指涉已经扩大了内涵的出版产业。

根据国家统计局的新国家标准《国民经济行业分类》（GB/T 4754 – 2011）国民经济行业分类中有关出版业的具体分类，出版业的子行业包括图书出版、期刊出版、报纸出版、音像制品出版、电子出版物出版和其他出版。在实际操作中，我国每年的新闻出版统计年报和自 1980 年起每年出版的《中国出版年鉴》一般都以图书、报纸、期刊、音像制品、电子出版物和互联网出版物这六种出版物的编辑加工、复制和发行等一系列活动作为统计对象。因此，本课题在研究中也以这些领域作为研究对象。

（2）出版传媒产业安全。《现代汉语词典》把"安全"一词解释为"没有危险；平安"。而英语中的"security"（安全）一词来源于拉丁文的"securitas"，意思是从不稳定状态和不安等心态中解脱出来的状态，进而引申为脱离危险的安全状态。许多学者认为，安全是二元的，既具有主观性，又具有客观性。美国国际政治学专家阿诺德·沃尔弗斯（Arnold Wolfers）指出："所谓安全，从客观意义上来讲，是指所拥有的价值不存在现实的威胁，从主观意义上来说，是指不存在价值受到攻击的恐惧感。"[1]

所谓产业安全，李孟刚在《产业安全理论研究》一书中给出的定义是："产业安全是指特定行为体自主产业的生存和发展不受威胁的状态"[2]。产业安全对一个国家的经济安全来说至关重要。如果产业安全得不到保障，国家的经济安全就无从谈起，而且整个国家的安全都会面临严重的问题。产业安全可以分为产业政策安全、产业组织安全、产业结构安全和产业布局安全几个方面。

① Arnold Wolfers, *Discord and Collaboration*, Baltimore: Johns Hopkins University Press, 1962.
② 李孟刚：《产业安全理论研究》，经济科学出版社，2012。

影响产业安全的主要因素可以划分为外部因素和内部因素两个方面。所谓影响产业安全的外部因素就是"由于全球经济一体化和市场开放条件下，来自国外的资本、技术和产品等因素"，而"影响产业安全的内部因素，是指产业所在国的内生的对产业生存和发展造成影响的因素"，主要指"国内产业的生存环境和竞争环境"①。评价国家产业安全，主要是考察这个国家的产业环境、产业对外依存度、产业国际竞争力以及产业控制力。

出版传媒产业安全至今还没有明确的定义，参照李孟刚在《产业安全理论研究》中对产业安全含义的阐释，本书将中国出版传媒产业安全界定为：中国出版传媒产业的生存和发展过程中不受威胁，能够自主、健康、有效地发展。具体可以从以下几方面理解：首先，本概念的主体特指的是中国出版传媒产业，包括图书出版、报纸出版、期刊出版、音像制品出版、电子出版物出版和其他出版，涵盖编辑、印刷和发行三个产业环节。其次，从产业安全内部影响因素看，国内出版传媒产业的生存和发展处于稳定的状态。最后，从产业安全外部影响因素来看，出版传媒产业安全不受外界的威胁。

（3）出版传媒产业安全的内涵。出版活动是一种特殊的经济和文化活动，它包含许多特定的政治、经济、文化意义，所以出版传媒产业的安全也涵盖政治、经济和文化等方面。

从产业组织的角度看，出版传媒产业的安全首先是出版传媒体制的安全，出版传媒体制是国家制定的出版传媒产业的组织方式，其中包含一系列出版传媒产业政策和法律规定。出版传媒产业的组织方式会随着国家政治、经济、文化体制的改革而进行调整，其目的就是要有利于维护国家的根本制度，在有利于促进国民经济的发展的同时，也要有利于提高人民的物质文化生活水平。总之，只有出版传媒产业的体制与国家的政治体制、经济体制、文化体制相适应，才能保障其体制的根本安全。

从产业结构的角度看，出版传媒产业安全是出版传媒市场机制的安全。和体制相比，机制要微观一些，出版传媒市场的机制决定了市场的开放度和竞争度，调节市场的供需结构。在市场机制的把握上最能体现出管理部门的监管水

---

① Arnold Wolfers, *Discord and Collaboration*, Baltimore: Johns Hopkins University Press, 1962.

平，如果市场的开放度过低，竞争不充分，那么就不利于出版传媒企业的长远发展，也不能充分满足市场的需求。如果开放度过高，则有可能导致无序竞争，伤害基础薄弱的民族企业。要让出版传媒市场健康发展，必须在市场运行机制上，把握好"度"，让市场的供给结构和需求结构平衡，通过适度竞争，促进出版传媒市场的平稳、健康发展。

从产业布局的角度看，出版传媒产业安全是出版传媒产业链各个环节的安全。出版传媒产业覆盖了编辑、印刷和发行三大环节，如何促进各个环节协调发展，是摆在出版传媒产业面前的一个极具挑战性的问题。目前我国出版传媒产业的编辑领域没有对外开放，而印刷业和发行业都已经放开。要想保证出版传媒产业的安全，就必须做到收而不僵、放而不乱，使整个产业在内容生产、产品生产和出版贸易几方面都协同发展。另外，中国的地域广阔，地区发展不平衡，如何让地方的出版传媒产业发展适应当地经济发展的要求，也是一个重要的问题。

从产业政策的角度来看，出版传媒产业安全是决策机制的安全。要想保证产业政策目标的正确性和政策措施的有效性，就必须建立科学的决策机制，保证监管部门对出版传媒市场的监管。监管部门的管理既要估计出版传媒产业的经济属性，又得考虑其文化属性，保证出版内容有利于先进思想文化的传播，有利于中华民族经典文化的传播，有利于整个社会正能量的传播，同时还要顾及出版传媒产业自身的发展和壮大。

2. 出版传媒产业安全与国家安全

由于出版传媒产业具有经济和文化双重属性，那么其对国家安全的影响就可以从经济和文化两方面来考察。

（1）出版传媒产业安全对国家经济安全的影响。转企改制以来，出版传媒产业的经济属性愈加突出。随着出版业的市场化，出版传媒市场的竞争全面展开。中国的出版传媒产业已经成为国民经济发展的重要组成部分，正在从单一靠自身经济积累的发展方式步入与相关产业融合共赢的发展时期。出版传媒产业与整个社会经济发展的相关度在不断提升，出版传媒产业与相关产业之间的联系更加密不可分，产业间的协作与融合给出版传媒产业的发展带来了前所未有的机遇。出版传媒产业涉及的行业众多，其中编辑出版业囊括图书、期刊、报纸、音像出版行业，还涵盖电子和网络等新兴出版形态；印刷业涵盖印刷企业、复制生产、印刷设备制造、复制设备制造、磁介质企业生产、电子出版设施设备制造等相关行业；发行业覆盖批发、零售、出版物网络营销、电子阅读传递、网上订制等相关行业。和出版活动联系密切的出版创新、版权交易、市场营销、广告推广、企业管理、资本运作等市场商业活动，和出版相关的公共事业、社会活动，以及政府管理、政策协调等政府活动，都为出版传媒产业带来了有效的经济产出。

按照国际通行的产业划分标准，出版传媒产业中印刷业及其相关的生产活动应当属于制造业，是第二产业；而出版传媒产业中的编辑、出版、发行，再加上与政府、事业等相关的活动则属于服务业，是第三产业。出版传媒产业横跨了第二、第三产业，在国民经济中有着重要的地位。出版传媒产业通过延伸其产业链，可以在更大的范围聚敛、调集资源。

从现实发展来看，根据国家新闻出版广电总局发布的《2012 年新闻出版产业分析报告》，2012 年，全国出版、印刷和发行服务实现营业收入16635.3 亿元，全国新闻出版业直接就业人数为477.4 万人（不包含数字出版、版权贸易与服务、行业服务与其他新闻出版业务单位就业人员）。中国已经成为世界第三大印刷产业基地，以光盘复制业为例，目前中国生产的光盘约占全球总产量的1/4。中国的出版传媒产业已经基本形成了以图书、期刊、报纸、音像、数字等媒体的出版、印刷、发行、运营等为主，囊括出版教育科研、出版物资供应、出版物进出口、版权代理等附属门类的完整的产业体系。

和其他实体经济的产业相比，出版传媒产业的跨行业特征明显，有着独特的产业链。出版业与相关产业联系密切，通过延伸产业链，可以使出版业由主业市场较为容易地向其他关联市场拓展，在开拓关联性市场中形成更多的产业支撑点，并且不断催生新的产业，从而有力地拉动经济的发展，从这个意义上说，出版传媒产业在一定程度上成了国民经济发展的催化剂。

另外，世界经济的发展已经站在了知识经济时代的面前，知识经济是社会经济发展的必然趋势，一切产业都不应回避，也不可能回避。知识经济时代为文化产业的发展提供了平台，更为作为文化产业中核心部分的出版传媒产业的发展提供了空间。数字技术和信息技术的发展为出版传媒产业提供了高科技成果,诸如各种各样的计算机排版印刷技术系统、电子出版技术系统以及信息载体技术等。同时,出版传媒产业也是知识经济发展的有力支撑。知识经济离不开出版传媒产业,出版传媒产业是知识经济发展的重要推动力。知识经济是由知识创新、知识传播、知识应用三大要素构成的。其中,知识传播分为知识直接传播和知识间接传播,出版传媒产业是知识间接传播和传承的主要渠道。

知识经济的发展让出版传媒产业成了新的经济增长点,在未来,出版传媒产业的作用会越来越大。随着出版传媒产业在经济中作用的增强,出版传媒产业的安全在国民经济安全中的地位也越来越重要。出版传媒产业是未来经济新的增长点之一,那么它是否安全也就关系着中国未来的经济能否健康、平稳地发展。

(2)出版传媒产业安全对国家文化安全的影响。出版传媒是文化传承的重要渠道,是文化的重要组成部分,在保障文化安全、繁荣文化发展方面肩负着重要责任,发挥着不可替代的作用,出版物直接作用于人的思想意识,具有明显的意识形态属性。在全球化大潮的冲击下,文化安全问题已经成为当今时代一个世界性课题,包括发达国家在内的各个国家都必须客观面对。对于发展中国家,特别是具有文化独立性、方向性和主导性的社会主义中国来讲,势必会成为不同思想文化冲击的对象,受到不同意识形态的影响。

目前出版传媒产业发展的一个重要趋势就是大型跨国出版集团的不断扩张和资本的国际化流动,国际出版传媒产业走向垄断和集中化。发达国家的大型出版企业集团通过兼并、联合、重组等方式实现规模扩张。从20世纪80年代开始,许多著名的出版集团便在世界范围大规模扩张,大型出版集团之间相互投资或兼并。其中,美国出版传媒市场中的兼并最为明显,21世纪初,美国前20家规模较大的出版公司的年销售收入占了全美总销售收入的75%,利润占50%。经过兼并或重组的西方发达国家的出版传媒集团经济实力雄厚,有着丰富的市场经验和强大的竞争力。产业的高度集中化推进了发达国家出版业集团化的发展进程,而这种快速成长又强化了世界范围内出版业集中化的格局,使得强者更强,而弱者很难有机会变强。经济和文化的力量往往是互为依托的,在不公平的国际政治经济秩序下,在强势经济的支持下,西方文化在世界文化格局中占据了主流地位，并通过各种传媒手段，包括出版传媒，向其他非西方文化植入西方的价值观和生活方式，极大地影响着许多不发达国家原有的文化价值体系，威胁着这些国家的文化安全。

我国正处于社会主义初级阶段，正处于社会变革的转型期，经济成分和经济利益多样化，各种社会生活方式、思想观念大量涌现，良莠不齐。中国出版传媒产业相对于外来的出版传媒集团，经营理念、资源配置、机构体制、市场建设都远远落后。我国的出版传媒业的产业化正处于初级阶段，出版传媒文化产品的综合竞争力和核心竞争力还很弱，生产力水平还很低。文化市场呈非对称性开放，出版传媒生产的经济效益与社会效益关系处理尚不协调，国际出版贸易不平衡，知识产权冲突加剧，所有这些都对我国出版传媒产业的安全构成了严重的威胁。

在这种情况下，如果闭关自守、畏缩不前，则永远跟不上世界潮流，会变得越来越落后、脆弱。只有发展自己，主动投身于全球出版传媒市场，与外来出版传媒文化进行交流、融合，在竞争中发展，在交流中提高，才能不断壮大。但是，在对外交流和自我发展的过程中，必须要高度重视出版传媒产业安全，因为这关系着国家的文化安全，进而影响国家的安全。

（四）研究的主要结论

第一，改革开放以来，特别是 21 世纪实施转企改制以来，中国的出版传媒产业有了长足的发展，对国家的经济发展和文化繁荣起到了重要的作用。中国出版市场逐步开放，出版传媒企业也在认真学习国际同行的经营理念、管理方法、技术和经验，并积极探索"走出去"的模式和方法，正在逐步融入国际出版传媒市场，中国出版传媒产业的国际竞争力正稳步提高。

第二，全球出版传媒市场的集中度越来越高，出版传媒企业集团化的倾向越来越明显，这势必给中国的出版传媒市场带来影响。跨国出版传媒集团会想方设法渗透到中国这个潜力巨大的出版传媒市场上来，这势必给中国出版传媒产业安全带来很大的威胁。从文化安全的角度看，冷战虽然结束，但很多西方人把自己的文化看成最经典的文化，把自己的价值观看成全人类的普世价值观，对不同于他们文化的价值观横加指责，在思想文化方面奉行文化霸权主义。中国作为社会主义国家，有着和西方国家完全不同的意识形态，是西方文化霸权主义要颠覆的重点。总之，无论从经济上还是从文化上，中国出版传媒产业面对的安全形势严峻。

第三，随着经济全球化、贸易自由化的发展，特别是加入世界贸易组织以来，中国出版传媒市场越来越开放，中国出版传媒产业也逐渐融入世界出版传媒大市场，在与世界的互动中发展壮大。但是，中国出版传媒业长期运行在计划经济的轨道上，还处在产业化的初级阶段，市场化水平落后于国内其他产业，更落后于国外的出版传媒产业。从总体来看，中国的出版传媒产业还存在许多亟待解决的问题和安全隐患。

第四，在总结国内外研究成果和经验的基础上，结合中国出版传媒产业自身特征，综合分析影响出版传媒产业安全的外部因素和内部因素，从出版传媒产业国内环境、产业竞争力、产业控制力等方面初步建立出版传媒产业安全评价体系，并对各方面进行细化，依据此体系，对我国的出版传媒产业安全进行评估。评估的结果是，在"很安全""安全""基本安全""不安全""很不安全"五个等级中，我国出版传媒行业安全状态为基本安全。我国出版传媒产业竞争力不强，需要提高产业竞争力，维护产业安全。

二　中国出版传媒产业总体运行情况①

近年来，我国的出版传媒产业经过转企改制之后，不断深化改革，加快发展，保持了已经形成的平稳较快发展的态势。从所发布的数据来看，2012年出版传媒产业主要经济指标增长较快，图书、报纸、期刊的总印数都有所增长，电子出版物种数较2011年增长了5.7%，印刷复制收入超过万亿元，出版物发行整体效益得到了改善，数字出版收入在全行业占比首次突破10%，实物出口和版权输出再创新高，出版传媒集团骨干作用进一步凸显，产业基地（园区）的集聚效应显现，上市公司引领行业增长，出版物的消费与出版物人均拥有水平同步增长。不过，从产业结构看，出版传媒产业还存在一些问题：

---

① 本文的数据主要来源于国家新闻出版广电总局发布的《2012年新闻出版产业分析报告》。

首先，出版单位没有成为真正意义上的市场主体；其次，出版传媒产业集中度低、规模小、实力弱、竞争力不强；再次，出版资源行政化配置方面，受过去计划经济体制影响导致出版资源过于分散；最后，各出版单位出版结构趋同，还存在地区封锁的问题。这些问题都会危及我国出版传媒产业的安全运行和发展，需要通过进一步深化改革来解决。

（一）出版传媒产业基本情况

国家新闻出版广电总局所发布的《2012 年新闻出版产业分析报告》阐述了 2012 年我国出版传媒产业的基本情况。

1. 经济总量规模

全国出版、印刷和发行服务 2012 年实现营业收入 16635.34 亿元，较上年增长 14.19%；实现增加值 4616.95 亿元，增长 14.80%；实现利润总额 1317.39 亿元，增长 16.79%；不包括数字出版的资产总额为 15729.58 亿元，增长 9.10%；纳税总额为 873.40 亿元，增长 10.86%；所有者权益（净资产）为 8164.17 亿元，增长 11.16%（见表 1）。

表 1　主要经济指标

单位：亿元，%

经济指标	金额	较 2011 年增长
营业收入	16635.34	14.19
增加值	4616.95	14.80
总产出	16996.46	13.75
资产总额	15729.58	9.10
所有者权益(净资产)	8164.17	11.16
利润总额	1317.39	16.79
纳税总额	873.40	10.86

注：表内经济指标均未包括版权贸易与代理、行业服务与其他新闻出版业务，资产总额、所有者权益（净资产）、纳税总额均未包括数字出版。

资料来源：《2012 年新闻出版产业分析报告》。

2. 图书出版总量规模

2012 年，全国共出版图书 41.40 万种，较上年增长 12.04%。其中，新版图书 24.20 万种，增长 16.60%；重版、重印图书 17.20 万种，增长 6.20%。

总印数为 79.25 亿册（张），增长 2.85%；总印张为 666.99 亿印张，增长
5.12%；定价总金额 1183.37 亿元，增长 11.32%。图书出版实现营业收入
723.51 亿元，增长 12.28%；实现增加值 255.17 亿元，增长 13.26%；实现利
润总额 115.22 亿元，增长 22.26%（见表2）。

表2　图书出版总量规模

总量指标	单位	数量	较2011年增长(%)
品　种	万种	41.40	12.04
总印数	亿册（张）	79.25	2.85
总印张	亿印张	666.99	5.12
定价总金额	亿元	1183.37	11.32
营业收入	亿元	723.51	12.28
增加值	亿元	255.17	13.26
总产值	亿元	751.16	12.26
利润总额	亿元	115.22	22.26

资料来源：《2012年新闻出版产业分析报告》。

3. 期刊出版总量规模

2012年，全国共出版期刊 9867 种，较上年增长 0.18%；总印数 33.48 亿
册，增长 1.91%；总印张 196.01 亿印张，增长 5.98%；定价总金额 252.68
亿元，增长 1.70%。期刊出版实现营业收入 220.86 亿元，增长 35.82%；实
现增加值 155.82 亿元，增长 2.23%；实现利润总额 25.28 亿元，增长
10.31%（见表3）。

表3　期刊出版总量规模

总量指标	单位	数量	较2011年增长(%)
品　种	种	9867	0.18
总印数	亿册	33.48	1.91
总印张	亿印张	196.01	5.98
定价总金额	亿元	252.68	1.70
营业收入	亿元	220.86	35.82
增加值	亿元	155.82	2.23
总产值	亿元	230.14	32.82
利润总额	亿元	25.28	10.31

资料来源：《2012年新闻出版产业分析报告》。

4. 报纸出版总量规模

2012 年，全国共出版报纸 1918 种，较上年减少 0.52%；总印数 482.26 亿份，增长 3.17%；总印张 2211.00 亿印张，减少 2.68%；定价总金额 434.39 亿元，增长 8.46%。报纸出版实现营业收入 852.32 亿元，增长 4.09%；实现增加值 355.02 亿元，增长 10.88%；实现利润总额 99.24 亿元，增长 0.64%（见表 4）。

表 4　报纸出版总量规模

总量指标	单位	数量	较 2011 年增长（%）
品　种	种	1918	-0.52
总印数	亿份	482.26	3.17
总印张	亿印张	2211.00	-2.68
定价总金额	亿元	434.39	8.46
营业收入	亿元	852.32	4.09
增加值	亿元	355.02	10.88
总产值	亿元	860.30	4.16
利润总额	亿元	99.24	0.64

资料来源：《2012 年新闻出版产业分析报告》。

5. 音像制品出版总量规模

2012 年，全国共出版音像制品 18485 种，较上年减少 4.76%；出版数量 3.94 亿盒（张），减少 15.09%；发行数量 3.49 亿盒（张），减少 10.28%；发行总金额 18.57 亿元，增长 1.70%。音像制品出版实现营业收入 28.34 亿元，增长 8.76%；实现增加值 9.34 亿元，增长 14.24%；实现利润总额 3.44 亿元，增长 25.33%（见表 5）。

6. 电子出版物出版总量规模

2012 年，全国共出版电子出版物 11822 种，较上年增长 5.65%；出版数量 2.63 亿张，增长 23.47%。电子出版物出版实现营业收入 9.23 亿元，增长 48.58%；实现增加值 4.58 亿元，增长 47.66%；实现利润总额 2.27 亿元，增长 76.77%（见表 6）。

表5 音像制品出版总量规模

总量指标	单位	数量	较2011年增长(%)
品 种	种	18485	-4.76
出版数量	亿盒(张)	3.94	-15.09
发行数量	亿盒(张)	3.49	-10.28
发行总金额	亿元	18.57	1.70
营业收入	亿元	28.34	8.76
增加值	亿元	9.34	14.24
总产值	亿元	29.80	10.21
利润总额	亿元	3.44	25.33

资料来源:《2012年新闻出版产业分析报告》。

表6 电子出版物出版总量规模

总量指标	单位	数量	较2011年增长(%)
品种	种	11822	5.65
出版数量	亿张	2.63	23.47
营业收入	亿元	9.23	48.58
增加值	亿元	4.58	47.66
总产值	亿元	9.50	51.34
利润总额	亿元	2.27	76.77

资料来源:《2012年新闻出版产业分析报告》。

7. 数字出版总量规模

2012年,数字出版实现营业收入1935.49亿元,较上年增长40.47%;实现增加值542.26亿元,增长39.26%;实现利润总额151.95亿元,增长42.44%(见表7和表8)。

8. 印刷复制总量规模

2012年,全国图书、报纸、其他出版物黑白印刷产量3.30亿令,较上年增长8.50%;彩色印刷产量16.80亿对开色令,增长7.70%;装订产量3.00亿令,增长2.60%。印刷复制(包括出版物印刷、包装装潢印刷、其他印刷品印刷、专项印刷、打字复印、复制和印刷物资供销)实现营业收入10360.49亿元,增长11.34%,实现增加值2679.51亿元,增长15.25%;实现利润总额721.81亿元,增长17.44%(见表9)。

表7　数字出版总量规模

单位：亿元，%

总量指标	数量	较2011年增长
营业收入	1935.49	40.47
增 加 值	542.26	39.26
总 产 出	1935.49	40.47
利润总额	151.95	42.44

资料来源：《2012年新闻出版产业分析报告》。

表8　数字出版的构成

单位：亿元

类　　别	营业收入	增加值	总产出	利润总额
手机出版	486.50	136.30	486.50	38.19
网络游戏	569.60	159.58	569.60	44.72
数字期刊	10.83	3.03	10.83	0.85
电子书	31.00	8.69	31.00	2.34
数字报纸（网络版）	15.90	4.45	15.90	1.25
网络广告	753.10	210.99	753.10	59.12
网络动漫	10.36	2.90	10.36	0.81
在线音乐	18.20	5.10	18.20	1.43
博　　客	40.00	11.21	40.00	3.14
合　　计	1935.49	542.25	1935.49	151.85

资料来源：《2012年新闻出版产业分析报告》。

表9　印刷复制总量规模

单位：亿元，%

总量指标	数量	较2011年增长
营业收入	10360.49	11.34
增 加 值	2679.51	15.25
总 产 出	10627.02	11.28
利润总额	721.81	17.44

资料来源：《2012年新闻出版产业分析报告》。

9. 出版物发行总量规模

2012 年，出版物发行实现营业收入 2418.65 亿元，增长 11.82%；实现增加值 609.49 亿元，增长 2.73%；实现利润总额 196.03 亿元，增长 5.89%。其中，全国新华书店系统和出版社自办发行单位实现出版物总销售额 2116.06 亿元，较 2011 年增长 8.32%（见表 10）。

表 10　出版物发行总量规模

总量指标	数量	较 2011 年增长（%）
出版物发行网点（处）	172633	2.40
出版物总销售额（亿元）	2116.06	8.32
营业收入（亿元）	2418.65	11.82
增加值（亿元）	609.49	2.73
总产出（亿元）	2465.96	9.67
利润总额（亿元）	196.03	5.89

资料来源：《2012 年新闻出版产业分析报告》。

10. 出版物进出口总量规模

2012 年，全国累计进口图书、报纸、期刊、音像制品、电子出版物、数字出版物数量 3222.52 万册（份/盒/张），较 2011 年增长 6.70%；金额 46875.15 万美元，增长 10.30%。全国累计出口图书、报纸、期刊、音像制品、电子出版物、数字出版物数量 2043.92 万册（份/盒/张），增长 31.20%；金额 9076.08 万美元，增长 22.70%。其中，全国出版物进出口经营单位累计出口数量 1648.61 万册（份/盒/张），增长 43.10%；金额 4896.69 万美元，增长 24.20%。进出口总额达 55951.21 万美元，其中，全国出版物进出口经营单位进出口总额 51704.29 万美元，较 2011 年增长 11.30%。出版物进出口实现营业收入 86.46 亿元，增长 34.37%；实现增加值 5.78 亿元，增长 17.77%；实现利润总额 2.14 亿元，增长 21.09%（见表 11、表 12 和表 13）。

11. 版权贸易总量规模

2012 年，全国共引进版权 17589 种（其中引进出版物 17193 种），较 2011 年增长 5.71%（其中引进出版物版权增长 10.30%）；共输出版权 9365 种（其

表11 出版物进出口经营单位进出口总量规模

单位：亿元，%

总量指标	数量	较2011年增长
营业收入	86.46	34.37
增 加 值	5.78	17.77
总 产 出	87.10	34.29
利润总额	2.14	21.09

资料来源：《2012年新闻出版产业分析报告》。

表12 全国出版物对外贸易情况

	指标单位	累计出口	累计进口	总额	差额
图书、期刊、报纸	数量万册（份）	2017.77	3203.96	5221.73	−1186.19
	金额万美元	7260.56	30189.20	37449.76	−22928.64
音像制品、电子出版物、数字出版物	数量万册（份/盒/张）	26.15	18.56	44.71	7.59
	金额万美元	1815.50	16685.95	18501.45	−14870.45
合 计	数量万册（份/盒/张）	2043.92	3222.52	5266.44	−1178.60
	金额万美元	9076.06	46875.15	55951.21	−37799.09

注：差额为累计出口减去累计进口之差。正号表示出口大于进口，存在贸易顺差；负号表示出口小于进口，存在贸易逆差。

资料来源：《2012年新闻出版产业分析报告》。

表13 全国出版物对外贸易情况（出版物进出口经营单位）

	指标单位	累计出口	累计进口	总额	差额
图书、期刊、报纸	数量万册（份）	1639.27	3138.07	4777.34	−1498.80
	金额万美元	4863.15	30121.65	34984.80	−25258.50
音像制品、电子出版物、数字出版物	数量万册（份/盒/张）	9.34	18.56	27.90	−9.22
	金额万美元	33.54	16685.95	16719.49	−16652.41
合 计	数量万册（份/盒/张）	1648.61	3156.63	4805.24	−1508.02
	金额万美元	4896.69	46807.60	51704.29	−41910.91

注：差额为累计出口减去累计进口之差。正号表示出口大于进口，存在贸易顺差；负号表示出口小于进口，存在贸易逆差。

资料来源：《2012年新闻出版产业分析报告》。

中输出出版物版权 7831 种），增长 20.33%（其中输出出版物版权增长
26.4%）；版权引进品种与输出品种比例由 2011 年的 2.1∶1 降到 1.9∶1（见表
14 和表 15）。

表 14　对外版权贸易总体规模

单位：种，%

总体指标	数量	较 2011 年增长
引　　进	17589	5.71
输　　出	9365	20.33

注：差额为输出减去引进之差。正号表示输出大于引进，存在顺差；负号表示输出小于引进，存在逆差。

资料来源：《2012 年新闻出版产业分析报告》。

表 15　对外出版物版权贸易的构成

单位：种

类　型	引进	输出	总额	差额
图　书	16115	7568	23683	-8547
录音制品	475	97	572	-378
录像制品	503	51	554	-452
电子出版物	100	115	215	15

注：差额为输出减去引进之差。正号表示输出大于引进，存在顺差；负号表示输出小于引进，存在逆差。

资料来源：《2012 年新闻出版产业分析报告》。

12. 单位数量与直接就业人数

2012 年，全国共有新闻出版单位 347410 家，较 2011 年增长 0.32%。其中，法人单位 160940 家，增长 2.14%，占单位总数的 46.32%，提高 0.8 个百分点；非法人单位 9160 家，减少 3.18%，占单位总数的 2.64%，减少 0.1个百分点；个体经营户 177310 家，减少 1.09%，占 51.04%，减少 0.7 个百分点（见表 16）。

2012 年，全国新闻出版业直接就业人数为 477.43 万人（不包含数字出版、版权贸易与服务、行业服务与其他新闻出版业务单位就业人员），较 2011年增长 2.15%（见表 17）。其中，男性 255.20 万人、女性 222.20 万人，分别占全行业直接就业人数的 53.50% 和 46.50%，男女比例基本平衡。

表16 出版单位数量与构成

单位：家，%

类　型	数量	较2011年增减	占比
法人单位	160940	2.14	46.32
其中：企业法人单位	157619	2.97	—
非法人单位	9160	−3.18	2.64
个体经营户	177310	−1.09	51.04
合　计	347410	0.32	100

注：未包括数字出版单位、版权贸易与代理单位和行业服务与从事其他新闻出版业务的单位。
资料来源：《2012年新闻出版产业分析报告》。

表17 直接就业人数的产业类别构成

单位：万人，%

产品类别	人数	较2011年增长	比重
图书出版	6.71	−0.15	1.41
期刊出版	11.16	5.18	2.34
报纸出版	26.31	6.30	5.51
音像制品出版	0.46	−9.80	0.10
电子出版物出版	0.22	15.79	0.05
印刷复制	359.62	2.21	75.32
出版物发行	72.64	0.28	15.21
出版物进出口	0.31	−6.06	0.06
合　计	477.43	2.15	100.00

注：未包括数字出版、版权贸易与代理、行业服务与其他新闻出版服务。
资料来源：《2012年新闻出版产业分析报告》。

（二）产业结构分析

从广义上讲，产业结构指的是产业间的技术经济联系与联系方式；从狭义上讲，产业结构是指国民经济各个产业之间以及产业内部的比例关系和结合状况。[①] 出版传媒产业结构是指出版传媒产业与其上下游产业之间，以及出版传媒产业内部的比例关系和结合状况，其中包括图书、期刊、报纸、音像制品和

---

① 曾庆宾：《中国出版产业发展研究》，暨南大学博士学位论文，2003。

电子出版物等出版传媒产品的结构，还有图书出版、期刊出版、报纸出版、音像制品出版、电子出版物出版、数字出版、印刷复制、出版物发行和出版物进出口等出版传媒产业类别之间的比例关系等。

根据《2012 年新闻出版产业分析报告》，我国出版传媒产业结构如下。

1. 产品结构分析（见表 18、表 19）

（1）总印数（出版数量）。2012 年全国共出版图书、期刊、报纸、音像制品和电子出版物 601.56 亿册（份/盒/张）。

其中，图书占总量的 13.17%，居第二位；增长 2.85%，增速居第三位。期刊占总量的 5.56%，居第三位；增长 1.91%，增速居第四位。报纸占总量的 80.17%，居第一位；增长 3.17%，增速居第二位。录音制品占总量不足 0.40%，减少 7.52%，在总量中所占比重和增速均居第五位。录像制品占总量不足 0.30%，减少 23.85%，在总量中所占比重和增速均居第六位。电子出版物占总量的 0.44%，居第四位；增长 23.56%，增速居第一位。

（2）总印张。2012 年全国共出版图书、期刊和报纸 3074.00 亿印张。

其中，图书占总量的 21.70%，居第二位；增长 5.12%，增速居第一位。期刊占总量的 6.38%，居第三位；增长 1.70%，增速居第二位。报纸占总量的 71.92%，居第一位；减少 2.68%，增速居第三位。

表 18 各类出版物在全部总量中所占比重

单位：%

出版物类型	总印数（出版数量）	总印张	定价（出版）总金额
图　书	13.17	21.70	62.55
期　刊	5.56	6.38	13.36
报　纸	80.17	71.92	22.96
录音制品	0.38	—	0.57
录像制品	0.28	—	0.56
电子出版物	0.44	—	—
合　计	100.00	100.00	100.00

注：音像制品和电子出版物采用出版数量和出版总金额，出版总金额数值的测算公式为出版数量×（发行金额/发行数量）。

资料来源：《2012 年新闻出版产业分析报告》。

（3）定价（出版）总金额。2012 年全国出版图书、期刊、报纸和音像制品的定价（出版）总金额为 1892.00 亿元。

其中，图书占总量的 62.55%，居第一位；增长 11.32%，增速居第一位。期刊占总量的 13.36%，居第三位；增长 5.98%，增速居第四位。报纸占总量的 22.96%，居第二位；增长 8.48%，增速居第三位。录音制品占总量的 0.57%，居第四位；增长 10.61%，增速居第二位。录像制品占总量的 0.56%，减少 20.45%，在总量中所占比重和增速均居第五位。

表 19　各类出版物的增长速度与结构变动情况

单位：%，个百分点

类　　型	总印数		总印张		定价（出版）总金额	
	增速	变动	增速	变动	增速	变动
图　　书	2.85	0.00	5.12	1.23	11.32	0.93
期　　刊	1.91	−0.05	1.70	0.16	5.98	−0.46
报　　纸	3.17	0.14	−2.68	−1.39	8.48	−0.25
录音制品	−7.52	−0.04	—	—	10.61	0.00
录像制品	−23.85	−0.10	—	—	−20.45	−0.22
电子出版物	23.56	0.07	—	—	—	—

注：音像制品定价（出版）总金额的计算见表 18。增速系指表内各项指标 2012 年较 2011 年的增长速度；变动指表内各项指标的结构变动，以百分点表示，由 2012 年各项指标在总量中所占百分比与 2011 年该项指标在总量中所占百分比相减而得。

资料来源：《2012 年新闻出版产业分析报告》。

2. 产业类别总体经济规模综合评价

《2012 年新闻出版产业分析报告》中选取营业收入、增加值、总产出和利润总额 4 个经济规模指标，采用主成分分析法对图书出版、期刊出版、报纸出版、音像制品出版、电子出版物出版、数字出版、印刷复制、出版物发行和出版物进出口共 9 个出版传媒产业类别的总体经济规模进行综合评价。根据该分析报告，2012 年我国出版传媒产业经济规模综合评价中，印刷复制、出版物发行和数字出版居前三位（见表 20），三者合计占全行业营业收入的 88.50%、增加值的 83.00%、总产出的 88.40% 和利润总额的 81.20%，印刷复制和出版物发行两个类别合计占全行业营业收入的 76.80%、增加值的 71.20%、总产出的 77.00% 和利润总额的 69.70%。

表20　各产业类别经济规模综合评价

综合排名	产业类别	综合评价得分	综合排名	产业类别	综合评价得分
1	印刷复制	2.5653	6	期刊出版	-0.4848
2	出版物发行	0.1691	7	出版物进出口	-0.5755
3	数字出版	0.0248	8	音像制品出版	-0.5816
4	报纸出版	-0.2500	9	电子出版物出版	-0.5873
5	图书出版	-0.2799			

注：综合评价得分系选取营业收入、增加值、总产出和利润总额4个指标，采用主成分分析方法，通过SPSS直接计算所得，仅用来显示各产业类别的相对位置，负数并不代表负面评价。

资料来源：《2012年新闻出版产业分析报告》。

3. 地区总体经济规模综合评价

《2012年新闻出版产业分析报告》中选取营业收入、增加值、总产出、资产总额、所有者权益（净资产）、利润总额、纳税总额7项经济规模指标，采用主成分分析方法对全国31个省（自治区、直辖市）与新疆生产建设兵团新闻出版业（未包括数字出版）的总体经济规模进行综合评价（见表21）。

表21　各地区总体经济规模综合评价（前10位）

综合排名	地区	排名变化	综合评价得分
1	广东	0	2.5965
2	北京	0	2.2310
3	浙江	0	2.0823
4	江苏	0	1.8167
5	上海	0	1.1905
6	山东	0	1.0317
7	河北	0	0.3775
8	四川	2	0.2316
9	安徽	0	0.2105
10	福建	-2	0.2072

注：综合评价得分系选取营业收入、增加值、总产出、资产总额、所有者权益（净资产）、利润总额和纳税总额7项指标，采用主成分分析方法，通过SPSS直接计算所得，仅用来显示各地区的相对位置。未包括数字出版、版权贸易与代理、行业服务与其他新闻出版业务。

资料来源：《2012年新闻出版产业分析报告》。

评价结果表明，广东、北京、浙江、江苏、上海、山东、河北、四川、安徽、福建依次居全国前10位，10个省（直辖市）合计分别占全行业营业收入的 73.8%、增加值的 71.3%、总产出的 73.8%、资产总额的 71.7%、所有者权益（净资产）的 70.6%、利润总额的 66.3%、纳税总额的 70.7%。

（三）出版传媒产业运行的基本特点

中国的出版传媒产业刚经过了转企改制，尽管从计划经济的体制转入市场经济体制的时间不长，但是已经有了长足的发展，各项经济指标稳步增长，行业竞争力不断提高，业务结构不断优化，经营管理水平逐步提高。同时，中国出版传媒产业"走出去"的步伐在不断加大，国际影响力正在提升。我国出版传媒产业的运营具有如下特点。

1. 出版业实力逐渐增强，内部竞争初步形成

21 世纪以来，我国的出版传媒产业不断深化改革，取得了很大成绩，出版传媒产业的实力逐渐得到了增强。

近年来，中国出版传媒产业整体发展较快。新闻出版总署自 2009 年 10 月起在全国范围内开展了新闻出版产业调查，根据 2009～2012 年发布的产业报告，我国的出版传媒产业的实力正在稳步提高，可以从 2009～2012 年全国出版、印刷和发行服务实现营业收入、增加值和利润总额的情况看出端倪（见图1）。

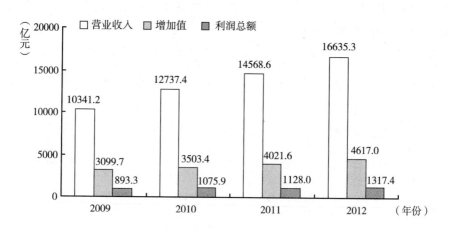

图1　2009～2012 年出版传媒产业成长情况

从营业收入、增加值和利润总额这三个经济指标就可以看出，我国出版传媒产业近年来正在稳步、快速发展。

从出版单位的构成来看，近几年一直保持在 35 万家左右。2012 年全国共有出版单位 347410 家。其中，法人单位 160940 家，非法人单位 9160 家，个体经营户 177310 家。在法人单位中，民营企业所占比例很大。据 2009 年对法人单位所有制的统计，国有全资①和集体企业②所占比重接近 1/4，民营企业③所占比重超过 2/3（见表 22 和图 2）。

表 22　出版传媒企业法人单位的所有制结构

	国有全资	集体企业	民营企业	外商投资	港澳台商投资	混合投资	合　计
数量(家)	19732	7862	82848	1992	2280	417	115131
比重(%)	17.14	6.83	71.96	1.73	1.98	0.36	100.00

资料来源：《2009 年新闻出版产业分析报告》。

中国出版传媒产业转企改制之后，还组建了一些规模较大的出版传媒集团，可以说，内部竞争机制已经初步形成。

2. 出版产品增长迅速，但总体规模偏小

我国的图书、报纸、期刊等出版产品的出版总量规模在迅速增长。2012 年，全国共出版图书 41.40 万种，和 2000 年的 14.30 万种相比，增加了 189.51%；总印数为 79.25 亿册（张），比 2000 年的 62.74 亿册（张）增长了 26.31%；总印张为 666.99 亿印张，比 2000 年的 376.21 亿印张增长了 77.29%；定价总金额为 1183.37 亿元，比 2000 年的 430.1 亿元增长了

---

① （1）企业全部资产归国家所有，并按《中华人民共和国企业法人登记管理条例》规定登记注册的非公司制的经济组织；（2）国有独资公司，即由国家授权的投资机构或者国家授权的部门单独投资设立的有限责任公司；（3）国有联营企业；（4）由以上三种类型经济组织单独设立的经济组织。

② （1）企业资产归集体所有，并按《中华人民共和国企业法人登记管理条例》规定登记注册的经济组织；（2）股份合作企业，指以合作制为基础，由企业职工共同出资入股，吸收一定比例的社会资产投资组建，实行自主经营、自负盈亏、共同劳动、民主管理、按劳分配与按股分红相结合的一种集体经济组织；（3）集体联营企业；（4）由以上三种类型经济组织单独设立的经济组织。

③ 由自然人投资设立或由自然人控股，以雇佣劳动为基础的营利性经济组织，包括按照《公司法》《合伙企业法》《私营企业暂行条例》以及《个人独资企业法》规定登记注册的私营独资企业、私营有限责任公司、私营股份有限公司、私营合伙企业和个人独资企业。

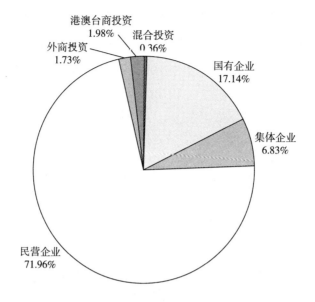

图2 出版传媒企业法人单位的所有制结构

资料来源:《2009 年新闻出版产业分析报告》。

175.14%。

2012 年,全国共出版期刊 9867 种,和 2000 年的 8725 种相比增加了 13.09%;总印数为 33.48 亿册,比 2000 年的 29.42 亿册增长了 13.80%;总 印张为 196.01 亿印张,比 2000 年的 100.04 亿印张增长了 95.93%。

2012 年,全国共出版报纸 1918 种,和 2000 年的 2007 种相比减少了 4.43%;平均期印数为 22762.00 万份,比 2000 年的 17913.52 万份增加了 27.07%;总印数为 482.26 亿份,比 2000 年的 329.29 亿份增加了 46.45%; 总印张为 2211.00 亿印张,比 2000 年的 799.83 亿印张增加了 176.43%。

然而,虽然和历史纵向比较,出版物总量规模增长很快,但是和西方发达 国家的出版传媒业相比,总体规模还相差很大。总体来看,我国出版传媒产业 尚处于发展的初级阶段,经济实力相对较差。美国出版业在 2007 年的整体生 产规模就已经达到了 1721 亿美元,是中国出版业规模的近 5 倍。2012 年世界 图书出版 50 强中,我国只有中国教育传媒集团一家入选,排在第 37 位。

美国企业采取的是登记制,因此,没有精确的统计数据来显示美国出版传 媒企业的数量。不过,据业内人士保守估计,美国的出版传媒企业有 7 万 ~ 8

万家。2009 年美国统计局公布的图书出版商的数量是 3066 家，500 人以上企业占 2.9%，100～500 人企业占 6.2%，20～100 人企业占 16.4%[①]；英国注册的出版社有 2 万余家，比较活跃的出版商有 7700 余家；德国有出版社 2632家；日本有近 4500 家出版社。

和这些发达国家相比，中国到 2012 年共有图书出版社 580 家。大部分出版社的规模较小，约 40% 的出版社年定价总金额为 1000 万～5000 万元，年定价总金额超过 2 亿元的出版社不足总数的 10%。

3. 数字出版技术水平不断提高，但深入应用有待进一步开发

中国的出版传媒产业紧跟世界发展的潮流，数字技术正在我国的出版传媒产业中广泛应用。所谓数字技术，是指以数字代码的方式将图文声像等信息存储在磁、光、电介质上，通过计算机或者类似功能的设备阅读使用，用以表达思想、普及知识和积累文化，并可复制发行的传播技术。

近年来，我国数字出版业保持了高速发展的良好态势，《2012 年新闻出版产业分析报告》中关于数字出版产业方面的研究显示：2012 年，我国数字出版实现营业收入 1935.49 亿元，比 2011 年增长 40.47%；增加值为 542.26 亿元，增长 39.26%；利润总额达到 151.95 亿元，增长 42.44%。2010 年数字出版营业收入破千亿元，仅仅三年时间，2012 年数字出版营业收已经逼近 2000亿元，数字出版收入在全行业占比首次超过 10%。

在管理方面，数字和网络技术已被广泛应用于出版传媒企业的管理、编辑、发行工作中。出版传媒企业内部的管理系统，包括出版、销售、成本核算、人事管理、财务管理，特别是出版物质量管理等多个应用系统已初步实现信息化和网络化。编辑部门实现了办公室自动化，发行部门的图书发行的订货、发货业务已基本实现了计算机管理，图书条形码技术已在全国得到广泛应用。

但是，数字出版的核心技术在我国出版传媒产业中的应用尚待进一步深入开发。有研究者指出，国内对数字技术在出版业应用的研究，和数字技术应用

---

① 美国统计局对图书出版商的界定是以印刷、电子或有声制品的形式出版图书，从事图书生产、发行所必需的设计、编辑和市场营销活动的企业。

的实际情况一样，只是在出版业之外火热，很少接触到出版业自身的深入探讨。至今没有一个出版社全面应用数字技术的完整系统，甚至没有对这样一个系统的理论说明。所谓数字出版产值大都是非出版单位的出版后行为，即使在一些出版单位进行了多年的数字出版探索，也依然在主体业务之外运作，没有深入到传统出版业务之中。①

目前，在出版传媒产业的数字技术研发方面，我们主要存在的问题是核心技术研发不足，我国很少有对出版传媒产业具有直接推动作用的创新性技术专利问世。由于没有核心技术，往往跟风模仿，形不成自己的优势，在终端制造、内容、平台建设、生产等领域，同质化现象严重。

总之，我国出版传媒产业正在不断发展和壮大，但还存在不少问题和安全隐患，与出版传媒强国相差甚远。

三　中国出版传媒产业安全状况分析

仔细分析中国出版传媒产业现状就会发现，一方面，中国出版传媒产业经历了近些年的深化改革，确实取得了不菲的成绩；另一方面，也存在着一些问题，这些问题如果不抓紧解决，很可能会对中国出版传媒产业的安全构成威胁，并阻碍中国出版传媒产业的进一步发展。本文从影响出版传媒产业安全的内部因素和外部因素两个方面对中国出版产业存在的安全隐患进行探析。

（一）影响我国出版传媒产业安全的内部因素

影响产业安全的内部因素，是指产业所在国内生的对产业生存和发展造成影响的因素。刚经过转企改制的中国出版传媒产业正处于转型期，面临许多新的问题。另外，多年来，中国出版传媒产业在结构上也存在一些问题，需要及时解决。

1. 后转制时期出现的新问题

改革开放之前，中国出版传媒业一直在计划经济的轨道上运行。进入 21

---

① 陈源蒸：《数字技术在国内出版业应用的几个问题》，《大学图书馆学报》2012 年第 6 期。

世纪后，我国的出版传媒业开始了转企改制行动。2002 年中共十六大做出了战略部署，要深化文化体制改革，发展文化事业和文化产业，经过了几年的努力，出版事业单位的转企改制工作已初步完成。到 2010 年底，绝大多数出版社都注销了事业编制和事业法人，注册了企业法人，从事业单位转变成了企业。仅中央单位所属的应当转为企业的 145 家出版社已经核销事业编制 18000 多名。至此，新闻出版单位不再是事业单位身份，而成了出版传媒市场上的竞争者。2011 年 5 月，《中共中央办公厅、国务院办公厅关于深化非时政类报刊出版单位体制改革的意见》出台，提出 2012 年 9 月底前全面完成转企改制任务。目前，相关数据显示，全国承担改革任务的 580 多家出版社、3000 多家新华书店、38 家党报党刊发行单位等已基本完成转企改制工作。

此次转企改制工作取得的成就是有目共睹的，不过转企改制并不能一次性地解决脱胎于计划经济体制下的中国出版传媒业的所有问题。中国的出版传媒业在从政府主导转为到市场主导的过程中，遇到了许多新的挑战。要解决这些问题，出版传媒产业的发展还必须进一步深化改革，以适应出版传媒市场的需求。纵观中国的出版传媒业，转制后主要面临以下几方面的问题。

（1）现代企业制度尚未建立和完善。现代企业制度是一种科学的体制系统，体现了现代企业的发展方向，是出版企业做大做强的制度保障。从事业单位转变为企业单位，并不仅仅是换一块牌子的问题，而是需要从单位的体制、制度、运行机制上进行全方位的变革。目前有些出版单位虽然已经完成改制，但是现代企业制度尚未完全确立，由此导致生产能力远远不能满足现代出版传媒市场的需求。我国出版业转企改制的主要推动力量并不是生产者，即出版单位本身，而是由外在的力量，也就是政府部门所主导的。由于内生的改革动力不足，结果就造成了许多出版单位处于被动改革的地位，其转企改制工作的积极性严重不足。有些改制不彻底的企业存在产权不清晰或保留着部分事业编制的问题；有些出版单位在完成转企改制后，出现了一种令人尴尬的局面，除牌子上多了"有限责任公司"的字样外，并没有多大的实质性变化，董事会、监事会几乎只是一种摆设，未能建立有效的市场运作机制。因此，如何在产权制度、管理模式、组织结构、分配方式、人事制度等方面建立完善的现代企业制度，是改制后的出版单位所面临的首要任务。

（2）市场竞争不充分。出版传媒产业转企改制的目标之一就是使出版企业真正成为市场的主体。而企业的本性应当是追求利润，在满足社会需要中追求自身利益最大化，要实现这一点，需要有成熟的市场体系。然而，我国的出版传媒市场所呈现的是不完全竞争的市场特征。尽管转企改制已经初步完成，但是许多出版传媒企业的观念还没有完全转变，转企改制后，许多出版社没有找准自己的发展定位，于是有些地方出现了出版业结构失衡、特色不明、精品鲜见、原创之力的局面。由于书号资源供给和行政垄断的保护，很难真正形成充分的市场竞争，大的出版企业难以通过市场兼并迅速增强实力，弱小的出版社也难以退出市场。另外，民营资本在出版传媒市场上的参与度还远远不够。国务院于2010年出台了《关于鼓励和引导民间投资健康发展的若干意见》，这个被称为"新36条"的文件中第十七条提出，要鼓励民间资本参与发展我国的文化产业，鼓励民间资本从事广告、印刷、演艺、娱乐、文化创意、文化会展、影视制作、网络文化、动漫游戏、出版物发行、文化产品数字制作与相关服务等活动。国务院2012年印发的《国家"十二五"时期文化改革发展规划纲要》中，又一次提出"建立健全文化产业投融资体系，鼓励和引导文化企业面向资本市场融资，促进金融资本、社会资本和文化资源的对接"。虽然有了这些鼓励政策，但是目前民营资本进入出版传媒产业的还不多，还没有真正形成力量参与出版传媒市场的竞争。

过度竞争和竞争不充分都不是理想的市场结构，二者均是对资源最优配置的偏离。市场经济体制下的资源配置是要通过市场竞争来实现的，如果没有竞争有序的出版传媒市场，就会影响和制约出版企业作为市场主体参与竞争。其结果就造成了产业结构趋同，产业集中度低，资源配置不尽合理，市场分散和地区封锁严重，从而影响整个国家出版传媒产业的竞争力。因此，在现有情况下，如何通过市场竞争来整合多元化资源，优化出版资源配置，达到强强联合，实现互利共赢，提高整个出版传媒行业的竞争力以应对日益激烈的国际竞争都是不可回避的问题。

（3）市场监管体系尚不健全。要给转企改制后的中国出版传媒企业提供更为宽广的发展空间，就必须设法提高市场监管水平。但目前，我国出版传媒业的产业化尚处于初级阶段，市场的立法还不完善，还没能形成健全的出版传媒法规体系。另外，执法监督还有很多不到位的地方。对属于企业的权利要坚决放开，给予企业自主权；对属于监管部门的职责，必须监控到位，要加大出版业立法、执法力度，依法行政，依法监管。市场监管部门在给予出版企业自主经营、自由竞争空间的同时，要强化追究制度，对不合格的企业要坚决淘汰。

另外，要很好地发挥行业协会的作用，让行业协会真正成为政府监管与企业自我约束相配合的桥梁和纽带。如何调动行业协会的积极性，使其努力去建立行业的信誉评估制，以便通过行业内部对企业在规范管理、质量效益、市场信誉等方面的考评，为监管部门提供加强管理的有效参数，为企业争取最大的发展空间，这是目前摆在中国出版传媒业面前的一项紧迫任务。

2. 我国出版传媒产业结构中存在的问题

出版传媒产业是国民经济中的一个重要组成部分，其产业结构主要是指出版传媒产业与相关产业之间，还有出版传媒产业内部各个环节之间的结构状况。由于受过去计划经济体制的影响，长久以来，我国的出版传媒产业就存在产业结构问题。这些问题如不能得到及时的关注和解决，势必给出版传媒产业的生存和发展带来安全隐患。

（1）产业集中度低，缺乏规模优势。从 20 世纪后期开始，全球出版传媒市场掀起了一浪高过一浪的并购潮，各大出版传媒集团经过一系列的联合、兼并和重组，形成了培生、励德·爱思唯尔、汤姆森路透、威科集团、阿歇特出版集团、贝塔斯曼集团、麦格劳－希尔教育集团、施普林格、哈珀·柯林斯等跨国出版传媒巨头。国际出版传媒集团的发展呈现明显规模化的特征，通过扩张战略来实现出版集团的跨越式发展和业务范围的拓展是跨国出版集团的一个重要目标。跨国出版传媒集团通过不断的资本运作，来实现规模经营和规模效益。反过来，这种规模效益又足以从资金、管理、技术和市场等各个方面支持其继续实施扩张战略，这种规模化的扩张策略打造了一艘艘出版传媒市场上的"航空母舰"，为这些跨国集团带来了竞争优势。

可以说，一个国家出版传媒产业的国际竞争力和发展水平，主要是由这个国家大型出版传媒集团来决定的，我国的出版业传媒产业缺少的就是这种有强大竞争力的大型出版传媒企业集团。2000 年，我国出版产业集中度 CR4（4 个较大的出版企业占整个市场的份额）为5.6%，CR8为9.4%，CR37为28.5%；而1997年美国的20家较大出版企业的销售收入就几乎占了当年美国整个出版业收入的85%，2009年美国出版传媒产业的行业集中度显示，CR4达到了30%。

转企改制之后的中国出版传媒产业组建出版集团就是要扩大自己的规模，增强竞争力。但是，中国的出版集团的规模和跨国出版集团的规模相差很多，2012年，我国只有中国教育传媒集团一家进入世界前50大的出版传媒集团行列中，排第37位。

另外，改制后组建的出版传媒集团还没有经过市场竞争大风大浪的洗礼。其结果是，我国出版资源配置分散，难以形成规模效益，企业竞争力很难大幅度增强。

（2）产业发展不平衡，专业协作水平低。从出版传媒产业的产业链来看，产业的上下游发展不平衡。一个健康的产业应该是比例结构合理、内外联系顺畅、反应机能灵敏的产业。我国出版传媒产业中，处于产业链上游内容生产环节的编辑出版力量较弱，而处于下游的印刷复制环节则较强，产业链呈上窄下宽结构，发展很不平衡（见图3）。

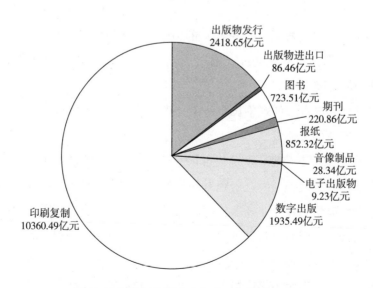

图3 中国出版传媒产业各类业务营业额对比

资料来源：《2012年新闻出版产业分析报告》。

出版传媒产业链的不平衡导致产业链各个环节相互离散，其结果是整个产业专业化协作水平较低。西方发达国家的出版传媒产业具有非常高的市场化程度，其生产和再生产的几乎所有环节，都是通过专业分工和社会化生产来完成的。而我国由于出版产业市场化程度低，出版过程中除了部分撰稿和销售环节外，大部分环节都是在出版社内部完成。由于整个产业的专业协作水平低，内外协作不顺畅，出于各自业务的需求，各个出版企业内部的部门设计往往就追求全面、完备。我国的出版企业几乎都设有编辑、出版和发行三大主体业务部门。这就形成了"麻雀虽小，五脏俱全"的部门结构，使得相同职能机构重复设置，造成了资源的浪费。整个产业内部各组织之间缺乏专业协作，提高了整个出版传媒产业的运营成本，降低了生产效率。

（3）地区发展不均衡。我国出版传媒产业的地区差异巨大，特别是中东部地区和西部地区的差异，出版传媒产业在中部和东部沿海地区的发展较快，在西部地区则要滞后许多。根据《2012年新闻出版产业分析报告》的出版传媒产业总体经济规模综合评价，广东、北京、浙江、江苏、上海、山东、河北、四川、安徽、福建依次位居全国前10位，这10个省（直辖市）合计分别占全行业营业收入的73.8%、增加值的71.3%、总产出的73.8%、资产总额的71.7%、所有者权益（净资产）的70.6%、利润总额的66.3%、纳税总额的70.7%。那么，剩下的21个省（自治区、直辖市）各项经济指标占全行业的比重只有25%左右。

如果地区差异过大的现象长期存在，就会影响我国出版传媒产业的整体布局，不利于产业的长期发展。

（4）产品结构不合理。从现代市场的角度划分，出版产业可以分为大众、教育和专业出版三大类。大众出版对应着娱乐、文化，教育出版对应着知识，专业出版对应着信息和专业技术，这是出版业的三大功能。不同的类别要满足社会不同的需求，同时也具有各自的发展特点。只有三者兼顾，协调发展，整个出版传媒产业才能健康、有序发展。

而如今的中国出版传媒市场上，这三者的关系严重失衡。突出表现为出版传媒产业对教育出版的高度依赖，各种各样的教材和教辅成为主要出版物类别，支撑着我国的出版产业。2006年前后，教育出版在出版产业中的占比高于70%，即使经过了几年的努力调整，现在教育出版也在出版市场上占据了超过50%的份额。

当然，在大众、教育和专业出版三者中，教育出版的盈利最高而且稳定。但是，如果各个出版社都来抢占这个市场，而忽视另外两个市场的话，将会造成重复出版，在教育出版市场上形成恶性竞争，出版物品种单一；而且将造成大众出版失范，专业出版式微，三者关系越来越难以协调，其结果必将对出版传媒产业自身的发展造成伤害。

（二）影响我国出版传媒产业安全的外部因素

影响产业安全的外部因素是指来自国外的资本、技术和产品等因素对产业生存和发展安全的影响。尽管中国的出版传媒产业还没有完全对外开放，但是来自国外的威胁时时刻刻都在影响中国出版传媒产业的安全。

1. 中国出版传媒市场对国外出版传媒集团的诱惑

在全球经济一体化的时代，国际出版传媒业的竞争越来越激烈，西方国家的出版传媒市场几近饱和。以美国出版市场为例，世界上七大传媒集团——维亚康姆、新闻集团、迪斯尼、时代华纳、贝塔斯曼、索尼集团、维旺迪环球中，就有4个总部在美国。跨国传媒集团迫切需要寻找新的市场和发展空间，以拓展自己的业务。中国高速发展的经济和众多人口所构成的潜在巨大市场，几乎吸引了所有跨国出版商的眼光。相比欧美等开放较早的出版传媒市场，中国的出版传媒市场饱和度相对较低。中国内地出版市场不仅被许多跨国出版集团看成"最后可以分享的蛋糕"，而且还被许多人看成出版业未来加速发展的发动机，谁主导了中国内地的市场，谁就有机会拥有出版业的未来。

中国是一个文化资源大国，具有发展文化产业的良好基础。国际上的经验表明，当一个国家的GDP处于1000~3000美元时，社会中产阶层就会成规模地出现，生活方式和价值取向就会呈现多元化、差异化。这种多元和差异导致传播市场上以往同质化的共性需求主导模式逐步转型为以差异化的信息需求和文化选择为主导的模式。中国目前正处于社会转型时期，对外开放政策的实行，全球化的现实，使得中国人受到中国文化和西方文化、传统文化和现代意识的多重影响，文化正朝着多元化方向发展。事实上，随着改革开放的深入，人民群众对出版物的需求日益多样化、差异化。随着全球化浪潮的高涨，不但货币资本走向了全球化，文化资源也在被全球化。改革开放以来，出版的理念、运作方式和体制结构都已经发生了巨大变化，文化产业在经济社会发展中的作用也越来越大，业已成为我国新的经济增长点。虽然我国文化产业作为新兴的产业，其发展刚刚起步，但是已经呈现成长性好、盈利空间较大等良性特征。

进入21世纪以来，我国人均国民收入逐年增长，居民生活水平逐步提高，与此相伴随的是居民对文化产品的需求日益增长，出版传媒市场发展空间巨大。从20世纪80年代起，中国出版传媒业高速发展，产业产值的年均增长率长期处于10%～20%，有时甚至高达30%以上，这在当代世界出版业中极为罕见。[①] 20世纪90年代中后期，中国出版产业的年增长率回落到8%～10%，基本保持与国民经济同步增长。到2009年新闻出版业产值突破1万亿元，2010年达到了1.2万亿元，2011年达到了1.5万亿元，2012年我国新闻出版业收入达1.65万亿元。2009年7月，国务院常务会议讨论并原则通过了《文化产业振兴规划》，这标志着我国的文化产业在国民经济中的地位已经上升为战略性产业。中共十八大报告提出，确保到2020年实现全面建成小康社会的宏伟目标，强调了文化建设对民族复兴、国家发展，以及全面建成小康社会的重要意义，指出文化产业要成为国民经济支柱性产业。随着国家对文化产业发展的高度重视，以及文化产业市场化的深入发展，我国文化产业逐步进入高速增长时期。据有关专家预测，2020年，我国文化产业总量的预期目标是3万亿元，将占GDP的5%左右，到那时，文化产业将成为我国国民经济的支柱产业。随着国际合作与交流进一步增强，中国的文化市场会逐步融入国际文化市场。《文化产业振兴规划》提出，要降低准入门槛，让民营资本和外资进入到政策允许的文化产业领域中来，使其积极参与国有文化企业股份制改造。中国文化产业的振兴以及对外资进入的放松，为跨国出版集团进入中国市场提供了机会。

面对潜力巨大的中国出版传媒市场，世界出版传媒业集团是绝对不会袖手

---

① 欧宏：《转制——中国出版业艰难翻新页》，《半月谈》（内部版）2004年第10期。

旁观的，培生、励德·爱思唯尔、汤姆森路透、威科集团、阿歇特出版集团、麦格劳－希尔教育集团、施普林格、哈珀·柯林斯等出版巨头几乎都在中国进行了战略布局。

2. 国外资金、产品和技术的显性进入

目前，国外出版传媒集团进入中国出版传媒市场的主要渠道有产品输入、版权输入、项目合作和投资进入等几种形式。

产品输入是国外出版传媒集团进入中国市场最直接的方式。近十年，输入到中国出版传媒市场上的国外图书的种数已翻番，数量增长近3倍，金额则增加了3倍多。随着中国对国外技术、管理和文化越来越了解，以及全民英语水平的提高，中国对国外原版图书的需求量不断提高，引进力度也在不断加大。同时，进口期刊和报纸的种数和金额都在不断增长。对比我国出版传媒产业的进出口状况就会发现，近十年，我国出版国际贸易中，中国各类出版物出口的品种数超过了进口的品种数，特别是音像制品和电子出版物，出口数量却上不去，进出口贸易额常年处于逆差状态。这说明，我国出版产品的价格水平低。究其原因，主要是由于我国出版产品的品牌价值较低。

我国对外版权贸易连续十几年都处于逆差状态，图书版权贸易的逆差曾一度达到15∶1。虽然近年来中国出版传媒产业不断加大"走出去"的步伐，对外版权贸易的逆差正在逐步缩小，但是版权贸易逆差状态一直没有扭转。项目合作是版权贸易的进一步发展，是国外出版商和中国出版单位合作进行选题、共同投资、共担风险、共享利润、共同出版发行书刊的活动，其性质是民事法律上的合伙行为，近年来这种合作越来越多。

通过资本运营方式进入中国出版传媒市场是许多国外出版商理想的方式。2001年11月，中国加入世界贸易组织，外资开始以各种方式进入我国。加入世界贸易组织使中国的市场化进程无法逆转，也使中国出版传媒业的产业化进程大大加快，中国的图书发行销售领域逐步开放。根据我国的"入世"承诺，外资可以以合资的方式在北京、上海、天津、广州、大连、青岛、深圳、珠海、汕头、厦门和海南进行图书的零售。在"入世"后两年内，中国所有的省会城市以及重庆、宁波对合资的零售图书企业开放，允许外资控股。在"入世"后三年内，外资可以以合资的方式进入我国的图书批发领域，且在控股、地域和数量方面没有限制。在音像和娱乐软件分销服务方面，承诺在不损害中国对音像制品的内容审查权利的条件下，允许国外服务提供者与中方伙伴设立合作企业（中外合作企业的合同条款必须符合中国有关法律、法规及其他规定），从事音像制品的分销，但电影除外。

中国加入世界贸易组织，对外资来说是一个很好的契机。中国出版传媒市场正处于市场导入期，从资本回报率的角度看，会更受外资青睐。在市场导入期来开发中国出版传媒业务，市场增长率较高，需求增长较快，竞争对手较少，这意味着高额的市场回报，同时也可以为以后的发展积蓄力量。美国 IDG公司 20 世纪 80 年代进入中国传媒市场，经过几十年的发展，在中国站稳了脚跟，培养了一批忠诚的受众，在中国电脑行业的专业杂志中独领风骚，其与中方合资的《计算机世界报》报业集团在中国生存了 30 多年，每年都拥有 3 亿多元的产值，引起了全球出版机构的广泛关注。

随着中国出版传媒产业对外开放程度的加大，《利用外资改组国有企业暂行规定》《外商投资产业指导目录》《出版物市场管理规定》等法规文件相继出台，外资进入中国出版传媒市场有章可循。不过，总的来看，境外资本目前还没有成规模地进入我国出版传媒产业的上游，也就是编辑出版领域，这主要是因为中国加入世界贸易组织承诺的准入限制和《外商投资产业指导目录》中不允许外资进入这个领域。不过，外资已经开始进入出版物的分销和印刷复制领域。2011 年，印刷复制企业中，国有全资企业占 4.3%，较 2010 年减少1.5 个百分点；集体企业占 4.9%，减少 1.3 个百分点；而外商投资企业占3.1%，提高了 1.1 个百分点。2006 年过渡期结束之后，中国出版传媒业的分销领域已经全面向外资开放，外资在我国分销领域的投资日益增大，到目前全国共有外商出版物分销机构 50 多家。2004 年 8 月，亚马逊公司收购卓越网100% 的股权，成为最大一宗出版分销领域的外资并购案。

总之，目前出版传媒产品国际贸易和对外版权贸易都长期处于逆差状态，虽然近年逆差在逐渐缩小，但中国出版传媒产业还需要进一步加大"走出去"的力度，争取能从根本上扭转局面。出版传媒市场上的外资如果能够很好地被引导，可以起到积极的作用，有助于我国出版传媒产业的发展，但不能放松对外资的监管，因为有些外资为了追求利润，会打一些"擦边球"，钻法律法规的空子。

3. 国外出版传媒机构的隐形渗透

如果说国外出版传媒产品、技术和资金按照合法的途径进入中国出版传媒市场对我国出版传媒产业的发展有好处的话，那么一些国外出版传媒机构对中国出版传媒市场的隐形渗透就值得警惕了。

许多出版机构为了方便在中国开展业务，在中国设立了办事机构，有的被称为代表处，有的被称为办事处，也有的是以咨询公司的面目出现。由于国外出版商不能直接进入中国的编辑出版领域，这些办事机构的一个重要使命就是与中国国内的出版机构开展版权合作和项目合作，对中国市场展开调研，寻找渗透到中国出版市场的机会。

虽然我国对外商只开放出版物分销市场，没有开放编辑出版市场，也不允许国外出版机构进入国内编辑出版领域，但是外商还是利用政策法规的缝隙，以项目合作和版权合作的形式，与中国的出版传媒机构开展各个层面的合作。国外出版机构常用的一种方式是和实力雄厚的国内出版机构构建合作伙伴关系，把版权授予这家出版社，如清华大学出版社与培生出版集团、中国财政经济出版社与威科集团、商务印书馆与哈佛商学院出版社、中国高等教育出版社与麦格劳－希尔出版集团等都达成了战略合作伙伴关系。还有一种方式是国外出版公司和中国出版社共同开发中国的出版资源和市场资源，比如，北京大学医学出版社和爱思唯尔集团合作，共同成立了编辑室，出版医学图书等。这种合作不仅仅是在图书出版方面，在期刊出版方面也很普遍，目前我国有50多种期刊与国外期刊建立了版权合作关系。另外，在学术出版方面，国外的原文数据库进入中国出版传媒市场的种类和数量越来越多。由于原文数据库容量巨大，又多是通过境外服务器的数字平台传输的，如何对这些引进的数据库进行有效监管，也是摆在管理部门面前的一大难题。

有些国外出版传媒企业尽量绕开政策和法规，设法向中国出版传媒市场渗透。比如，贝塔斯曼集团进入中国的路径就应当引起行业监管部门的注意。贝塔斯曼集团于1995年和上海科技图书公司合资成立了上海贝塔斯曼文化实业有限公司；同时，贝塔斯曼集团还与中国科技图书公司合作成立了贝塔斯曼书友会。1998年，贝塔斯曼集团为了提高在中国的知名度，推出"书友会在线",其下属的音乐集团 BMG 在北京正式注册成立贝塔斯曼中国投资公司。2002 年 12 月,贝塔斯曼的营业额创造了进入中国以来的最好成绩,达 1.4 亿元。2003 年 12 月,贝塔斯曼买下 21 世纪锦绣图书有限公司增资扩股的 40%股份,成立了首家中外合资连锁书店。贝塔斯曼在书友会中发行会刊,已经构成了实际的出版行为。虽然后来贝塔斯曼由于自身经营的原因退出了中国出版传媒市场,但是其步步为营,逐渐渗透的做法还是应当引起中国出版传媒业的警惕。

有些国外资本通过资本运作的方式,进入中国的出版传媒市场。例如,新浪、搜狐、百度、当当等互联网门户网站和电子商务企业早已经以各种方式涉足出版传媒市场。新浪、搜狐的读书频道用会员制方式进行图书销售;百度则利用"百度文库"培养"自媒体"作者,并用支付版税方式与作家合作,实际上已形成出版行为;当当网成立了数字出版业务部。这些公司都已在境外上市,那么外资就可以通过持有这些公司的股票来渗透到中国的出版传媒市场中。

还有些大型跨国出版集团,在不能介入中国出版传媒核心领域的时候,先开发外围领域,逐步向核心领域渗透。比如,出版巨头培生教育集团在中国的战略就是以教育培训带动出版,逐渐向出版领域渗透。早在 20 世纪 80 年代培生教育集团就进入了中国市场,它旗下的朗文公司陆续将《新概念英语》《走遍美国》等系列图书引入中国,被奉为英语学习的经典教材,并在 90 年代初与中国人民教育出版社合作编写了用于义务教育阶段的英语教材,其发行时间长达近 20 年。2008 年培生教育集团通过购股形式进入上海乐宁进修学院和北京戴尔国际英语学校,2009 年又以 1.45 亿美元收购华尔街学院旗下的华尔街英语(中国)。现在培生教育集团在北京和上海拥有近 30 家分校,全部以朗文学校品牌命名并使用培生教育集团全球知名的英语语言培训教材和数字化学习产品,同时该集团还在开发远程英语教育系统,并谋求和多家出版传媒机构合作,在图书宣传促销以及校园市场的开拓上做文章,逐渐从宣传推广和流通渠道上向核心渗透。

面对中国出版传媒市场巨大潜力的诱惑,有实力的国外出版传媒企业是不会袖手旁观的。如果没有严格的监管,这些外资的渗透会在不知不觉中威胁中国出版传媒产业的安全，从而进一步威胁到中国的文化安全。

4. 全球化时代文化霸权主义对出版传媒产业安全的威胁

经济全球化打破了传统的国家疆界，实现了全球范围内的资源配置，使得国家之间的交流更加频繁。世界各国的文化也通过信息交流和产品扩散等途径突破了多年来的各种壁垒，各种不同的思想文化冲破国家界限、民族藩篱、地域限制，得以在全球范围内广泛传播，于是就带来了世界范围的文化冲突与文化融合，这就是所谓的文化全球化。然而，世界各地经济发展水平各异，必然导致世界范围的文化交流的不均衡和非对称，在壁垒削弱的情况下，世界范围的强势文化就会涌向文化的洼地，对弱势文化的生存构成威胁。

早在20世纪20年代葛兰西就提出了"文化霸权"的概念。经过时代的变迁，该概念的内涵也有所演变。现在"文化霸权"一般指的是在国际文化交流过程中，少数国家凭借其强大的政治、经济和军事等方面的优势，运用各种手段对其他国家或地区进行文化渗透和扩张，从而影响和改变后者的意识形态、价值观、生活方式甚至是社会制度，以期实现对后者的征服和控制，以获取更多利益的行为。文化领域实际已经成了新时期各个国家和集团角力的竞技场。一位美国学者直白地说："过去我们手里挥舞着原子弹使人们害怕，现在我们控制着互联网使人们喜欢，这就为传播西方价值观开辟了新的有效途径。"[1] 由此可见，文化霸权主义是通过一种"润物细无声"的方式静悄悄地影响和同化着弱势文化中的价值观和意识形态。美国学者亨廷顿在其著名的论著《文明的冲突》中毫不隐讳地说，要"千方百计地吸引其他国家的人民采取西方有关民主的概念"[2]。作为宣传美国价值观代表的"美国之音"，曾与西方一些传媒机构共同制定了一个"宣传提纲"，其内容如下：第一，宣传西方生活方式；第二，宣传社会主义是一种力图为统治世界而发动战争的侵略势力；第三，竭力宣传社会主义是一种"极权主义"的社会，没有人权，抹杀了人们发挥个性的可能性；第四，煽动社会主义国家的民族情绪和宗教狂热；第五，努力动摇听众对共产党的信任；第六，报道社会主义国家内部面临的困

① 张蔚萍：《如何正确认识当今的国际环境和国际政治斗争带来的影响》，《理论研究》2001年第16期，第37页。
② 塞缪尔·亨廷顿：《文明的冲突与世界秩序的重建》，新华出版社，1998，第74页。

难，并把这些困难解释为在社会主义条件下是不可避免和无法消除的；第七，对听众宣扬改良主义，抵制马克思主义，宣讲社会主义必然向资本主义演变；第八，把资本主义与时代精神等同于自由民主。[1] 可以看出，在经济全球化的背景下，文化一体化的趋势增强，文化霸权主义成了第三世界民族保持文化独立性的最大威胁。文化安全是当今世界各国都无法回避的问题，对发展中国家来说，维护文化安全的形势尤其严峻。强大的经济实力和先进的科技水平成为西方文化霸权主义的强大后盾，支持其对发展中国家进行文化渗透。中国作为意识形态不同于西方的国家和最大的发展中国家，是西方敌对势力进行文化渗透的重点，作为文化产业核心的出版传媒产业更面临着重大的安全威胁。

和其他产业相比，出版传媒产业除了具有商业属性以外，还具有鲜明的文化属性。出版传媒产品作为一个民族主要的精神文化营养，影响和塑造着民族精神，体现了一个民族的总体文化价值观。然而，在经济全球化的大潮下，作为文化产业核心的出版传媒产业也正经历着自由贸易的冲击。出版业传媒产业已经开始突破国家和地区的界限，在世界范围内从事出版物的编辑、制作和营销贸易等活动。在全球化与自由贸易的旗帜下，大量的外来出版物流入我国的出版传媒市场，不知不觉地影响着一代人的价值观乃至民族文化。

纵观我国出版传媒产业的安全状况，形势不容乐观。一方面，我国出版传媒产业刚经过转企改制，很多方面还不完善，产业结构存在许多问题；另一方面，并不强大的中国出版传媒产业要面对世界出版传媒巨头的竞争。要想在这全球化的市场上生存与发展，就得认清自己面临的形势，排除安全隐患，只有消除了后顾之忧，中国出版传媒产业才能稳步前进。

四　维护出版传媒产业安全的对策研究

从前面的分析中可以看出，目前威胁我国出版传媒产业安全的挑战主要来自两个方面：一是国内产业自身存在的缺陷；二是来自境外的威胁。本部

---

[1] 欧宏:《转制——中国出版业艰难翻新页》,《半月谈》（内部版）2004 年第 10 期。

分在研究我国出版传媒产业安全形势的基础上，有针对性地提出了应对策略。

（一）应对来自出版传媒产业自身的安全隐患

出版传媒产业是一个特殊的产业，一方面，出版传媒业是内容产业，生产和传播的内容是具有文化属性的；另一方面，出版传媒产业生产和传播的内容及其载体是商品，具有经济属性。出版传媒产业的特殊性也造就了这个产业在中国的特殊处境。其特殊之处在于：多年来，我国出版传媒产业的文化属性一直受到重视，而其经济属性在很大程度上被忽视了。很久以来，出版机构被认为是以低成本提供公共服务的事业组织，所以，在改革开放之前，中国没有"出版传媒产业"，有的是"出版事业"。"出版事业"最重要的使命就是传播文化和意识形态，维护现行政治体制的合法性，宣传党和国家的路线、方针、政策，维护国家的安定团结，是舆论工具。长期偏重出版传媒业文化属性，忽略其经济属性的结果就是抑制了这个产业自身的发展，产业自身不发展强大，也不利于实现其文化功能。于是就有了文化体制改革，要解放出版传媒产业的经济属性。

我国出版传媒产业自身存在的安全隐患主要源于长期对其经济属性的忽视而造成的产业缺陷。那么，要消除自身的产业安全隐患，就必须深化改革，构建一个统一、开放、竞争、有序的出版传媒市场。只有在这样的环境里，中国的出版传媒产业才能健康发展。

针对当前中国出版传媒产业自身存在的竞争不充分、产业结构不合理、创新能力不足等问题，本书提出以下应对策略。

1. 激活民营企业，鼓励出版传媒市场充分竞争

要建立一个有序竞争的出版传媒市场，光靠国有企业是远远不够的。和国有出版传媒企业相比，民营企业的体制灵活，经营方式多样，以利益最大化为追求目标，经营者积极性高。

我国近年来出台了各种政策，鼓励民营企业的发展，国务院于2005年出台了《关于鼓励支持和引导个体私营等非公有制经济发展的若干意见》，提出要"毫不动摇地巩固和发展公有制经济，毫不动摇地鼓励、支持和引导非公

有制经济发展"。国务院又于 2010 年 5 月发布了《关于鼓励和引导民间投资健康发展的若干意见》指出，我国的民间投资已经成为促进经济发展的重要力量，并提出要在毫不动摇地巩固和发展公有制经济的同时，毫不动摇地鼓励、支持和引导非公有制经济的发展，加大力度鼓励和引导民间投资，更鼓励民间资本投资文化产业的发展。

在国家有关政策的支持和鼓励下，我国民营书业发展迅速。民营发行企业经过多年的发展，已经成为出版物发行行业的重要组成部分。根据中国新闻出版研究院发布的《中国民营书业发展研究报告》中的数据，截至 2009 年底，我国民营企业经营出版发行业务公司的经营规模已经占据了全国图书出版业的半壁江山。目前，全国共有民营或民营控股的出版物发行网点约 11 万个，占出版物发行网点总数的 78% 以上。2003 年以来新闻出版总署新批准设立的总发行和全国连锁经营单位中，绝大部分是民营或民营控股的企业。民营书店的崛起和壮大，有力地推动了新华书店的改革，并造就了一大批书业发行人才，为促进行业的繁荣和发展做出了重要贡献。从中国民营书业的发展历程可以看出，国家宏观文化政策对民营书业的发展起着决定性的作用。民营图书公司或者说民营工作室直接面向市场，在长期的市场竞争中积累了丰富的经验，在各类畅销书排行榜上，都有着民营企业的身影。

但是，在我国的出版传媒产业中，民营企业的发展尚处于初级阶段，力量还很弱小，需要国家政策的扶持。针对目前的发展状况，管理部门可以尝试有限度地开放出版权，可以选取一些有实力、有社会责任感的民营公司作为试点，先从一些意识形态不强的出版类别开始，如科技、生活、财经等领域，逐步的向民营企业开放出版权。同时，加强监管力量和监管力度，对违规者加大处罚力度。通过这种方式，让民营企业逐步成长起来，成为我国出版传媒市场上的一股不容忽视的力量。

首先，激活民营出版传媒企业可以解决国内出版传媒市场竞争不充分的问题。目前，我国的出版传媒产业刚经过转企改制，组建了出版传媒集团。但是，这些出版传媒集团的组建往往不是市场竞争的结果，更多的是行政行为。新组建的出版传媒集团并没有经历过激烈的市场竞争的优胜劣汰，如果我国的民营企业能够壮大到与国企竞争的程度，那么就会出现真正的市场竞争。到那时，为了自身的生存和发展，大型出版集团就有动力来优化自己内部不合理的管理体制，建立与市场相适应的现代化管理体制。只有民营企业得以发展壮大，让国内的出版传媒市场充分竞争，才能从根本上提高我国出版传媒产业的竞争力。

其次，发展壮大民营出版传媒企业，有了充分的市场竞争，出版资源配置的问题就可以通过市场来解决。经过市场的优胜劣汰，在中国也会出现庞大的出版传媒产业巨头，那么产业集中度低的缺陷就得到了弥补，产业的结构也可以通过市场的健康运行来得到优化。通过竞争，企业就会想方设法降低自己的成本，而加强专业协作是降低成本的有效途径，这样，专业协作的水平就会随之提高。同时，市场竞争使得产业集中的地区生存和发展困难，产业自然会转向其他地区，从而实现地区之间产业的相对平衡。

总之，市场化中出现的产业安全问题最好能够通过市场本身来解决，产业的发展需要按市场经济规律运行，这样才能最大限度地发挥生产力的潜能，实现资产的最优组合。而发展壮大民营企业是一条根本、有效地构建统一、开放、竞争、有序的出版传媒市场的途径。

2. 完善法规，疏堵结合治理出版市场

要想让出版传媒市场步入有序竞争的健康状态，就必须有完善的法规来保证。应尽量缩小模糊地带，对各类企业的经营范围要有明确的规定，如民营企业参与编辑出版领域的问题。

《中国民营书业发展研究报告》的初步调查显示，许多民营公司在工商登记注册时，经营的主要内容是发行业务，但在实际操作中有相当一部分民营企业已经涉足图书出版的上游业务。2009 年全国出版了约 17 万种图书，其中由文化公司、民营发行公司和出版工作室进行选题策划或组稿、编辑出版的品种已经占近 1/3。民营公司从一开始在体制上就克服了国有企业体制上的弊端，在市场竞争中更能显现出活力。然而，民营出版一直被排除在体制之外，得不到承认。直到新闻出版总署 2009 年出台了《关于进一步推进新闻出版体制改革的指导意见》，第一次提出了"非公有出版工作室"的概念，民营出版的合法性才得到承认，但在实际操作中民营出版企业还面临很多问题，如书号问题。长期以来，书号由政府分配，国有出版社无偿使用，而民营出版机构很难得到书号。在不能通过正常途径申领书号的情况下，书号就变为出版领域的一种资源，成为可以买卖的商品。如果能够通过审核，给有资质的民营企业和国有企业一样的待遇，使其能公平地获得书号，那么，书号的非法买卖现象就会大大减少。

但是，疏并不是放任自流，在疏的同时，该堵的地方一定得堵死，如对出版机构资质的审查等。只有疏堵结合，不断完善出版传媒市场的法律法规，并严格执法，保障市场竞争的合理有序，消除安全隐患，使中国出版传媒市场健康发展。

3. 发挥行业协会的监管作用

要促使中国出版传媒市场健康发展，仅靠监管部门是不够的，还应该发挥行业协会的自律监管作用。行业协会是社会经济发展到一定阶段的必然产物，顺应了市场经济的要求。行业协会的基本职能是行业自律、行业代表、行业服务和行业协调。行业协会可以通过制定行规公约，进行行业准入认定和资质认定，利用行业内部质量评级和处罚等手段，对行业内企业的行为和产品质量进行约束和监管，从而发挥行业自律的作用。[①]

许多西方国家的出版传媒产业的行业协会在行业自我约束方面发挥着重要的作用。出版产业发达的英国就有很多出版传媒产业的行业协会，如英国出版商协会、英国书商协会、英国全国图书联盟、个体出版商协会和英国印刷工业联合会等，其中影响最为广泛的是英国出版商协会和英国书商协会。德国有德国书商及出版商协会、德国联邦报纸出版商协会、德国期刊出版商协会等。在英国和德国，政府没有设立专门的管理机构，出版传媒业运行的调控由行业协会负责。美国出版传媒产业的主要行业协会包括美国出版商协会、美国书商协会、美国大学出版社协会、美国报业协会、美国期刊出版商协会、美国音乐出版商协会、美国有声读物出版商协会等。这些行业协会是行业和政府管理部门的纽带，在行业自律方面发挥着很大的作用。

我国与出版相关的行业协会也有很多，包括出版工作者协会、书刊发行业协会、音像协会、期刊协会、编辑学会等。但从目前的情况看，我国出版传媒

---

① 张晋光：《行业协会自律监管机制探讨》，《商业时代》2007 年第 12 期。

产业的行业协会在行业自律方面的作用还没有能够得到充分发挥。市场经济情况下政府与企业的关系，要求政府对企业的规范和引导应充分利用行业协会这一平台来实现。监管部门在维持市场经济秩序的工作中，应当注重行业协会的作用，广泛征求行业协会的意见和建议，日常监管工作最好能够争取行业协会的参与和配合。在出台市场管理制度和政策之前，应当主动通过行业协会收集企业的意见；政府部门的政策意图也可以通过行业协会下达到基层企业。只有充分发挥了行业协会的作用，政府对市场的监管才能更加有效、到位。

（二）应对来自境外出版传媒集团渗透给产业安全带来的挑战

随着互联网的普及和数字化技术的进步，以及我国市场经济体制的建立与完善，出版传媒产业在一定程度上的对外开放已基本确定，像跨国出版集团这样新的市场进入者将是中国出版传媒业最大的竞争威胁。

面对跨国出版集团的布局，中国出版传媒业如何应对挑战，争取主动，已是当务之急。对产业新进入者的限制主要有两个方面：一是提高进入壁垒和障碍；二是提高自身的竞争力。根据我国出版传媒业的实际情况，本书提出以下政策建议。

1. 完善法规，对跨国出版集团进入我国出版业进行规范和限制

自从跨国出版集团进入我国出版传媒市场，特别是我国加入世界贸易组织之后，行业监管部门出台了一系列出版传媒行业的政策和法规，促进了出版传媒业的对外开放，使规范跨国出版集团在中国出版传媒市场的行为有了明确的法律依据。例如，在出版业务领域，根据《出版管理条例》和《外商投资产业指导目录》，外商可以和中国出版企业开展版权贸易和出版合作。在出版物发行方面，根据我国加入世贸组织的承诺、《出版管理条例》、《出版物市场管理规定》和《外商投资图书、报纸、期刊分销企业管理办法》，我国的书报刊分销市场实行了对外开放。这些法规的制定对我国出版传媒市场健康地开放起到了非常重要的作用。

但是，随着形势的发展变化，外资出版传媒企业很多已经突破了现存的法规条例对其进入中国市场的各种限制，当然这也不是出版传媒业行业的独有现象。这其中包含各种原因，有的是因为相关法律法规只有原则性的规范，缺乏

可操作性，其结果是不同地区、不同部门对同一规范有不同的解读，按照各自
的理解执法，从而给跨国出版集团留下了很多可以利用的空间；有的是法律法
规对行为规范的界定不科学，导致规定条款之间互相冲突，或是没有与国际接
轨，有的自己创造一些特有的词汇，导致不同企业有不同的理解，从而引起概
念上的混乱；有的是因为立法工作严重滞后，常常是等到外资企业在实际操作
中进行个案突破，才引起重视，然后再制定相关法规对其予以限制或确认；有
的是面对强大的跨国出版集团，行政主管部门很难实施处罚，加之外资出版传
媒企业超强的公关能力，要严格限制和规范其行为在实际操作中困难重重；有
的是因为各个管理部门之间缺乏协调，在执法过程中配合不够；还有的是法规
制定后，经过较长时间，情况有所变化，需要出台更加具体的、有操作性的新
法规。

　　一个典型的例子是跨国出版集团在中国设立了代表处、办事处等办事机
构，针对这些机构的管理，我国也出台过不少法规（见表23）。

表 23　我国对跨国出版集团设立办事机构管理的法规

时间	法规名称	主管部门及文号
1980 年	关于管理外国企业常驻代表机构的暂行规定	国务院国发〔1980〕272 号
1983 年	关于外国企业常驻代表机构登记管理办法	国家工商管理局(83)国函字 28 号
1985 年	中华人民共和国财政部对外国企业常驻代表机构征收工商统一税、企业所得税的暂行规定	财税字〔1985〕110 号
1995 年	关于审批和管理外国企业常驻代表机构的实施细则	原外经贸部 1995 年第 3 号部令
1995 年	关于对境外传媒在我国境内设立办事机构加强审批管理的通知	新闻出版总署〔95〕国新办发文 4 号
1996 年	加强外国企业常驻代表机构税收征管有关问题	国税发〔1996〕106 号
2003 年	外国企业常驻代表机构税收管理问题的通知	国家税务总局
2010 年	关于印发《外国企业常驻代表机构税收管理暂行办法》的通知	国税发〔2010〕18 号
2010 年	进一步加强外国企业常驻代表机构登记管理的通知	工商外企字〔2010〕4 号

　　但根据目前的情况，为了更有针对性地对国外出版集团办事机构的行为进
行规范，建议尽快出台《境外新闻出版机构在境内设立办事机构管理办法》，

以加强对跨国出版机构在我国境内设立办事机构的审批管理（资质、规模、业务范围等）和经营性管理（规范经营），从法规层面上对国际出版传媒巨头进入我国出版传媒产业进行规范。

根据实际需要，建议尽快出台《境外数字文献网络进口管理办法》《接受境外机构和个人赠送出版物管理办法》《进口出版物备案管理办法》等相关部门规章。

数字出版、互联网出版、手机出版等新出现的传播手段有着和传统媒体不同的特点，需要有关部门组织力量对其传播特点进行研究，然后根据其传播特点，有针对性地制定和修改法规、条例，把新媒体纳入法律规章管理范围。

2. 加强市场监管，加强对违法进入中国出版传媒市场行为的执法力度

随着开放的深入，出版传媒市场的监管任务将会越来越重，情况越来越复杂。针对这些新情况，出版传媒业的监管部门要加快职能转变，强化市场监管执法力度。

其一，要建立出版传媒市场监管部门协同执法的机制。跨国出版集团之所以有机可乘，往往是利用执法的漏洞。由于市场上各个管理部门所管理的角度不同，有时管理功能重叠，有时则造成实际上的管理盲点。要加强出版传媒市场监督管理，新闻出版、工商、税务、公安等相关部门应当建立规范的协同执法机制，打破以往依靠行政力量进行条块分割管理市场的做法，建构统一的市场管理机制，互相沟通，划清责任，协同执法，严格依法办事和监督管理，堵住跨国出版集团渗透的漏洞。

其二，要加大对知识产权保护的力度。我国与世界出版强国之间差距的很重要的一点反映在双方拥有的原创性内容的数量和质量上，反映在双方对出版传媒产品开发的投入力度和规模上。由于我国对著作权及其专有使用权保护力度不够，盗版猖獗，极大地打击了出版传媒企业对新产品研发投入的积极性，结果导致目前国内出版传媒界的原创性作品不足，有为数不少的出版企业依赖版权引进度日。因此，打击盗版行为、保护知识产权，应当成为我国出版传媒市场监管部门的一项主要任务。一方面，盗版盛行不利于出版传媒产业的发展；另一方面，培养了消费者长期满足于消费便宜盗版产品的心态，长此以往，不利于中国文化成长为强势文化。只有加大保护知识产权的力度，才能为国内出版传媒产业的健康发展创造一个良好的环境。

3. 加强出版内容监管　建立系统的文化安全预警机制

跨国出版集团的渗透提醒了我们，全球化给那些自身实力不强、缺乏规范管理或没有预警机制的国家带来的是挑战和威胁。对像中国这样的发展中大国来说，一旦文化安全受到威胁，将导致国家文化主权受损，就不是可以通过简单地调整文化政策就能解决的问题了。这主要是因为，文化危机的发展是一个动态的过程，一旦形成危机，就会依照趋势的惯性发展下去。这样一来，等危机出现再采取措施处理是远远不够的，必须对危机发展的态势和程度要有充分的预测，有针对性地制定应对方案。只有未雨绸缪，才是对文化安全的完善管理。

为了能及时防范风险，应当建立国家文化安全预警机制。所谓国家文化安全预警机制指的是启动相应的国家机制，运用法律、行政和经济及其他管理手段，对那些可能危及国家文化安全的因素和力量进行识别和鉴定，及时、准确地做出警示性反应。

具体到出版传媒领域，就是要对出版内容从文化安全的角度进行研究，制订出预警指标，构建预警体系，及时把可能对我国文化及文化产业的生存发展造成威胁的因素，牢牢控制在安全警戒线之下。通过预测和评估国际出版传媒市场商品流动的趋势，分析有可能对我国出版传媒产业、文化市场发展及意识形态构成威胁的不良趋势，及时准确地做出预告性和警示性反应，对出版传媒国内市场上和有可能进入国内市场的出版传媒产品进行仔细甄别，吸纳和进口那些符合我国文化利益的产品；把那些可能危及我国文化安全的文化产品拒于国门之外，以尽可能减小全球化对我国出版传媒市场，以及对我国文化安全所产生的消极影响。

4. 整合国内出版力量，培育我国出版企业的国际市场竞争力

跨国出版集团最突出的特点就是规模巨大。培生教育集团 2011 年的收入达到了 84 亿美元；励德·爱思唯尔集团 2011 年的收入达到近 57 亿美元；汤姆森路透 2011 年的收入达到 54 亿多美元。跨国出版集团的规模经济优势是通过横向与纵向的并购实现的，其之所以在世界上形成了无可匹敌的地位，是因为它是由一些本来各自独立的强势媒体合并而成的，无论是并购者还是并购的对象，都是在长期的优胜劣汰竞争中形成的"强者"，是一种"强强联合"，成为这样一个"强者"意味着必须要在各自的经营领域有自己的核心业务以形成竞争实力和竞争优势。跨国出版集团的经验告诉我们，一个真正有竞争力的联合体必须是其各个部分都是在不同领域内经过竞争考验而生存下来的具有自身优势的媒体。

而我国目前的出版传媒业集团化改革，没有经过长期的市场竞争过程，市场竞争不充分给出版传媒产业的发展带来了诸多问题。没有市场竞争的优胜劣汰，使得出版产业的各个部分并没有形成自己的专业特长和核心业务。因此，各个出版传媒集团的市场竞争力需要经过市场的磨砺，逐渐培育。在这个过程中主管部门的主要作用应当是引导而不是主导，是为其提供方便和条件而不是进行干预和代替决定。我国出版传媒业要想应对跨国出版传媒集团的挑战，首先要做就是在国内出版传媒市场上通过竞争提高自身的实力。因此，我国目前的出版传媒业改革应该从建立内部和外部的竞争激励机制出发，防止竞争过程的缺失，并通过国内的市场竞争，培育我国出版传媒业整体的竞争力，以适应将来国际市场的竞争。

5. 加快出版业对内开放速度，提高民营企业的竞争力

鼓励民营企业参与到出版传媒市场的竞争中来，不仅仅是建立国内出版传媒市场竞争机制的需要，同时也是抵御境外出版传媒集团渗透的有效措施。只有激活民营出版传媒企业，加大出版传媒市场对民营资本的开放力度，才能最大限度地巩固并扩展中国本土出版传媒企业的影响力和市场占有率，从而缓解跨国出版集团对我国出版传媒产业生存和发展空间的挤压。

要应对跨国出版集团的进入带给中国出版传媒产业的挑战和压力，就得尽快发展壮大本土企业，让中国的出版传媒企业成长为在国际市场上能够占有一席之地的竞争者。要尽快增强企业的竞争力，最好的办法就是加快中国出版传媒市场的改革开放，让每一个企业都有公平竞争的机会，不仅包括国有企业，还包括民营企业。

利用政策法规对民营企业的发展加以监督和引导，让民营企业迅速成长，一方面，可以刺激国有企业的市场竞争力；另一方面，可以使民营企业成为未来在国际市场上和跨国出版集团竞争的一支重要力量。

6. 着眼长远，优化出版传媒产业人才培养机制

跨国出版集团布局中国的一个策略就是人才本土化，它们从中国的出版传媒产业中网罗了许多人才，人才流失是外资进入中国出版传媒业所带来的一个巨大威胁。被挖走的是中国出版传媒业的精英人才，这些人熟悉中国出版传媒市场，对跨国出版集团在中国市场上的发展至关重要。此外，跨国出版集团从中国出版传媒企业中挖走的不仅仅是人才，与出版人才一起流失的还有中国出版企业的选题和客户等出版资源。

外资企业进入中国出版传媒市场的数量越来越多，进入的程度也越来越深，它们急需中国本土化的出版传媒高端市场专业人才。与此同时，由于出版传媒产业在中国属于需要大力发展的文化产业，市场对人才的需求量很大，外资出版企业在这个行业中大量招募高端人才，势必对中国本土的出版传媒产业的发展产生不利影响。

中国出版传媒产业想要在国际竞争中取胜，至关重要的因素就是人才。有了人才，中国出版传媒业才会有未来和希望。然而，目前出版传媒人才的培养远远不能满足市场需求。我国需要大力改革出版传媒产业人才培养的机制，加快出版传媒人才培养的速度，提高出版传媒队伍的素质，优化出版传媒人才结构；要抓紧培养既熟悉出版传媒产业管理和出版业务，又掌握现代科学技术，还了解世贸组织规则的复合型人才。只有这样的复合型人才，才能适应今后出版传媒产业参与国际竞争的需要。

另外，在改善出版传媒人才培养机制、加快人才培养的同时，更要珍惜和利用已经拥有的出版传媒人才，为他们创造机会，在实践中进一步提高其业务素质和专业水平。出版传媒企业要通过多种渠道引进人才，首先，可以在高校毕业生中挑选合格的人才来充实企业；其次，可以培养现有的企业职工，鼓励他们不断学习，为其提供业务培训的机会。另外，还要不拘一格地使用人才，为出版传媒人才的迅速成长创造良好的环境；要保护人才的工作热情和创新精神，提高他们的积极性。人才需要在竞争中成长，人才的选拔也要引入竞争机制，让优秀者脱颖而出。有了人才之后，还要考虑如何留住人才，除了提高人才的物质待遇之外，企业文化也是留住人才的关键所在，人们都愿意在健康向上、凝聚力强、让人心情愉快的环境中工作，只有营造一种有利于人才成长的和谐的人文环境，企业才能吸引和留住人才。

总之，要应对跨国出版集团的渗透给我国出版传媒产业带来的挑战，一方面，要筑好篱笆，运用好各种壁垒；另一方面，要提高自身的竞争力，在竞争中发展壮大中国的出版传媒产业。

安全现状篇

Current Situation

影响中国出版传媒产业安全的因素可以分为外部因素和内部因素。

外部因素指的是全球经济一体化和市场开放条件下，来自国外的资本、技术、产品和国际贸易壁垒等因素。虽然目前中国的出版传媒市场还没有完全开放，但是，境外出版传媒企业集团凭借其强大的实力、雄厚的资金、先进的技术和丰富的市场经验，对中国出版传媒市场虎视眈眈。多年来，在出版产品对外贸易和对外版权贸易方面，中国一直处于贸易逆差状态，尽管对外版权贸易的逆差在逐年缩小，但一直没有彻底消失，而出版物对外贸易逆差还有增大的趋势。从技术上看，国外先进的数字出版技术及其数字文献资源平台，再加上超前的理念，给中国出版传媒产业带来了很大的压力。从资金上看，在我国出版传媒业已经对外开放的印刷和发行领域，外资业绩斐然，并且对我国出版传媒产业没有开放的编辑出版核心领域觊觎良久。外资进入中国出版传媒市场采取了步步为营的策略，不断冲破我们的壁垒，从外围向核心渗透，给我国的出版传媒产业安全带来了很大威胁。

影响产业安全的内部因素，是指产业所在国内部产生的对产业生存和发展造成影响的因素。从内部因素看，作为我国的出版传媒产业主要力量的国有企业刚完成转企改制，还面临许多问题需要解决：民营企业还没有壮大成为市场上的一支主要力量；我国出版传媒产业的结构亟待优化；国内出版传媒市场的竞争不充分，市场环境还不能适应经济全球化的需求；新兴的数字技术给传统的出版产业带来了冲击，而数字出版市场产业链还没有理顺，不能给企业带来利润。

总体看来，我国出版传媒产业的安全还面临许多挑战。

B.2
国外出版产品进入中国市场对
出版传媒产业安全的影响

张宏峰 *

摘　要：

国外出版产品进入中国市场的两种重要形式是原版出版物输入到中国出版传媒市场和通过版权贸易把出版物的版权输入中国出版传媒市场。分析近十年的对外出版贸易可以看出，我国对外出版实物贸易和版权贸易都一直处于逆差状态。在版权贸易方面，经过了多年不懈的努力，逆差在逐渐缩小，但逆差的情况从未改变。在实物贸易方面，逆差不仅没有缩小，反而有增大的趋势。长期的贸易逆差，对我国出版传媒产业的发展产生了影响，挤占了国内企业的利润空间，造成了一些出版社对国外版权的依赖，并潜移默化地影响着我们的文化，从而产生了安全隐患。

关键词：

出版物贸易　版权贸易　安全隐患

一般来说，国外产品对产业安全的影响主要包括国外产品倾销危及产业安全、国外原料及资源性产品的出口价格垄断危及产业安全两个方面。具体到我国出版传媒产业，国外出版产品进入中国市场的两种重要形式是原版出版物输入到中国出版传媒市场和通过版权贸易把出版物的版权输入中国出版传媒市场。

长期以来，我国在出版产品进口问题上监管比较严格，然而，2007 年 4

---

* 张宏峰，博士，首都经济贸易大学外语系副教授。

月，美国政府就中国出版物市场准入问题诉诸世贸组织争端解决机构。美国政府的观点是，中国政府限制外国书籍等产品在中国市场流通，进口文化产品必须通过严格的审查后方可经其官方机构或国有企业发行，这是针对美国文化产品的不公平政策。在审理过程中，虽然中方充分阐明了自己的立场，但是2009 年 3 月，世贸组织争端解决机构通过了专家组报告，裁定中国在音像和图书进口和分销领域的限制措施违反世界贸易组织规定。该裁决的影响是严重的，这意味着未来可能会有更多的美国文化出版产品涌入中国市场。

反观多年来中国出版对外的实物贸易和版权贸易我们就会发现，长期以来，我国对外出版贸易无论是在实物贸易方面还是版权贸易方面都存在很大的逆差，有时可以说逆差是巨大的。在版权贸易方面，经过了多年的不懈努力，逆差在逐渐缩小，但逆差的情况从未改变。在实物贸易方面，逆差不仅没有缩小，反而有增大的趋势。如果这种状况不能得到改善，将严重影响我国出版传媒产业的国际竞争力。

一 国外原版出版物输入中国出版传媒市场的情况

原版出版物输入中国内地是国外出版商进入中国出版传媒市场最直接也是最简便、有效的办法。《出版管理条例》对出版物进口有严格的管理规定：出版物进口业务，由依照本条例设立的出版物进口经营单位经营；其中经营报纸、期刊进口业务的，须由国务院出版行政部门指定。未经批准，任何单位和个人不得从事出版物进口业务；未经指定，任何单位和个人不得从事报纸、期刊进口业务。正是由于有了这样严格的规定，才保证了我国出版传媒产业不存在国外出版物倾销问题。

下文分别从图书、期刊、报纸、音像制品与电子出版物等出版物的进口情况来分析一下国外出版产品进入中国出版传媒市场的情况，我们统计了 2001 ～ 2012 年国外原版出版物出口到中国内地的情况。[①]

[①] 资料来源于原新闻出版总署每年发布的"全国新闻出版业基本情况"，参见 http://www.ppsc.gov.cn/tjsj/。

（一）图书进口情况

据统计，到2002年，中国的图书销售总收入为408亿元，占全球图书销售总收入800亿美元的6.2%。至此，中国图书市场已经成长为世界十大图书市场之一。在这样一个规模的市场上，国外出版企业是不会甘于寂寞的，进口图书已经在中国图书销售市场上占有了一席之地。从表1可以看出，十年来，图书进口的种数增长了1.6倍，数量增长近2倍，而2012年的图书进口金额则是2001年的4.85倍。

表1 2001~2012年图书进口数据

年份	种数（种次）	数量（万册）	金额（万美元）
2001	399222	249.04	2825.13
2002	512234	258.17	2622.02
2003	648581	285.35	3749.75
2004	602307	338.07	3870.41
2005	553644	403.65	4196.96
2006	559896	360.6	4324.41
2007	771582	366.38	7812.91
2008	648907	437.65	8155.24
2009	755849	533.53	8316.65
2010	806076	568.57	9402.01
2011	1042288	754.85	11666.91
2012	—	743.51	13707.99

注：2012年统计数据中没有统计种数。
资料来源：根据新闻出版统计数据整理。

比较2001~2012年的图书进出口金额，更能显示出我国图书对外贸易中的逆差有多大（见图1）。可以看出，十几年来图书的进口金额在不断上升，特别是近年来这种上升有加速的趋势，而图书出口的金额增幅不大，特别是2005年之后，图书出口的金额呈现上下波动趋势。这样，图书对外贸易的逆差就有加大的趋势。

在图书进口方面，从引进种次上看，2001~2003年图书进口快速增长，

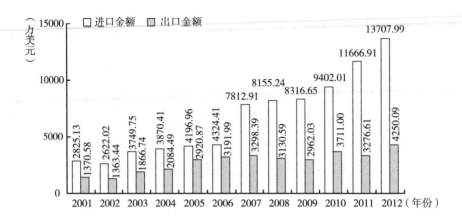

图1 2001～2012年图书进出口金额对比

资料来源：新闻出版统计数据。

2003～2006年有所回落，2007年增势突然加速，2008年调整后又稳步上升，增长速度越来越快（见图2）。

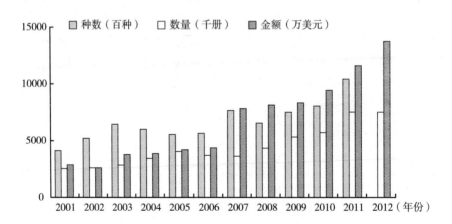

图2 2001～2012年图书进口情况

注：2012年的数据中没有统计进口图书的种数。
资料来源：新闻出版统计数据。

图书进口数量除2005～2007年略有回落之外，一直呈稳步增长态势，特别是到2010年之后增长加速。

从金额上看，2001～2012年，图书进口金额增长了3.85倍，年均增长率超过了14%。其中，2007年急速增长，比2006年增长了80%，经过两年平稳增长之后，2009~2012年又呈现加速增长的态势。

从以上数据可以看出一个问题，就是进口图书的数量在稳步增长，而进口书的金额却是在急速增长，这说明进口图书的价格在增长。把进出口图书的平均单价加以比较（见图3），可以看出，一方面，进口图书的价格要高于出口图书很多；另一方面，2007年之后，进口图书价格的增幅较大。2001年进口图书的价格是出口图书价格的2.53倍，2007年进口图书的价格是出口图书价格的4.61倍，2012年进口图书的价格是出口图书价格的5.74倍。

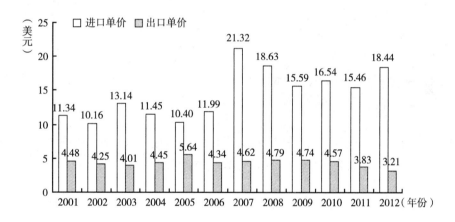

图3 2001~2012年图书进口平均单价比较

资料来源：新闻出版统计数据。

我国图书的进口趋势可以概括为：进口速度在不断加快，进口图书的价格在不断提高，特别是进出口图书的价格差距较大。

（二）期刊进口情况

从20世纪90年代起，我国的期刊出版有了很大的发展。从期刊品种上讲，经过20多年的发展，到2011年我国的期刊出版已达到9849种，超过世界上许多期刊出版发达的国家，我国已步入世界期刊大国的行列。

当然，在期刊市场上同样有进口期刊的身影。2001~2012年期刊进口金额增长了3.4倍，其种数增长了1.3倍（见表2）。

表2　2001～2012 年期刊进口数据表

年份	种数(种次)	数量(万册)	金额(万美元)
2001	33182	713.59	3211.88
2002	36032	512.18	6120.12
2003	41326	471.56	9700.35
2004	48922	319.82	11021.51
2005	45178	171.49	10736.73
2006	50784	378.49	11660.67
2007	42630	424.71	11188.1
2008	53759	448.86	13290.74
2009	54163	448.09	13661.47
2010	72056	420.66	13828.96
2011	76337	439.93	13906.17
2012	—	490.33	14120.03

注：2012 年统计数据中没有统计种数。

资料来源：新闻出版统计数据。

比较期刊进出口金额（见图4），可以说，一直以来，期刊的对外贸易逆差巨大，而且随着进口的增长，逆差还在不断地加大。

图4　2001～2012 年期刊进出口金额比较

资料来源：新闻出版统计数据。

从期刊进口的具体情况来看（见图5），2001～2004 年，期刊进口种次在逐年增加，年均增长约为9%。2004～2008 年略有起伏，随后呈稳步上升趋势。

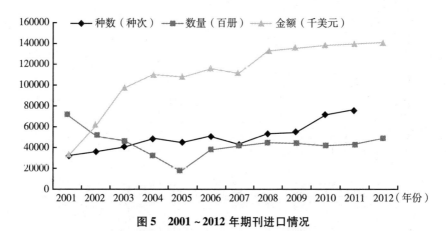

图5 2001～2012年期刊进口情况

注：2012年统计数据中没有统计种数。

资料来源：新闻出版统计数据。

从进口数量上看，2001～2005年降幅明显，经过了2005～2007的反弹后，基本稳定了下来。

2001～2005年期刊进口金额一直处于递增状态，其中2001～2003年是增长较快的一段时间。2001～2004年，期刊进口金额增长了2.4倍，年增长速度达到31%以上，2004～2007年则是波动起伏的，经过2007～2008年的迅速增长后，进入了一个基本平稳的状态。

分析计算期刊进口种类、数量和金额，可以得出以下的信息：2001～2005年间，期刊的进口数量在逐年减少，从2001年的713.59万册，降到了2005年的171.49万册，而同期的期刊进口金额却在不断增长，2005年的进口金额已达2001年的3.34倍，这说明进口期刊的价格在大幅度增长。将期刊的进出口平均单价加以对比就更能清楚地看到这个问题（见图6），2006年以来进口期刊的平均单价基本稳定在每册30美元左右，而我国的出口期刊平均单价每册不足2美元，2012年进口期刊的平均单价是出口期刊的11.4倍。

造成中外期刊贸易逆差最重要的原因很明显：一是品牌影响力；二是价格。尽管我国期刊采取低价策略，但期刊贸易的逆差仍然巨大。

（三）报纸进口情况

新闻出版业基本情况的统计数据显示（见表3和图7），我国的报纸进口

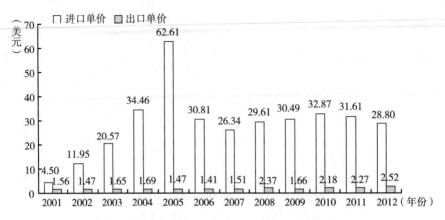

图6　2001~2011年期刊进出口平均单价对比

资料来源：新闻出版统计数据。

呈现以下特点。

第一，进口种次总体上稳步增长。从2001年的547种，逐步增长到2010年的1582种，增长了近2倍，到2011年略有回落。

第二，进口数量波动很大，但总趋势仍在增长。从2001年的719.85万份，增加到2011年的1785.1万份，增长了1.48倍，进口数量最高的2008年是2001年的3.56倍。

表3　2001~2012年报纸进口数据

年份	种数（种次）	数量（万份）	金额（万美元）
2001	547	719.85	867.12
2002	586	648.28	745.23
2003	738	1120.55	1158.17
2004	757	1317	1363.01
2005	767	854.11	1484.66
2006	961	1656.24	2108.43
2007	1021	1594.91	2104.43
2008	1121	2566.03	2615.42
2009	1253	1812.91	2527.15
2010	1582	1892.65	2777.61
2011	1350	1785.1	2800.18
2012	—	1904.23	2293.63

注：2012年统计数据中没有统计种数。

资料来源：新闻出版统计数据。

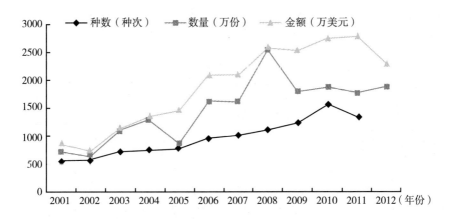

图7　2001~2012年报纸进口情况

注：2012年统计数据中没有统计种数。

资料来源：新闻出版统计数据。

第三，进口金额大幅度提高。2012年报纸进口金额是2001年的2.65倍。如果和报纸出口的金额进行比较（见图8），就会发现报纸进出口的逆差巨大，2011年报纸的进口金额是出口金额的50.49倍。

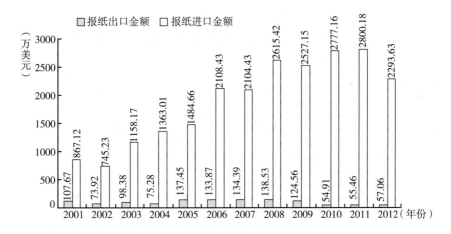

图8　2001~2012年报纸进出口金额比较

资料来源：新闻出版统计数据。

按照国家有关规定，进口报刊只供三资企业、涉外机构以及来华工作和生活的外籍人士、港澳台同胞订阅作为参考之用。进口报纸的增长反映了读者群的壮大，也反映了我国对外开放程度的提高。但是，报纸进出口巨大的逆差同时也说明，和国外报纸相比，我国报纸的竞争力偏弱。

（四）音像制品和电子出版物进口情况

根据新闻出版业统计数据对音像制品和电子出版物进口情况的统计（见表4和图9），我国的音像制品和电子出版物进口的特点如下。

第一，进口种次的波动较大。2005年和2010年是两个高点，2005年达到了31638种，2010年达到了25267种。

第二，从进口数量上看，也有波动，但总趋势是下降的。较为明显的转折点出现在2003年，从2003年的104.02万张（盒），下降到2004年的63.34万张（盒），下降幅度为39.1%，紧接着2005年又下降了76.54%，降到了14.86万张（盒），随后基本平稳，一直到2010年又有了幅度较大的增长，从2009年的16.74万张（盒）增长到了2010年的62.95万张（盒），增长了276.05%，但2011年随即又回落到了39.63万张（盒），回落的幅度为37.05%，2012年继续回落。

表4 2001~2012年音像制品和电子出版物进口数据

年份	种数(种次)	数量(万张/盒)	金额(万美元)
2001	5969	94.6871	1072.74
2002	12428	82.9511	1222.89
2003	10177	104.02	2272.64
2004	2972	63.34	2136
2005	31638	14.86	1933
2006	6733	17.8	3079.31
2007	8348	15.09	4340.26
2008	11717	16.38	4556.81
2009	9479	16.74	6527.06
2010	25267	62.95	11382.7
2011	14553	39.63	14134.78
2012	—	18.56	16685.95

注：2012年统计数据中没有统计种数
资料来源：新闻出版统计数据。

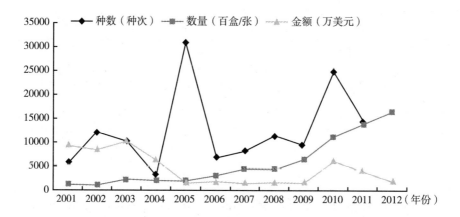

图9 2001～2012 年音像制品和电子出版物进口情况

注：2012 年统计数据中没有统计种数。

资料来源：新闻出版统计数据。

第三，但进口金额和进口数量增长趋势完全不同，在数量总体下降的情况下，进口金额却在稳步增长。

从音像制品和电子出版物的进口数量和进口金额背离的情况可以看出，音像制品和电子出版物进口的价格在不断增长。

综合分析图书、期刊、报纸以及音像制品和电子出版物进口情况，能够看出我国的出版物引进呈现如下规律：第一，出版物引进的多少与出版物的时效性呈负相关关系。引进图书最多，期刊、音像制品和电子出版物次之，报纸较少。第二，电子出版物近年进口大幅增长，这表明中国需求庞大的数字出版产业已经引起境外出版集团的重视，且它们已强势进入。第三，出版物进口总额呈逐年增长趋势，且存在持续的贸易逆差。

由此，我们可以得出这样的结论：我国出版物对外贸易差尚未达到理想的状态。在出版物出口拓展的同时，随着我国开放程度的不断加大，以及建设、发展的不断推进，我国进口书、报、刊、音像制品和电子出版物的业务量也持续加大。进口出版物种数从 2001 年的 43.89 万次，增至 2011 年的 113.45 万次，增长了 158.49%；出版物进口数量从 2001 年的 1777.17 万册（份/盒/张），增至 2011 年的 3019.5 万册（份/盒/张），增长了 69.9%；出版物进口金额从 2001 年的 7976.87 万美元，增至 2012 年的 46807.60 万美元，增长了 486.79%（见表5）。

表5　2001～2012年中国出版物进出口经营单位对外贸易总体情况

年份	种数(万种次)			数量(万册/份/盒/张)			金额(万美元)		
	出口	进口	比例	出口	进口	比例	出口	进口	比例
2001	66.5	43.89	1.51:1	651.08	1777.17	1:2.73	1840.86	7976.87	1:4.33
2002	94.38	56.13	1.68:1	709.03	1501.58	1:2.12	1957.54	10710.26	1:5.47
2003	120.47	70.08	1.72:1	898.78	1981.48	1:2.2	2469.34	16880.91	1:6.84
2004	93.05	65.5	1.42:1	895.63	2038.23	1:2.28	2766.23	18390.93	1:6.65
2005	122.69	63.12	1.94:1	807.59	1444.11	1:1.79	3498.19	18351.35	1:5.25
2006	159.74	61.84	2.58:1	1113.11	2413.14	1:2.17	3916.43	21172.82	1:5.41
2007	120.36	82.36	1.47:1	1091.57	2401.08	1:2.2	3967.97	25445.7	1:6.41
2008	96.37	71.55	1.35:1	828.93	3468.92	1:4.18	3588.57	28618.21	1:7.97
2009	92.01	82.07	1.12:1	895.17	2811.27	1:3.14	3498.83	31032.33	1.8.87
2010	96.53	90.5	1.07:1	1047.51	2944.83	1:2.81	3758.16	37391.28	1:9.95
2011	92.28	113.45	1:1.23	1151.89	3019.5	1:2.62	3940.68	42508.04	1:10.79
2012	—	—	—	2087.92	3156.63	1:1.51	4896.69	46807.60	1:9.56

注：2012年统计数据中没有统计种数。

资料来源：新闻出版统计数据。

缩小出版物外贸逆差是扩大"走出去"成果的重要标志，需要业界的不断努力的。要想缩小逆差，就必须提高我国出版物的质量，创出知名品牌，让中国文化为世人所接受。但是，在较短的时间内很难迅速改变出版物外贸金额逆差的情况，因为其根本原因在于我国的出版物缺乏知名品牌，再加上创新不足，由此造成了中国出版物价格与外国出版物价格的差异过大。例如，2011年中国出口出版物的平均单价为3.42美元，而中国从国外进口出版物的平均单价达到了14.08美元，进口出版物的平均价格是出口出版物平均价格的4.12倍，面对如此大的价格差，要想完全扭转出版物外贸金额逆差非常困难。

二　国外出版物版权输入到中国内地的情况

和实物贸易相比较，把版权输入到中国内地的版权贸易不涉及运费、关税、保险等成本，省时省力，方便快捷，是跨国出版集团进入中国出版传媒市场的主要方式。

中国于 1992 年正式加入《世界版权公约》和《伯尔尼版权公约》，在版权保护方面开始与世界接轨。随着经济持续高速发展，对外开放范围进一步扩大。同时，中国的版权需求也进一步扩大。2001 年 12 月 11 日，中国正式加入世界贸易组织，成为世贸组织的第 143 个成员国。加入世贸组织以来，我国对外版权贸易不断扩展。

（一）我国对外版权贸易的总体情况

全国新闻出版业年度产业统计自 2004 年起增加了版权贸易统计（见表 6 和图 10）。2004~2012 年，版权输出数量基本呈增长趋势，除 2008 年比上年有所下降外，其余各年均较前一年有所上升。版权输出数量从 2004 年的 1362 种，到 2012 年的 9365 种，8 年间增长了 587.59%。和同期版权引进数量相比较，2004 年引进版权 11746 种，到 2012 年引进版权 17589 种，增长了 49.74%。版权输出的加速增长和版权引进增速的放缓，都体现了中国出版传媒产业为"走出去"付出的巨大努力和取得的成果。

表 6 2004~2012 年中国对外版权贸易总体情况

单位：种

年份	合　计			图　书			音像制品、电子出版物		
	输出	引进	比例	输出	引进	比例	输出	引进	比例
2004	1362	11746	1:8.62	1314	10040	1:7.64	47	633	1:13.47
2005	1517	10894	1:7.18	1434	9382	1:6.54	81	359	1:4.43
2006	2057	12386	1:6.02	2050	10950	1:5.34	5	432	1:86.4
2007	2593	11101	1:4.28	2571	10255	1:3.99	20	506	1:25.3
2008	2455	16969	1:6.91	2440	15776	1:6.47	12	521	1:43.42
2009	4205	13793	1:3.28	3103	12914	1:4.16	111	472	1:4.25
2010	5691	16602	1:2.92	3880	13724	1:3.54	231	844	1:3.65
2011	7783	16639	1:2.14	5922	14708	1:2.48	275	884	1:3.21
2012	9365	17589	1:1.88	7568	16115	1:2.13	173	1078	1:6.23

资料来源：新闻出版统计数据。

从图 10 中可以看到，2009 年是一个重要节点，当年版权输出数量比上年增长了 71.28%，是这些年中增速最高的，这主要应归功于当年中国作为主宾

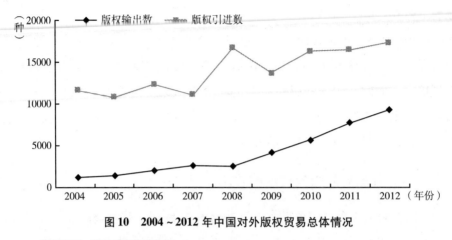

图10　2004～2012年中国对外版权贸易总体情况

资料来源：新闻出版统计数据。

国参加全球最大国际书展——法兰克福书展，并表现出色。

总的来说，2004～2012年，中国的版权贸易逆差在不断缩小，特别是2009年之后，我国的版权引进规模相对稳定，而版权输出逐步提高，其结果是对外版权贸易逆差在稳步缩小。

2012年，把中国出版物版权引进来源的国家和地区按照引进数量从多到少排序，排在前4位的有：美国5606种，英国2739种，日本2079种，韩国1232种（见图11）。在中国对外版权贸易的主要进口国中，美、英两国的出版物几乎占据了版权引进的半壁江山，英语出版物在我们的版权引进中占据着绝对优势地位。与引进相比，我们版权输出的主要地区是台湾、韩国、香港和东南亚，也就是所谓的汉亚文化圈（见图12）。

从版权引进和输出地区的对比中可以看出，英语文化在全球所处的绝对主导地位，而中华文化的影响在东亚和东南亚地区相对来说要大一些。

（二）图书对外版权贸易

我国的版权贸易统计是从1995年正式开始的，统计的类型是图书。1996年2月，国家版权局首次公布1995年度中国图书贸易的相关数据。由此，中国图书版权贸易年度统计工作开始制度化。中国的版权贸易起步较晚，但发展迅速。

统计数据显示，2012年图书版权输出数量达到7568种，创出了历年来的

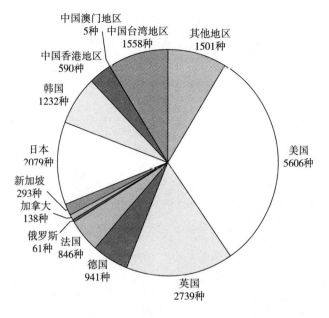

图 11   2012 年中国出版物版权主要引进地分布

资料来源：新闻出版统计数据。

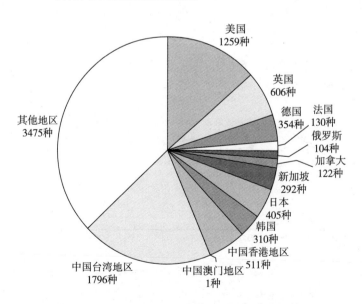

图 12   2012 年中国出版物版权主要输出地分布

资料来源：新闻出版统计数据。

最高值，比 2011 年增长 27.79%；图书版权输出与图书版权引进的比例也缩
小到了 1∶2.13，是历年最小逆差（见表7 和图 13）。

表7　2001～2012 年我国图书对外版权贸易数据

单位：种，%

年份	引进种数	同比增减	输出种数	同比增减	引进输出比
2001	8250	12.35	677	6.11	12.2∶1
2002	10235	24.06	1297	91.58	7.9∶1
2003	12516	22.29	811	−37.47	15.4∶1
2004	10040	−19.78	1314	62.02	7.6∶1
2005	9382	−6.55	1434	9.13	6.5∶1
2006	10950	16.71	2050	42.96	5.3∶1
2007	10255	−6.34	2571	25.41	4.0∶1
2008	15776	53.84	2440	−5.37	6.5∶1
2009	12914	−18.14	3103	27.17	4.1∶1
2010	13724	6.27	3880	25.04	3.5∶1
2011	14708	7.17	5922	52.63	2.5∶1
2012	16115	9.57	7568	27.79	2.1∶1

资料来源：新闻出版统计数据。

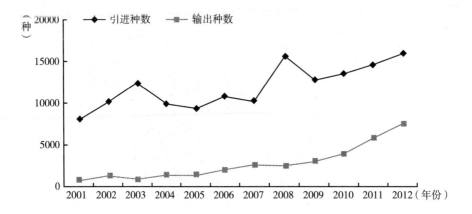

图 13　2001～2012 年我国图书对外版权贸易变化情况

资料来源：新闻出版统计数据。

从上述数据可以看出，我国图书的版权贸易具有如下特点。

第一，近年来图书版权贸易的逆差在逐步缩小。图书版权的引进总量远远

超过输出总量，引进和输出比曾一度超过10∶1，2003年激增至15.4∶1，2004年又有所回落，2007年降到4.0∶1，但2008年出现了反复，达到了6.5∶1，之后差距逐年缩小。统计数据表明，版权贸易逆差正在缩小，长期以来的大幅贸易逆差态势有所改观，2012年输出图书版权7568种，引进图书版权16115种。图书版权贸易输出与引进比例由2010年的1∶3.5缩小到2012年的1∶2.1，版权输出的增幅明显大于版权引进的增幅。

第二，我国图书版权的主要引进地仍然是经济发达国家和地区。从图书版权引进数量排名来看，美、英、日始终是图书版权最大的引进地。2012年从美国引进图书版权4944种，比2011年增加391种，占引进总数的31%（见图14）。

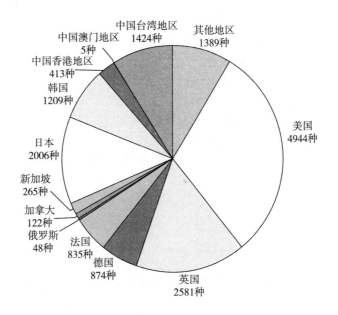

图14　2012年中国图书版权主要引进地分布

资料来源：新闻出版统计数据。

从图书版权引进的数量排名来看，在引进的743.51万册图书中，除综合类之外，文学、艺术类为165.18万册，居引进数量之首，占图书进口总数的22.22%；文化、教育类为138.78万册，自然、科技类为107.74万册，少儿类为76.14万册，哲学、社会科学类为45.93万册，（见图15）。

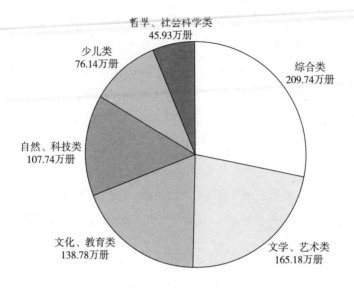

图15　2012年中国图书版权引进的数量情况

资料来源：新闻出版统计数据。

三　国外出版产品输入给我国出版传媒产业安全带来的威胁和挑战

我国对外出版贸易不仅具有重要的经济意义，而且有着维护国家意识形态安全和文化安全的重大意义。从前面的数据中可以看到，中国对外出版贸易长期处于逆差状态，而且出版物的实物贸易近几年逆差还有增大的趋势。这种情况和中国总体国际贸易的巨大顺差形成了鲜明的对照，在制造业，"中国制造"已经享誉世界，而出版传媒业的"中国制造"走向世界还举步维艰。

出版传媒产品是一种文化产品，有着不同于其他产品的特殊性。其一，出版传媒产业的背后是文化。目前，欧美发达国家的文化在世界上占据着强势的地位，英语是世界上流行的国际交流语言。语言的不同和表达方式的差异成了我国出版传媒产业走向世界的一大障碍。而我们现有的出版贸易人才队伍尚不能满足我国出版对外贸易发展的要求。我国的出版企业特别缺乏通晓外语，熟悉出版传媒，能熟练运用国内、国际的各种有关法规，并具有很强的公关能力的高素质人才。人才的缺乏是制约我国出版传媒对外贸易发展的瓶颈。

其二，中国的出版传媒产业刚刚走上市场化的轨道，实力还不强。我国的出版传媒业是从计划经济的体制走过来的，出版业市场发育有着先天的不足，缺乏全球市场意识和销售渠道，市场运作能力和范围都很有限。西方发达国家的跨国出版集团拥有庞大的资金、先进的产业结构、世界性的营销网络，它们凭借强大的实力，不断向我国出版传媒市场渗透。我国出版传媒企业在资金、技术、人才和经验上都难以与西方发达国家的跨国出版集团相比。

其三，中国的出版物缺乏创新，许多出版物总是在重复已有的内容，无论是表现形式还是生产及传播手段，都缺乏原创性。简单的重复使得出版内容缺乏冲击力，很难创出自己的品牌。而品牌的缺失又反过来制约着中国出版传媒产业的发展，形成了恶性循环。

另外，改革开放后的中国，要了解世界的意识很强，并掀起了全民学英语的热潮，这些都刺激了对国外出版产品的需求，在客观上为国外出版实物产品和版权进入中国起到了推波助澜的作用。

由于以上原因，中国出版传媒产业在对外出版实物贸易和版权贸易上一直难以改变逆差状态。国外出版产品大量涌入，将危及中国出版传媒产业的安全。

首先，国外出版产品的输入挤占了国内出版传媒产业的利润空间。少量的国外出版物进入中国出版传媒市场，可以发挥"鲶鱼效应"，刺激中国出版产业的发展。但是，长期的出版实物贸易逆差和版权贸易逆差积累起来，带到中国出版市场上的国外出版产品的数量是惊人的。这些国外出版产品瓜分着中国出版传媒市场的利润，对中国的出版传媒产业具有冲击作用。

其次，长期的版权输入使得一些出版企业对国外的版权有了依赖，把国外的版权看成开发市场的利器，从而失去了创新的动力；反过来，由于创新能力差，就更加依赖国外的版权输入。这样就陷入了一种恶性循环，结果是限制了自己的竞争力。

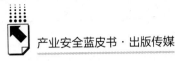

　　最后，由于出版传媒产业所具有的文化属性，国外出版产品长期输入，会潜移默化地影响人们的价值观念、思维方式和生活方式。从统计数据中可以看到，文学、艺术类和文化、教育类图书在输入的出版产品中占很大的比例。在全球化背景下，文化的竞争已经成了各种力量竞争的焦点，在长期的出版贸易逆差背后，不仅仅是利润的争夺，更有意识形态的渗透，在国外出版产品的长期影响下，我们现行的意识形态和传统的民族文化都将承受压力和挑战。

B.3 国外数字文献资源输入对中国出版传媒产业安全的影响

数字信息技术的发展使得国外数字文献资源有机会大量涌入我
国的出版传媒市场。国外数字文献数据库给我们带来了便捷、
海量的信息。但是，由于目前我国对数字文献资源的管理还不
完善，国外数字文献资源的大量涌入会给我们的出版传媒产业
安全带来风险。首先，会给我国的出版传媒产业带来冲击，对
我们的管理制度、运行机制都提出了考验，挤占了我国出版传
媒产业的市场。其次，大量西方文化也随之而来，给我国带来
了文化风险。

国外数字文献　学术期刊数据库　产业风险　文化风险

随着信息技术和网络通信技术的飞速发展，数字文献资源正在以前所未有
的速度和数量不断地增长，而且越来越多的出版物开始仅以数字形式存在，数
字化信息资源已逐步发展成为科技信息传播与利用的主要形式。近年来，我国
各大图书馆、高校和科研机构都引进了许多国外数字文献数据库。数字文献数
据库的特色十分明显：数据量大，一次文献多；不需要本地驱动器和相应的服
务器等硬件设备；可以利用网络技术对数据库进行进一步的开发使用。这些特
点使得国外数字文献数据库正在吸引着越来越多的用户。对许多科研人员来

---

* 吕静薇，北京印刷学院新闻出版学院讲师，北京市中青年骨干教师。

讲，国外文献数据库信息量大，资料收录完备，数据更新迅速，使用起来方便快捷，已经成为现代科研不可或缺的工具。世界各国的科研教育机构和图书馆都已将数字资源作为自己提供文献服务的主要形式，以数字文献资源为主的科技与教育文献服务体系正在迅速发展。

不过因为数字文献资源出现的时间不是很长，所以，我国对数字文献资源的管理政策与对纸质出版物的管理政策相比还很不完善。在管理尚不完善的情况下，国外数字文献资源的大量输入，有可能给我国的出版传媒产业安全带来风险。

一 国外数字文献资源输入情况

（一）数字文献资源概况

目前的数字文献资源的主要形式就是数字文献数据库。数字文献数据库产品在生产制作过程中的固定成本较高，但是其再生产制作的边际成本很低，为极低的固定值，销售量越高，平均成本就越低，即平均成本随产出数量的增加而递减，形成了经济学上的"规模经济"的概念。这种高固定成本和低边际成本的特性大大激励了各个出版集团对其数字文献数据库的销售积极性。

进入 21 世纪以后，全球出版数字化的进程明显加快。目前，许多跨国出版集团已经基本实现了图书与期刊内容的数字化以及网络发行，特别是学术期刊基本上都收入了数字文献数据库中。据不完全统计，全球有各类专业文献数据库 6000 余种。

目前国内常见的国外数字文献数据库大致可分为以下几类。

第一类是学会、协会期刊数据库，比如 Scitation 平台（AIP、ASCE、ASME 等）、ACS、RSC、IEL 等。其特点是针对某一学科，专业性强，更新及时。学会、协会的数据库里面期刊种数虽然不多，但质量很高。

第二类是出版传媒企业的文献数据库，比如励德·爱思唯尔旗下的 ScienceDirect（SD）、施普林格集团的 SpringerLink、威利集团的威利在线图书馆（Wiley Online Library）和泰勒·弗朗西斯出版集团的 Informaworld 网络平台等。这些文献数据库一般包括多个学科的学术期刊，期刊种数也较多，更新得很及时。

第三类是出版代理商、数据商的全文期刊文献数据库，其中收录了多个出版社出版的大量期刊，种类多，收录全面。但由于收录的内容受制于出版社，里面的期刊可能会有些滞后，如 EBSCO 等。

第四类是免费期刊全文数据库，开放存取（Open Access，OA）。开放存取的主要特征是在尊重作者知识产权的前提下，利用网络来为用户免费提供学术文献的全文服务。

（二）国外数字文献数据库进入我国的情况

自中国加入世界贸易组织之后，我国的境外文献数据库订购规模有了明显的飞跃。目前我国引进的各种国外数字文献数据库有 600 多种，以学术研究机构、高等院校图书馆和其他大型图书馆引进为主，其中高校是最大的用户群体。截至 2012 年，高等教育文献保障系统（CALIS）已经引进了 114 种外文数据库。

本书课题组对高校引进境外数据库的情况进行了调研。我们选取了 100 所大学进行了调研，大部分是"211""985"重点高校和地方知名大学，调研的结果显示，其中有 95 所高校引进了国外数字文献数据库，占被调研高校的95%。在高校所拥有的数字文献数据库中，国外数据库占数据库总数的38.2%。清华大学图书馆引进外文数据库最多，有 173 个；紧随其后的是北京大学图书馆，引进外文数据库 156 个。

各高校在引进国外数字文献数据库时，一般会选择具有权威性的知名数据库。其中，施普林格集团的 SpringerLink 的被引进次数最多，另外爱思唯尔集团旗下的 ScienceDirect，还有 EBSCO、SCI、Scopus、EI 等国外数字文献数据库被引进的次数均超过了 100 次。这些国外数字文献数据库中的内容资源质量较高，学术价值高，信息更新很快，代表了学术界最前沿、最权威的科研动态。

从国外数字文献数据库引进的渠道看，主要有以下几种。第一种渠道是经过新闻出版总署批准的有资质的单位引进。新闻出版总署已经批准了 6 家公司有资质经营境外数字文献的进口，分别是：中国图书进出口总公司、中国教育图书进出口公司、中国国际图书贸易总公司、北京中科进出口公司、上海外文图书公司和中国科技资料进出口公司。

不过在实际操作中，许多机构用户觉得通过这些进出口公司引进数据库的手续较为繁琐，同时有些机构自身的特殊需求难以满足。因此，多数机构采取了第二种渠道——直接向国外出版商或数据库集成商购买所需的数据库的办法。不过由于国家对外汇的管理，机构用户一般不能直接对外付款，所以许多机构选择由进口经营单位代付的方法来引进自己所需要的文献数据库。

也有个别的机构用户采用另一种渠道——使用人民币和境外公司在国内的分公司进行结算，甚至还有通过没有资质的机构代理付款的情况。

从数据库的来源看，有从跨国出版集团引进的数据库、从国外学会和行业协会引进的数据库，以及从数据库提供商那里引进的数据库。

1. 跨国出版集团数据库

跨国出版集团在中国市场上的数据库很多，不过占据市场份额较大、较有影响力的有4个：爱思唯尔的 ScienceDirect（SD）、施普林格的 SpringerLink、威利集团的威利在线图书馆（Wiley Online Library）、泰勒·弗朗西斯出版集团的 Informaworld 网络平台。

爱思唯尔集团从20世纪90年代就开始实验性地把单个期刊放在网络上，到1997年，获得传统实物出版物全权授权后，ScienceDirect 全文数据库上线，ScienceDirect 网络出版平台问世，可以提供1800多份期刊的在线检索和全文下载服务。ScienceDirect 网络出版平台1999年正式投入商业运行，逐步成长为全球最著名的医学和科技全文数据库之一。ScienceDirect 整合了爱思唯尔出版期刊的全文、图书系列、参考工具书以及其他信息资源，其许多文献来自核心科学文献和高影响因子期刊，如《细胞》《柳叶刀》等，文献的种类覆盖24个学科，包括2200多种期刊、4000余种图书。可供查阅的论文全文达到900多万篇，几乎占了全世界 STM 文献的1/4。

SpringerLink 是施普林格集团1996年开始为科学研究服务开发的网上全文数据库。SpringerLink 平台上包括各类期刊、丛书、图书、参考工具书等。2005年，施普林格收购了威科集团的学术出版业务，这次收购大大拓展了施普林格的数据库平台，使成为仅次于爱思唯尔的世界第二大学术出版商。2005

年，施普林格与威科学术出版合并后，整合了 SpringerLink 与 Kluweronline 电子出版平台，并于 2006 年对 SpringerLink 平台进行了升级。目前 SpringerLink 数据库平台收录了近 2000 种期刊、12700 册电子图书和 77 种世界知名科技电子丛书，其文献以每周新增约 150 篇的速度不断扩充，涵盖科学、技术和医药中的约 13 个学科，所收录的期刊具有学术权威性，其中大部分是被 SCI、SSCI、EI 收录的期刊，文献的学术参考价值都很高，包括英语、法语、德语、意大利语等多种不同语言的文献。

布莱克维尔（Blackwell）出版公司是已有近 80 年历史的国际学术出版机构，与 600 多个科技社团有着合作关系，是全球最大的科技社团出版商，拥有 750 多种同行评议的高质量学术期刊，其中有一半以上被 SCI/SSCI 收录。2007 年 2 月，布莱克维尔出版公司与威利父子公司（John Wiley & Sons Inc.）合并，成立了新的出版公司——威利集团（Wiley-Blackwell）。威利父子公司创立于 1807 年，有 200 多年历史，是全球性的出版商，出版百科全书、期刊、实验室操作指南以及其他参考资料。新成立的威利集团成为除爱思唯尔和施普林格之外的世界第三大学术出版商，拥有超过 1350 种、来自 800 多个科技社团的同行评议学术期刊，此外还出版大量图书和其他出版物。

布莱克维尔出版公司原来有一个名叫 Blackwell Synergy 的网络出版平台，1998 年建成。威利父子公司原来有网络出版平台 Wiley InterScience，1997 年建成，1999 年开始商业运营。2009 年合并后的威利集团（Wiley-Blackwell）对原来两家公司的网络出版平台进行了整合，把 Blackwell Synergy 文献数据库并入了 Wiley InterScience 库，并改名为威利在线图书馆（Wiley Online Library），新平台将保持 Blackwell Synergy 及 Wiley InterScience 各自的优势，开发和使用了新的功能及界面。

泰勒·弗朗西斯（Taylor & Francis）出版集团创立于 1798 年，2004 年合并到了 Informa 资讯集团，20 多年来发展迅速，成为世界领先的国际学术出版集团。日前，泰勒·弗朗西斯出版集团下属六个出版机构：Taylor & Francis 出版公司、Routledge 出版公司、CRC 出版公司、Psychology 出版公司、Garland Science 出版公司、Informa Healthcare 出版公司。泰勒·弗朗西斯集团旗下著名的网络出版平台是 Informaworld 网络平台，集成了 Routledge、Taylor & Francis、

Psychology Press 和 Informa Healthcare 出版的期刊、文摘数据库、电子书和白科全书等各类资源的平台。

2. 学会和协会的数据库

除了跨国出版集团的数据库以外，我国学术单位常用的数据库还有各种学会、协会的数据库，其中影响较大的有以下几个。

（1）美国电气电子工程师联合会（IEEE）和 IEEE Xplore 网络出版平台。20 世纪 90 年代，美国电气电子工程师联合会与英国电气工程师学会联合推出了 IEEE/IEE Electronic Library（IEL）数据库，于 2000 年更名为 IEEE Xplore Digital Library，成为全球电气工程、计算机科学和电子技术领域最重要的文献资料平台，收录的文献约占全世界该领域核心文献的 30%。其中，包括美国电气电子工程师联合会（IEEE）、英国工程技术联合会（IET）、美国机械工程学会（ASME）、美国光学会（OSA）、计算机械协会（ACM）、电子化学学会（ECS）出版的 242 种期刊、8695 种会议记录和 3980 种标准文献的全文信息。IEEE Xplore 网络数据库上显示其收录的文献超过 180 万篇。

（2）美国物理联合会（AIP）和 Scitation 网络出版平台。创立于 1931 年的美国物理联合会（AIP）由美国物理学会等 20 个核心学会、美国城市工程师学会等 23 个挂靠学会以及 Society of Physics Students 等学术协会组成。美国物理联合会（AIP）的出版物类型包括学术期刊、图书、综合杂志、会议论文集等。美国物理联合会的学术出版物吸收了来自世界不同地区的物理学界顶级专家撰写的原始研究论文和评论等文章。美国物理联合会的 Scitation 网络出版平台由 AIP 在线期刊出版服务系统升级而成。Scitation 网络平台中除美国物理联合会出版的期刊和会议论文集外，还整合了 25 个相关领域学会出版的 145 种期刊、图书和会议论文集等。目前 Scitation 网络平台已成为著名的物理学门户网站，收录的文献超过 100 万篇，并且每月以 6000 篇的速度增长。

（3）英国物理学会（IOP）出版社电子期刊网络平台。成立于 1874 年的英国皇家物理学会（IOP）的会员遍布世界各地，目前人数已达到 3.4 万多人。英国物理学会下设出版部，是 IOP 的非营利性出版机构，总部设在英国布里斯托，在美国华盛顿、中国北京和日本东京都设有编辑部门，另外还在世界其他地方设有代表处。英国物理学会的出版部每年出版数百种书籍、54 种物理学及相关领域的学术期刊，还有种杂志和参考工具书等。

英国物理学会建有电子期刊网络平台，提供学会出版的所有期刊的电子版。目前，英国物理学会的网络平台已经收录了自 1874 年以来学会出版的所有期刊，都是从创刊号开始的。

（4）美国化学会（ACS）出版社网络出版平台。成立于 1876 年的美国化学会，总部位于美国华盛顿，在全世界拥有会员超过 16.3 万人，已经成为世界上较大的专业科技学会之一。美国化学会下设美国化学会出版社，是学会的一个分支机构，出版社的总部位于美国的哥伦比亚。美国化学会出版社目前出版 35 种高质量同行评议学术期刊，涉及化学的 24 个主要学科领域。

美国化学会出版社拥有全文文献数据库平台，收录了美国化学会独立出版或与其他机构联合出版的期刊、图书和会议论文集等学术资料。每一种期刊的电子版都回溯到了该刊物的创刊卷，数据库中最早的刊物创刊于 1879 年。

3. 数据库集成商的数据库

（1）UMI ProQuest Direct（PQD）系统全文数据库。成立于 1938 年的 UMI 公司是美国学术界著名的数据库提供商，也是全球最大的信息存储和发行商之一。UMI 公司向全球 160 多个国家提供信息服务，内容涵盖社会科学、人文科学、商业管理、科学与技术、金融与税务、新闻、医药等各个方面。UMI 公司的出版物包括 18000 多种缩微期刊、7000 多种缩微报纸、20 多万种绝版书及研究专集、150 多万篇博士/硕士学位论文。自 1980 年开始，UMI 公司制作发行电子出版物。该公司首创的全文图像光盘数据库检索系统处于世界领先地位。

ProQuest Direct（PQD）系统可以使用户能从网上在多个电子数据库中连续检索，并获取文献的全文。系统提供 6 种形式的全文文献供用户选择最适宜的一种来下载、打印或转发到电子邮件中。ProQuest Direct（PQD）平台所收录的文献质量较高。UMI 提供博士学位论文的索引始于 1861 年，UMI 的期刊数据库从 1971 年开始有索引。UMI 的 PAR II（期刊文摘数据库）收录了 1600

种期刊的文摘索引，其中有 1249 种期刊是权威的 Bill Katz 的 "Magazines for Libraries" 里面所有的刊，1081 种是全文刊。

（2）EBSCOhost 是美国 EBSCO 公司的全文数据库检索系统。目前有全文数据库 10 余个。EBSCO 公司是目前世界上最大的学术文献提供服务商之一，其总部位于美国，在全世界 19 个国家设有办事处。为用户提供数据库，以及期刊、文献订购及出版等服务，开发了 200 多个在线文献数据库产品，内容涉及社会科学、自然科学、人文艺术、生物医学等多学科领域。目前我国使用 EBSCO 数据库的高校超过了 500 个。

其中的两个主要全文数据库是：Academic Source Premier（ASP）综合学科参考类全文数据库。该数据库收录了 1975 年以来的 4714 种出版物文献的全文，全文收录的专家评审学术期刊达到了 3741 种，还有 8300 种刊物之索引及摘要。Business Source Premier（BSP）商管财经类全文数据库收录了 1965 年以来的商业方面大部分的顶尖期刊，对 9263 种出版物文献进行了全文收录，全文收录的专家评审学术期刊达到了 1135 种。此外，BSP 还收集了商业研究最常使用的行业报告、国家报告、市场研究报告、案例分析、Working Papers 等全文出版物。此外，还有 3000 多种期刊索引及摘要。

（3）UnCover 是 CARL 公司的一个主要产品。UnCover 是当前世界上规模最大、内容更新最快的一个学术期刊数据库。UnCover 最著名的是期刊原文传递服务。UnCover 数据库平台建于 1988 年，到目前为止，UnCover 收录期刊已超过 17000 种，拥有 700 多万篇的期刊文章索引（或文摘），并且正以每天 5000 篇的速度不断扩充。UnCover 数据库收录的 17000 种期刊中，约有一半以上属于科技、农林和医学，还有一小半属于社会科学、商业、政法、人文科学和艺术。

二　国外数字文献数据库给我国出版传媒产业带来的风险

国外数字文献数据库的引进为我国的科研工作者提供了极大的方便，对促进我国科研水平的提高起了相当大的作用。然而，事情总是一分为二的，在享受其给我们带来的便利的同时，应当注意其中蕴含的风险。如果不未雨绸缪，一旦发生问题，就会给我国出版传媒产业及国家的文化带来损害。国外数字文献数据库有可能给我们带来以下风险。

（一）对我国现行的管理制度形成冲击

我国政府对以实物形式进口的出版物可以通过海关进行检查，而数字文献数据库则是以数字形式进入我国境内、通过网络传播的。这种特点导致无法通过针对实物出版物的法规对其进行有效监管。

我国现行的出版管理制度，诸如《出版管理条例》《电子出版物出版管理规定》《订户订购进口进口出版物管理办法》等对监管实物出版物行之有效，但对进口的文献数据库则难以发挥功效。我国现在的网络出版管理制度——《互联网出版管理暂行规定》对在国内有独立法人代表的出版机构有约束作用，但难以涵盖通过网络进入我国出版市场的数字文献数据库。

我国的《出版管理条例》规定："未经批准，任何单位和个人不得从事出版物进口业务"，同时也指定了经销企业。但是，由于手续繁琐，同时难以满足有些用户的特殊需求，使许多用户绕开了指定的进出口公司，改用别的渠道来进口数字文献数据库，甚至还有通过没有资质的机构代理付款的情况。这将造成监管部门对数据库的进口不能有效监管，同时，也会给用户带来资金、合同等方面的风险。要扭转这种局面，一方面，要加强监管的力度；另一方面，要督促指定的进出口公司提高服务质量。如果放任不管，国家的法律规章就会失去其应有的严肃性和权威性。

除此之外，境外数字文献数据库的信息量巨大，而且不断地动态更新，很难对其所有内容都有效地鉴别。国外数字文献数据库的引进是近几年出现的新事物，要对此进行有效管理。监管部门必须认真研究，制定有针对性的措施。

（二）对我国数字资源的运行机制提出考验

数字文献数据资源的载体是数字介质，数字介质必须依赖技术条件进行传播和存储，具有不稳定性。技术条件的变化有可能造成数字信息无法读取、传播和利用。由于数字文献资源的采购多为集团采购，涉及方方面面的协作，一旦资源方、保存方以及各种各样的采购方及其服务群体不能建立有效的使用和存储机制，其结果就可能危及资源本身的保存和使用。数字资源长期保存需要复杂的系统和程序，要求进行持续高成本的管理与技术投入，但是，数字资源的保存机制容易受到经费安排、机构政策、人员变迁等因素的影响，因此，数字资源长期安全保存中的隐患很多。

另外，国外数据文献资源的数据库在境外，用户采购的往往仅仅是网络使用权，由国外公司为用户提供远程访问。这样一来，资源采购与保存权被强制分割，一旦采购合同终止，难以保障已经采购的文献资源的使用权，即便在合同执行期间也有可能因为某种技术、经济、政治或法律原因造成用户的网络使用权被强制剥夺。因此，必须建立有效的机制来保障这些资源的可靠使用和长期保存。

（三）挤压了国内数字出版的发展空间

数字出版商将内容与技术融于一体，向用户提供增值内容服务，是成熟数字出版的主体。数字出版商是由内容提供商或者技术提供商等转变而来的。目前，我国的许多出版社正在进行数字化转型，国外数字出版商向我国的出版传媒市场输入数字文献资源，一方面，会刺激我国出版社，促使我国的出版企业加快转型升级的速度；另一方面，过多、过强的国外出版商的进入会挤压国内出版企业数字出版的发展空间。特别是爱斯唯尔、施普林格等国际出版巨头已经在数字出版领域占据了制高点、掌握了学术数字出版领域的优质资源。它们除了出售自己的内容资源之外，还会凭借着自己所拥有的平台优势和内容优势，以低廉的成本获取中国优质的学术资源，给我国出版企业发展自己的数字出版业务带来了巨大的压力。

（四）给我国的文化安全造成风险

在如今的信息时代，谁掌握了信息，控制了网络，谁就将拥有整个世界。信息的获取、反应和控制能力正越来越成为衡量现代国家社会发展水平的重要尺度，正在深刻地转变为一种国际权力转移的现实力量。

境外数字文献数据库进入中国，特别是一些社科类文献，由于其开放性和全球性，无疑是为西方文化提供了一种没有障碍的传播渠道。西方国家为了宣传西方文化，为了影响包括中国在内的各个发展中国家的意识形态和文化发展，它们充分利用自身的技术优势和国际话语权，在网络空间中极力把西方文化和意识形态伪装成普世的价值观，并以此来影响中国人的思想，这对我国的文化安全构成了威胁。

B.4

国际"合作出版"对中国出版
传媒产业安全的影响

张晓红*

摘　要：

中国出版传媒产业国际化进程不断加深，国外出版企业和中国
出版机构之间的合作也在不断升级。越来越多的国际合作出版
为出版企业带来了利润，但是同时也给中国出版传媒产业带来
了安全隐患。国际合作出版对我国现有的出版制度造成了冲击，
使得国外出版传媒企业有机会渗透到我国编辑出版的核心业务
中来，从而对我国出版企业的经营产生了一定的影响。

关键词：

国际合作出版　跨国出版传媒集团　渗透

随着中国出版传媒产业国际化进程的不断加深，国外出版企业和中国出版
机构之间的合作也在不断升级。国外出版企业的目光从最初的出版物贸易和版
权贸易上转到了更深度的合作——合作出版。

在国外出版物刚开始进入中国时，有些出版物，如语言学习类出版物，要
想打开中国市场，就很有必要进行适当的本土化改造。这是因为国外出版企业
在策划和开发自己的产品之初，着眼的是国际市场，但是世界各地的出版市场
千差万别，语言、文化、教育体制、读者需求、学习习惯、学习动机和心理等
各不相同，适合欧洲的出版物不见得适合中国，所以有必要对输入到中国的出
版物进行本土化处理。然而，对已经自成体系的成品出版物进行本土化改造毕

＊ 张晓红，北京印刷学院信息工程学院高级工程师。

竟不太容易，有的出版物不仅仅需要小修小补，甚至需要动“大手术”，打破和改变原来的整个框架结构。许多国外出版企业逐渐认识到，与其如此，还不如在出版物选题策划之初就与中国的出版企业合作，邀请它们与国外出版企业一起合作开发针对某一特定市场的出版传媒产品，于是共同策划选题、合作出版的形式应运而生了。

一 “合作出版”概念的界定

有人把合作出版看成是版权贸易的深化，但实际上合作出版和版权贸易有着本质的区别。版权贸易是指以一定方式，就某一具体作品，有偿转移版权中某项使用权的法律行为，其实质是权利人对版权的行使。从客体上说，版权贸易的客体是已经存在的受版权保护的作品；这也是进行版权贸易的前提，有了作品，使用作品才成为可能。从主体上说，版权贸易主体中的一方必须有行使版权的资格和能力，即必须是作者、版权所有者或其合法的代理人。版权贸易的形式是就某一具体作品有偿转让或授权行使版权中的一项或多项使用权，如授权行使出版权、翻译权、改编权、表演权，或转让在某一地区的发行权等。“合作出版是指两家或两家以上的出版机构共同确定选题、共同投资、共担风险、共享利润、共同出版发行一种书刊的活动，其性质是民事法律上的合伙行为。合作出版也称为‘联合出版’、‘共同出版’。”① 从主体上说，合作出版的主体都是出版者，只有出版者才有资格和能力进行出版业务活动。从客体上说，合作出版的核心是为了出版作品而合作，也就是说，合作开始时作品还没有产生。

二 国际合作出版的常见形式

国内外出版企业的合作出版活动往往采取项目合作的形式，目前我国国际合作出版的形式主要有以下四种。

---

① 马晓刚：《合作出版不是版权贸易》，《出版工作》1990 年第 4 期。

第一种形式是国内外出版企业共同商定选题，共同制订编辑计划，合作出版。这种合作形式是由合作双方或多方在出版物的投资、创作、编辑、制作、营销和发行等方面进行全面的合作，同时也共享合作作品带来的利润，这种合作方式通常也被称为全方位合作出版。

这种合作出版的例子随处可见，如清华大学出版社与德国施普林格出版集团合作成立编辑工作室；北京大学医学出版社与爱思唯尔合作成立编辑室等。其中，最典型的例子是中国国际出版集团（外文出版社）与美国耶鲁大学出版社合作出版的"中国文化与文明"系列丛书。该丛书采取了由中外双方共同策划、共同编辑、共同出版的方式。开始阶段，中外作者一起讨论写作提纲，并进行实地观摩，然后分头撰写，并交换阅读，互相提出修改建议，最后由出版社定稿出版。中外双方在合作过程中，先后邀请了200多名著名专家学者参与丛书的撰写、编辑和翻译工作。"中国文化与文明"系列丛书项目首卷《中国绘画三千年》一书的编辑工作开始时就由中国和美国两方面经过协商，共同组成了一个编辑委员会，然后由中国和美国合作方各寻找三位中国绘画研究方面的专家组成编写小组。编写小组和编辑委员会成员定期开会研究讨论编写中的问题，并商定解决方案，从开始到最终定稿先后经历了6年时间。最后，耶鲁大学出版社负责英文版和法文版、外文出版社负责中文版的出版和发行。

第二种形式是国内外出版企业共商选题，由中方提供内容和编辑，外方负责出版发行。这种合作方式常用于那些主要发行市场在国外的出版物。例如，2006年麦格劳－希尔公司与外语教学与研究出版社合作出版的《我和中国》汉语学习教材就采取了这种合作形式。外研社提供文字编辑和美术编辑，并保证教材的质量；麦格劳－希尔公司负责在北美考察市场，制订营销方案和价格策略，还对产品形象的设计提出建议。由于麦格劳－希尔公司在北美教材市场占据优势地位，有利于教材的推广。

第三种形式是由国内外双方出版企业共同编撰出版物，出版物内容由双方共同审定，然后分别出版和发行，各自负责盈亏。例如，北京大学医学出版社与国外出版社共同策划了《图解病理学》一书。中国作者负责中文版、国外作者负责英文版的撰写，然后中文版和英文版由中外方双方分别发行。还有浙江大学出版社和德国的施普林格出版集团合作的许多项目也是采取这种形式，浙江大学出版社在国内发行中文版，普林格出版集团在国外发行英文版。

第四种形式是中国出版社对在国外出版的外文原版书进行改编或增删，以适应本土化的要求，图书在我国国内出版发行。外语教学与研究出版社 1996 年与英国朗文公司签订协议，共同改编出版的《新概念英语》采取的就是这种合作形式。中国大百科全书出版社与美国不列颠百科全书公司合作，推出了《简明不列颠百科全书》的中文版，但中文版中有关中国的条目比原书增加了20%。

另外，还有一种形式的合作出版，那就是通过国际上的“图书包装公司”（packager）进行操作。这些“图书包装公司”类似于我国的“图书工作室”，只不过它们从事的是国际性图书的运作。这些公司策划选题、选择作者、制作样书，然后在不同的国家和地区寻找出版企业进行合作出版，以不同的语言各自出版，互不影响各自的发行，各家出版机构共用同一块图片彩版，大家都节约了制版费，降低了成本，互利共赢。

三 国外出版企业在华合作出版活动

尽管国外出版传媒企业与中国出版机构开展合作的形式各式各样，但其最终目标还是追求商业利益。近年来，全球经济不景气，世界各地的出版企业都在寻求新的经济增长点。欧洲和北美的出版传媒市场基本上已经饱和，而且竞争惨烈，要在这样的市场上取得收益非常困难；南美洲有许多发展中国家，比如巴西和墨西哥，应当是增长迅速的市场，但是由于政治和经济的不稳定，虽然有巨大的市场潜力，但是投资风险巨大，很难得到现实的商业利益；亚洲是混合型的市场，既有日本这样竞争激烈又成熟稳定的市场，也有如中国和印度这样庞大的发展中国家的新兴市场。于是，亚洲，特别是中国的出版传媒市场备受跨国出版集团的青睐。许多跨国出版传媒集团非常注重和中国出版企业的合作，在它们眼中这是一条步入中国出版传媒业的捷径。

跨国出版传媒集团之所以与中国出版机构合作，主要有如下几个原因：第一，扩大中国市场占有率。扩大了市场占有率，跨国出版集团就可以增强其在中国的影响，将其现有的数字出版产品推广到中国市场，并有可能在现有市场上增加其出版物的发行量和广告收入。第二，扩充其数字学术资源。在数字化时代，优质的学术资源已经成为各个出版企业争夺的对象。当前，中国已经成为世界上科研产出的一支重要力量。中国丰富的学术资源为出版机构数据库的数据资源增加了筹码，中国优秀学术出版物的加入有助于跨国出版商扩大其全球销售。因此，是否包括中国的优秀学术资源也成为衡量出版机构竞争力的一个指标。第三，与中国出版机构合作有利于其资本运作。跨国出版传媒机构的资本运作频繁，兼并重组时常发生，有了中国出版传媒机构的加盟，跨国出版集团的出版产品就贴上了"中国概念"的标签，通过打"中国概念"牌，这些跨国出版传媒集团就可以在资本市场上融资，有利于其资本运作。

在众多的与中国出版机构合作的跨国出版传媒集团中，比较有代表性的有以下几个。

其一是培生出版集团。全球最大的出版集团——培生在中国有许多合作伙伴，而且这些合作伙伴都是我国一流的出版社，如清华大学出版社、人民大学出版社、人民教育出版社、高等教育出版社、北京大学出版社、外语教学与研究出版社、上海外语教育出版社、商务印书馆、外文出版社、科学出版社等。在高等教育方面，培生教育出版集团与国内出版社合作出版了大量适合高等教育使用的教材，包括经济科学译丛、工商管理经典译丛、工商管理英文系列教材等几百种经济管理教材和计算机教材。许多教材已被多所大学使用，其中不乏"985"和"211"重点大学。针对中国改革开放以来英语学习的需求，培生教育出版集团与中国出版机构合作出版了多种英语教材和辞典，其中与外语教学与研究出版社合作出版的《新概念英语》《当代大学英语》，与商务印书馆合作出版的《朗文英语辞典》，与人民教育出版社合作出版的《灵通少儿英语》等，都产生了较强烈的影响。

培生教育出版集团于2000年和高等教育出版社合作出版了首批国外优秀计算机原版影印教材；2002年，与中央电视台合作，合拍了一部学英语、宣传北京的教学片《北京出租车去伦敦》，配合2008年北京奥运会；2003年，与清华大学出版社合作，利用朗文最新网络英语教学资源来改革高校的英语教育现状；同年，与高等教育出版社合作，开展了改编国外教材的项目；2004年培生教育出版集团又与外研社合作，出版李岚清同志《中国教育访谈录》

的英文版；2009 年与广西教育出版社合作推出《朗文初阶英汉双解词典》（第三版）（*Longman New Junior English-Chinese Dictionary*）简体中文版。

扩大中国市场是培生出版集团向新兴市场进军的举措之一。据培生出版集团的高管介绍，尽管现在亚洲地区贡献的利润仅占总数的 9%，远远落后于美洲市场 65% 的份额，但中国、印度和南非是该公司近期扩展业务的主要地区。

其二是励德·爱思唯尔出版集团。全球第二大出版集团——爱思唯尔出版集团一直把目光聚焦在中国学术出版的市场上。爱思唯尔出版集团和中国的许多出版机构建立了合作关系，与人民卫生出版社、科学出版社和北京大学医学出版社保持着密切的合作，在中国出版爱思唯尔出版集团畅销图书和医学图书；与世界图书出版公司西安公司合作，将著名学术期刊《柳叶刀》译成中文；与北京大学签订了战略合作协议；与我国许多科技期刊合作办刊，如《燃料化学学报》英文电子版、《天然气化学》（英文版）、《中国航空学报》（英文版）、《稀有金属材料与工程》英文网络版等；与浙江大学出版社合作出版《中国智能研究前沿》；与上海交通大学出版社合作出版《钱学森选集》；推出中国期刊合作计划，在爱思唯尔的数据库资源平台上专门开辟空间，收录中国科技期刊的内容，目前有 30 多种中国科技期刊放在了爱思唯尔的平台上等。爱思唯尔与中国出版企业的国际合作为其带来的不仅仅是经济利益，这种合作进一步巩固了爱思唯尔作为国际出版传媒市场巨头的地位。

其三是德国的施普林格出版集团。斯普林格出版集团很早就进入了中国，积极拓展在中国的业务。他们主要与中国的科技教育类出版社合作，和清华、北大、上海交通大学、浙大、高等教育出版社等都有合作项目。比如，2006 年施普林格与浙江大学出版社开始合作出版"中国科技进展"（Advanced Topics in Science and Technology in China）系列英文版学术专著，双方共同负责选题论证，由浙江大学出版社负责选题开发、书稿编辑、印刷，施普林格负责全球发行业务。

斯普林格与中国的协会、学会、大学和研究所合作，通过 SpringerLink 在线出版平台推出了数十种外文版刊物，被统称为"中国在线科学图书馆"。其中，与中国科学院数学与系统科学研究所合作出版了 *Acta Mathematicae Applicatae Sinica* 、 *Acta Mathematica Sinica* 和 *Journal of Systems Science and*

Complexity；与中国科学院自动化研究所合作出版了 *International Journal of Automation and Computing*；与中国地震局工程力学研究所合作出版了 *Earthquake Engineering and Engineering Vibration*；与中国科学院上海生命科学研究院合作出版了 *Neuroscience Bulletin*；与中国科学院武汉病毒研究所合作出版了 *Virologica Sinica*；与中国科学院力学研究所合作出版了 *Acta Mechanica Sinica*；与中国抗癌协会合作出版了 *Chinese Journal of Cancer Research*、*Clinical Oncology and Cancer Research*；与中国地震学会合作出版了 *Earthquake Science*；与武汉大学合作出版了 *Geo-spatial Information Science*、*Wuhan University Journal of Natural Sciences*；与上海交通大学合作出版了 *Journal of Shanghai Jiaotong University*；与天津大学合作出版了 *Transactions of Tianjin University* 等。

和中国出版传媒企业紧密合作的跨国出版集团还有圣智学习集团。圣智学习集团于 2007 年兼并了汤姆森学习集团，涉足中国业务。实际上，在这之前，汤姆森学习集团与中国国内出版社的合作已相当广泛。与该集团合作的国内出版社达到近 20 家，主要合作伙伴有人教社、高教社、外研社、外教社、清华大学出版社、上海世纪集团等。汤姆森学习集团与人教社合作出版的初中英语教材《英语（新目标）》通过了全国中小学教材审定委员会的审定，目前在全国 28 个省被使用；与清华大学出版社共同设计开发的《新时代交互英语读写译教程》被列为教育部"大学英语教学改革"的重点项目；与高等教育出版社携手推出的《中等职业学校英语教程》；与上海外教社合作出版的《环球英语教程》目前已在众多大学及语言培训机构被广泛使用。

2007 年，新东方教育科技集团和圣智英语语言教学部（CENGAGE ELT）合作开发了专门的 ELT 教师培训教程——iEnglish 系列教材。这是跨国出版集团首次为中国语言培训机构量身定做专属教材。2008 年，北京理工大学出版社与圣智在高等职业教育出版领域建立了战略合作关系；2008 年，上海译文出版社与圣智联手推出《英语口语交际策略》。

圣智学习集团的中国策略非常灵活，它们不会将国外原版教材强行推给中国的出版企业；相反，它们积极了解中国的合作伙伴以及中国出版传媒市场的需求，根据中国国内课程设置的具体情况，圣智学习集团提出了与中国出版企业合作改编原版教材的思路。如今，圣智与人民教育出版社合作改编的义务教育教材《新目标英语》、与清华大学出版社合作的《新时代交互英语：读写译教程》、与上海外语教育出版社合作的《新世纪大学英语：视听说教材》、与高等教育出版社合作的"体验英语少儿阅读文库"等都获得了巨大成功。

圣智在中国发展的重点领域有三个：一是继续与人民教育出版社等合作伙伴共同开拓英语培训教材市场，这部分业务是圣智中国业务中最大的增长点。二是参与中国图书"走出去"项目，和中国出版社合作在海外出版发行英文版中国理工科教材、经管读物、介绍中国地方人文投资环境等方面的作品，如和上海世纪集团合作的"上海系列"及"中国经济体制改革30年精选文章系列"，还有和清华大学出版社合作的理工科图书，都是以英文或其他语言在全球市场推出。三是和中国出版社合作在海外市场出版发行对外汉语教材。

还有很多国外出版传媒企业，包括美、英、德、法、日、韩等国家的出版传媒企业，都和中国的出版机构开展了合作业务。

四　期刊国际版权合作

除了图书领域的合作出版之外，我国的期刊业也和世界各国的出版传媒企业建立了广泛的合作关系。期刊业的国际版权合作起始于20世纪80年代。1988年上海译文出版社与法国阿歇特集团合作推出了《ELLE世界时装之苑》，成为首家获得官方正式许可在中国国内发行的国际性杂志。此后，期刊国际版权合作越来越多，经过多年的发展，到目前为止国内共有50种具有"海外血统"的期刊，其中时尚类25种、科技类24种、商业类1种。

从期刊版权输入地看，美国是最大的输入国，在50种版权合作期刊中占34种，特别是美国的赫斯特集团，通过2011年后半年收购了法国阿歇特集团在中国的期刊业务后，成为中国出版传媒市场上期刊合作的最大版权输出者，在中国50家国际版权合作中占了10家（见表1和图1）。

表1　期刊版权合作版权来源国统计

单位：种

版权输入国	美国	德国	法国	英国	香港	日本	瑞士	丹麦
期刊数量	34	5	2.33	1	3.33	2.33	1	1

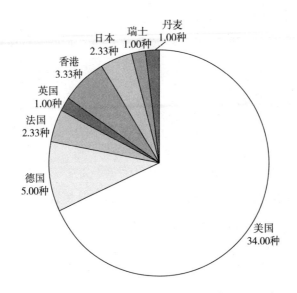

图1　期刊版权合作版权来源国

期刊的国际版权合作有着不同于图书的特点。首先，期刊发行量稳定，销售的可预知程度高，因此在交易额和版权收入方面比图书更有吸引力。其次，由于期刊周期短，时效性强，少量的版权引进往往不会引起注意，只有引进材料占期刊相当一部分比例才会引起读者的注意。最后，由于期刊的授权方更加重视品牌形象的保持和自有资源的保护，期刊授权的获得难度更大，而一旦合作达成，影响却更加深远。对于输出一方来说，期刊版权合作也更加有利可图：既可以使自己的资源得到再次利用，获得一笔额外的版税收入，又可以扩大自己品牌的影响力和知名度。

期刊的国际版权合作有利于改善我国期刊的办刊质量，提高知名度，并可以"以进带出"，促进中国文化"走出去"。但是，不容忽视的是，其中也存在一些问题。最大的问题是，有的期刊国际版权合作未经新闻出版总署审批，其中有的期刊国际版权合作经过了科技部的批准，但没有新闻出版总署的审批；还有个别刊物封面或外版内容使用比例不符合规定的情况。

五　对外合作出版中的风险

对外合作出版一方面有利于中国文化"走出去"，提高中国出版业的竞争力,另一方面也存在很多风险,如果把握不当,就有可能违背我国现行的有关法律法规和政策,成为跨国出版集团向中国出版市场渗透的便捷途径,从而威胁到我国出版传媒产业的安全。在国际合作出版过程中出版传媒企业应当注意防范以下几方面的风险。

(一)违反政策法规的风险

近年来,一些海外的出版机构在与中国内地的出版社洽谈项目时,不仅仅采用版权贸易的方式,而更喜欢采取"共同投资、平分利润"的"合作出版"的模式。外方出版机构要求介入选题、用材、定价、印刷、装订等所有出版流程,并参与决策。

但是,这种做法有些不符合我国现行的有关法律法规和政策。2011年3月修订的《出版管理条例》及其实施细则针对现在在我国内地设立出版机构有严格的规定。出版单位的成立经过省、自治区、直辖市人民政府出版行政主管部门审核同意后,报国务院出版行政主管部门审批,要有符合国务院出版行政主管部门认定的主办单位和主管机关,要有确定的业务范围。出版单位的主管主办单位必须是在中央为部级以上、地方为局级以上的机构,出版单位必须是国有独资,严禁民营资本及外资进入。另外,出版单位的设立还应当符合国家关于出版单位总量、结构、布局的规划。我国在加入世贸组织时并没有承诺开放出版领域。2004年11月,国家发改委与商务部联合发布的《外商投资产业指导目录》(2005年1月1日起施行)中,在"禁止外商投资产业目录"中,明确规定了"图书、报纸、期刊的出版、总发行和进口业务"禁止外商投资(产业目录第八条第2项)。一旦外方以合作出版的形式介入了出版物的编辑领域,就有可能给我国带来文化方面的风险。

如果在对外合作出版中不能把握好尺度,就有可能让外方介入编辑出版的核心业务中,从而违反了我国的政策法规。

(二)经营中的经济风险

出版机构愿意合作出版相关选题,自然是认为该选题能够带来较好的效益,但是出版传媒市场的不确定因素太多,市场对出版物的最终反应并不一定与人们的意志相符。在经营活动中，生产成本控制问题、产品滞销问题、出版周期问题等都会成为不确定因素。

另外，一些外方出版机构在合作出版的过程中甚至要求中方出版机构在签订正式合作出版合同的时候还暗地里非正式地约定一个版税率，并称在实际执行合同时，会按约定的版税率执行，而不执行双方正式签订的出版合同。

在实际运作中，承担"合作出版"项目最大风险的是中国国内的出版机构。有很多国外出版机构实际上并没有资金投入，而是通过合同约定，分担中方出版机构的生产成本，并以此为理由，要求平分出版利润。实则上，外方利用了中方出版机构的生产资金、市场影响、业务关系等诸多有形和无形资本。这种"合作"对中方出版机构来说显然是不公平的，长此以往，是不利于我国的出版传媒产业发展的。

（三）丧失自我的风险

有些出版社尝到了国际合作的一些甜头，就把国际合作作为自己的主要业务方向，从而丢弃了自己原来的经营方向。如果迷失了自己，没有自己的精品选题，只是依靠国外合作方提供的选题维持利润，那么必然就会依赖对方，受制于合作方。这样的出版机构必然以国际合作出版为业务重点，长此以往就越来越依赖合作方，最后在国际合作中丧失了自己的独立性和主动权，这完全是由出版机构未能正确处理合作出版与自版图书的关系导致的恶劣后果。

现在某些外方出版机构正是因为看到了中方某些出版机构的弱点，要求中方出版机构与其签订条款较为苛刻的"合作出版"合同，并通过合同中的各项条款介入选题、编辑、用材、印刷、定价、装订、发行、销售和广告等大部分出版流程。除了没有独立出版的权利以外，"出版"的所有领域它们都已介入。如果按照"虚拟企业"的经营概念，在某些国际合作项目中，中国的出版企业已经蜕变成了某些跨国出版集团的"虚拟企业"。这样的国际"合作出版"是与我国现行的出版政策法规完全不相符的，实际上已经成了一些国外出版机构渗透到中国出版传媒市场的一个途径。

B.5

外资进入中国出版传媒产业形势分析

孙万军　肖 丽*

摘　要：

我国出版传媒产业中的发行和印刷领域已经向外资开放，只是核心的编辑出版业务没有开放。在已经对外开放的领域，外资凭借其强大的实力，在市场上表现不俗。与此同时，对我国没有开放的编辑出版领域，外资也是虎视眈眈，进行多层次的渗透。外资对我国出版传媒产业的介入会影响本国资本的产业控制力，中国出版传媒产业必须加强安全意识，防患于未然。

关键词：

外资　产业控制力　发行　印刷　编辑出版

经济全球化打破了国界的限制，国际资本的流动日益频繁，出现了越来越多的跨国公司。在全球出版传媒市场上，跨国出版传媒企业觊觎中国市场由来已久，中国对外开放的大门刚刚开启的20世纪70~80年代，国际传媒集团就已经在我国专业技术期刊市场安营扎寨了。当时在全球拥有270家专业出版物的国际数据公司IDG就在中国出版界寻找合作伙伴，并在中国合作出版了12种刊物，其中最有名的是《计算机世界报》。2001年，中国加入世界贸易组织后，国外出版传媒企业更是加大了进入中国出版传媒市场的步伐，目前近40家国外出版传媒企业在中国设立了办事机构。

虽然中国出版传媒产业的核心领域——编辑出版环节目前尚不允许外资进

* 孙万军，博士，北京印刷学院新闻出版学院教授，硕士生导师；肖丽，北京印刷学院文化产业安全研究院，博士，主要研究领域为：产业安全理论与实践。

入，但是外资还是以各种方式向出版传媒产业链全面渗透。通过资本运营方式，越来越多的外资进入了中国的出版传媒市场，这势必会给中国出版传媒市场带来影响。产业安全理论中的产业控制理论认为，国外资本通过股权、技术、品牌、经营权、决策权等方面的投资控制，会对东道国的产业产生不利的影响。

下文将分析外资在中国出版传媒市场的现状，及其给中国出版传媒产业控制力带来的影响。

一　外资进入中国出版传媒业的途径

外资进入中国出版传媒市场主要途径有：直接投资、注资中国公司和对中国上市公司持股。

（一）直接投资

直接投资是指境外资本以独资形式或与中国本土企业合资的形式，在中国市场创办企业。2001 年之前，只有个别境外资本在中国出版发行和版权服务市场设立合资企业。2001 年中国加入了世贸组织，根据加入世贸组织的承诺，以及《外商投资图书、报纸、期刊分销企业管理办法》和《新闻出版总署关于外商投资电子出版物分销业务有关问题的批复》的规定，2006 年过渡期结束之后，中国出版传媒产业中的分销和印刷领域已经全面向境外资本开放。

为此，中国政府出台了一系列有关出版传媒产业的法律法规。新闻出版总署与对外贸易经济合作部于 2002 年 1 月联合发布了《设立外商投资印刷企业暂行规定》；2003 年 3 月发布了《外商投资图书、报纸、期刊分销企业管理办法》；2004 年 11 月修订了《外商投资产业指导目录》（2007 年和 2011 年又进一步修订）；2005 年 8 月文化部、广电总局、新闻出版总署、国家发展改革委、商务部 5 部委联合制定了《关于文化领域引进外资的若干意见》（文办发〔2005〕19 号）；新闻出版总署于 2010 年 1 月发布了《关于进一步推动新闻出版产业发展的指导意见》（新出政发〔2010〕1 号）。这一系列政策和法规使得境外资本进入中国出版传媒市场有章可循、有法可依。

"入世" 5 年的过渡期结束之后，2006 年 9 月 17 日，新闻出版总署副署长柳斌杰在国务院新闻办举行的新闻发布会上指出：截至目前，我国已经兑现加入"世贸"时的承诺，开放出版业的两个重要环节——市场分销与印刷制造。相关数据显示，到2006年9月，已经获得批准的外商投资的出版物分销服务企业共有38家，其中的14家有批发权。2008年底，全国共有外商出版物分销机构56家。到2010年底，中国出版传媒市场上的全国外商出版物分销机构还有51家。在印刷领域，除规定出版物印刷企业必须由中方控股之外，其他印刷领域已经全部对外资开放，截至2009年底，我国外商投资印刷企业有2458家，占印刷企业总数的2.4%。其中，中外合资印刷企业914家，中外合作印刷企业191家，外资印刷企业1307家，外商股份投资印刷企业46家。外商投资总额为193.43亿美元，注册资金达127.92亿美元。2011年中国出版传媒产业中，外资投资企业有2290家，占比达1.5%（见图1）。

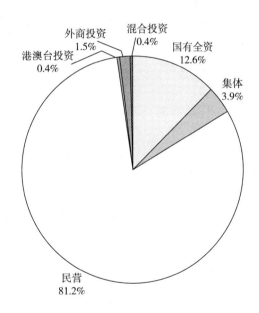

图1 2011年新闻出版企业法人单位的所有制结构

资料来源：《2011年新闻出版产业分析报告》。

（二）注资中国公司

西方大型出版传媒集团很多都是在国际市场上并购重组而形成的，它们把这种做法也带到了中国出版传媒市场上。由于国外出版传媒集团要想直接进入中国市场受到政策法规的限制，那么注资中国国内公司就成了近年来出现的外资进入中国出版传媒市场的一个重要方式。比较著名的案例有贝塔斯曼和亚马逊注资中国企业。2003年12月，总部在德国的贝塔斯曼集团收购了北京二十一世纪锦绣图书连锁有限公司40%的股份，把该公司改造成了中国国内首家中外合资的全国性图书连锁机构。2004年8月亚马逊收购卓越网100%的股权，将卓越网收归为亚马逊中国全资子公司，2007年将其中国子公司改名为"卓越亚马逊"，2011年10月27日亚马逊正式宣布将其在中国的子公司"卓越亚马逊"改名为"亚马逊中国"。经过几年的发展，亚马逊中国在中国的出版物发行市场上已经占据了重要的地位，并开始向数字出版领域进军。

近年来，中国出版传媒业的对外开放不断加大，《利用外资改组国有企业暂行规定》《外商投资产业指导目录》《出版物市场管理规定》等法规文件相继出台，对吸引国外资本参与国有企业改革有很大的促进作用。英国派可多（PACPOLY）投资公司参与新华书店总店改制重组就是一个很大的突破。

（三）对中国出版传媒上市公司持股

随着我国文化体制改革的深入，特别是转企改制以来，我国的出版传媒业组建了120多个出版传媒企业集团。截至2012年底，全国已有49家新闻出版企业在境内外上市。这样一来，境外资本就可以通过QFII（Qualified Foreign Institutional Investors，合格境外机构投资者）购买在我国境内上市的出版传媒企业的股票。在QFII制度下，单个境外资本可以基金的方式进行不得高于10亿美元的A股投资，各种资本所得经审核后可转换为外汇汇出境外。在中国目前未实现资本项目可兑换的情况下，QFII是一种过渡性、间接的投资模式。[①] 境内上市的传媒企业中，"出版传媒"是一家整体上市出版企业，"皖新传媒"是一家直接IPO的出版发行企业，"天舟文化"是唯一一家民营控股的出版传媒企业。从这些公司历年定期报告披露的前10大股东持股情况看，

---

① 闻学、邢红霞、肖海林，《境外资本进入中国出版发行和版权服务市场的模式和分布》，《出版发行研究》2012年第11期。

QFII 在 2011 年持有天舟文化 12. 558 万股股票。当然，QFII 所持有的境内出版传媒产业上市公司的股票只是基于获取二级市场差价进行的短期投资行为，尚不能通过持股影响上市公司的各项决策，更难以影响各上市公司的编辑出版核心业务。

除了在境内上市以外，我国的出版传媒企业还有在境外上市的。这样外资在其中的作用就需要关注。外资有可能通过持有上市公司的股份逐步影响公司决策，并对公司的核心业务造成影响。

二 印刷环节外资的存在状态

作为出版传媒产业中开放最早、开放范围最广、开放力度最大的领域，中国印刷业早已从改革开放前的国企一枝独秀，发展到了今天国资、民资、外资共同发展的格局。我国的投资环境得到了更进一步的完善，吸引了越来越多的外资印刷企业在大陆设厂，外资进入我国出版传媒市场越来越便利。这些厂家一般都有着雄厚的资本以及先进的生产设备与管理体系，对本土印刷厂来说，确实是可怕的竞争对手。

印刷业的外资进入我国较早，改革开放的帷幕刚刚拉开，印刷业的经济舞台上就出现了外资的身影。作为中国改革开放前沿的深圳经济特区，成了外资登陆中国内地印刷市场的滩头阵地。深圳市第一家中外合资的印刷企业是"深圳嘉年印刷有限公司"，这家企业经深圳市人民政府批准，于 1982 年由原来的"深圳印刷制品厂"改为了中外合资企业。1989 年"安福实行（深圳）有限公司"成立，这是深圳第一家，也是中国内地第一家外商独资印刷企业。在中国加入世界贸易组织之前，外资在中国内地的印刷业中已经占据了相当重要的地位，特别是在经济特区中，外资印刷企业的数量相当可观。中国印刷协会的统计数据显示，2001 年全国的印刷业中的三资企业约有2300 家，其中位于深圳地区的有近 600 家，位于上海地区的约有 200 家。

2001 年中国加入了世界贸易组织之后，我国印刷业政策对外资更加开放。中国政府出台了一系列有关出版传媒产业的法律法规和政策，2001 年 8 月起开始施行经过修订的《印刷业管理条例》，该条例第一次允许外资在中国内地设立包装装潢印刷独资企业，同时，对印刷企业承印出版物的管理也由审批制改为了备案制。不过，该条例并没有明确阐述是否允许建立外商独资的出版物印刷企业。

在现行的 2007 年修订版《外商投资产业指导目录》中，包装装潢印刷为允许类项目，而出版物印刷（中方控股）被列入限制类目录。2010 年 4 月 6 日国务院出台了《关于进一步做好利用外资工作的若干意见》，利用外资开始出现新特点，其主要表现为引导外资向中西部转移，引导外资参与中国经济结构的优化，利用外资的方式更加多样，外商投资权限逐步下放到地方政府。

《关于进一步做好利用外资工作的若干意见》中指出，除《政府核准的投资项目目录》规定需由国务院有关部门核准之外，将 3 亿美元以下的鼓励类、允许类项目下放给地方政府有关部门核准。2008 年修订的《中西部地区外商投资优势产业目录》首次列入了印刷业相关项目，鼓励外商投资山西、安徽、江西、河南、湖北、湖南、云南 7 个省份的包装装潢印刷品印刷，投资这些项目，外商可享受优惠政策。根据《关于进一步做好利用外资工作的若干意见》规定，该目录将补充修订，增加劳动密集型项目条目，鼓励外商在中西部地区发展符合环保要求的劳动密集型产业。印刷业是劳动密集型行业，可以争取将包装装潢印刷项目列入更多省份鼓励外商投资类的条目中。

到目前为止，中国的印刷行业中，除规定出版物印刷企业必须由中方控股以外，其他印刷行业已经全部对外资开放。2013 年印刷业的百强企业中，国有及国有控股企业有 17 家，集体企业有 1 家，私营企业有 7 家，三资企业有 36 家，股份制企业有 39 家。近年来，在印刷业的百强企业中，三资企业的数量一直都占比很高。外商投资的印刷企业资本强大、管理先进、工艺精良，获得了大量的市场份额。从利润总额上看，2011 年的印刷复制企业中，国有全资企业占 4.3%，较 2010 年减少 1.5 个百分点；集体企业占 4.9%，减少 1.3 个百分点；而外商投资企业占 3.1%，提高了 1.1 个百分点。

目前中国的图书出版品种、总印数已经居世界第一位，日报出版规模已连年居世界第一位，印刷复制业总产值居世界第三位，中国印刷市场已经成为世界第三大印刷市场。2012年，全国图书、报纸、其他出版物黑白印刷产量3.3亿令；彩色印刷产量16.8亿对开色令；装订产量3.0亿令。印刷复制（包括出版物印刷、包装装潢印刷、其他印刷品印刷、专项印刷、打字复印、复制和印刷物资供销）实现营业收入10360.5亿元，增加值2679.5亿元，利润总额721.8亿元。据新闻出版总署的统计，2011年，按资产总额看，在印刷复制企业中，外商投资企业占3.2%（见图2）。在东部沿海地区，外资印刷企业力量雄厚。2012年，广东省从事印刷业对外加工贸易的外资企业比例虽然有所降低，但仍然占全行业的61%。在很多地方，外资印刷企业和国有印刷企业、民营印刷企业已经形成了三足鼎立的局面。

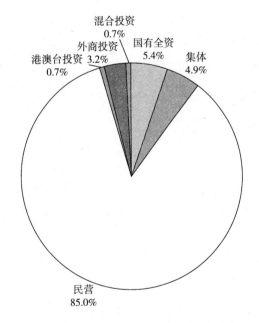

图2　2011年印刷复制企业法人单位的所有制结构

资料来源：《2011年新闻出版产业分析报告》。

三　发行环节外资的存在状态

我国的图书编辑出版领域是不对外资开放的，这个领域一直保持着较高的平均利润率，图书发行的利润率也因此大大高于社会平均利润率，一般批发的利润率可以占图书定价的 20%～40%。在加入世贸组织之前，出版物发行的领域是严格限制外资进入的。

不过面对高额利润的诱惑，外资是不会甘于作旁观者的。20 世纪 90 年代中期就开始悄然布局中国出版传媒市场的贝塔斯曼出版集团成立了图书俱乐部，巧妙地避开了政策的限制，参与中国的图书发行业务。贝塔斯曼集团在我国没有开放发行业务时就渗透到中国图书发行市场的案例发人深省。贝塔斯曼出版集团第一步先与中国国内出版社合作，引进了大量的外版图书。然后，创办书友会，大力发展网上售书业务，经营自己的销售渠道。贝塔斯曼在上海以成立"邮购企业"的名义，于 1995 年同上海市新闻出版局直属的中国科技图书公司共同发起成立上海贝塔斯曼文化实业有限公司，以书友会的形式，经营图书邮购业务。"邮购企业"的名义使贝塔斯曼获得了合法外衣，与出版系统内图书公司合作则使其获得图书销售的经营资格。书友会最红火的时候会员达到了 800 多万名，其中有 150 多万名会员平均购买 5 次以上，有 30 多万名会员购买超过了 10 次。有了强大的渠道之后，它们就有了和出版社谈价的资本。结果是该公司以很低的折扣拿到书，并以低价卖给书友会会员，其书友会越来越壮大，销售能力也越来越强。2003 年，中国的书报刊零售业务向外资开放，贝塔斯曼抓住了这个机会，开始与北京 21 世纪锦绣图书有限公司合作，在全国建立了 36 家连锁书店。两年之后，贝塔斯曼又与辽宁出版集团合资，成立了辽宁贝塔斯曼图书发行有限公司，专注图书批发业务。虽然由于自身经营问题，2008 年贝塔斯曼退出了中国出版传媒市场，但是其在中国出版传媒市场上的所作所为是值得中国出版传媒界认真反思的。

当然，在 2003 年之前，像贝塔斯曼这样在中国图书发行市场上纵横捭阖的外资企业只是个别现象。新闻出版总署和外经贸部于 2003 年 5 月 1 日联合下发了《外资投资图书、报纸、期刊分销企业管理办法》，该办法的正式实施，标志着我国书报刊零售市场正式对外资开放。2006 年书报刊批发市场对外资开放，外资不再受投资比例、设立地点、经营项目等限制。到 2006 年 9 月我国已批准外商投资的出版物分销服务企业共 38 家，其中的 14 家有批发权。2008 年底全国共有外商出版物分销机构 56 家，经过两年运营，到

2010年底全国外商出版物分销机构还有51家。据新闻出版总署的统计，2011年，从资产总额看，在出版物发行企业中，外商投资企业占2.1%（见图3）。

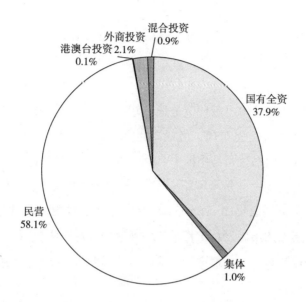

图3　2011年出版物发行企业法人单位的所有制结构

资料来源：《2011年新闻出版产业分析报告》。

从数量上看，外资企业在出版企业中的占比不大。但是，外资企业凭借其雄厚的实力，有着强大的发展潜力，以后会获取更大的市场份额。2011年，在出版物发行企业中，国有全资企业占27.5%，较2010年减少了2.4个百分点；集体企业占1.1%，减少了1.8个百分点；而外商投资企业占1.9%，提高了1.3个百分点。可以看出，外资企业的盈利能力要优于国有和集体。

四　外资的多层次渗透

编辑出版环节是利润丰厚的出版传媒产业的核心业务，虽然这个领域的业务一直没有对外开放，但是其利润一直吸引外资的关注，它们虎视眈眈，抓紧一切机会向编辑出版环节的核心环节渗透，外资对中国出版传媒市场的觊觎从前文所提到的贝塔斯曼的案例中可见一斑。它们利用各种机会企图渗透进来，手段五花八门，从出版传媒产业的各个环节以及和出版传媒相关的各个领域形成对出版核心业务多方位的渗透。

首先，有些外资抢占先机，抢先布局，形成既定事实。我国出版传媒业的对外开放也就是近十几年的事情，许多法律法规还不健全，而且法规的出台有一个历史过程，有的政策表述得比较模糊，操作起来也有一定的灵活性。尽管我国出版传媒产业的编辑出版环节是禁止外资参与的，但是有些外资在我国的政策法规出台之前就抢先布局，形成既定事实，参与出版业务。例如，1988年6月英国培格曼图书公司与中国1980年12月成立的中国学术出版社合资成立了万国学术出版社，这是全国第一家中外合资的出版机构；1994年人民邮电出版社和丹麦艾阁萌集团（Egmont）合资成立了童趣出版社，专门从事少年儿童图书、杂志的出版发行工作。这些外资公司抢在法规政策出台之前就已经在市场上进行了布局，即使限制政策出台，它们已经在中国出版传媒市场上占据了一席之地。

其次，还有一些外资企业通过迂回的方式，借助中国出版机构的非编辑业务向核心业务渗透。出版机构的业务往往分为核心的编辑出版业务与发行、经营等外围的业务。我国的法律法规禁止外资参与编辑出版业务，但其他业务是对外资开放的。于是，有的外资采取了暗度陈仓的办法，通过参与出版机构的非编辑业务，逐渐掌控出版机构。它们以"出版机构办公司"的面目伪装了"公司办出版"的事实，从而以隐蔽的形式渗透到了出版机构之中，如果不及时防范，其影响力有可能渗透到出版业务的核心领域之中。

还有的外资企业通过在教育培训等和出版密切相关的领域发展，通过教材、教辅、教育软件和网络平台等手段逐渐靠近，渗透到编辑出版的业务中来。有些在自己培训机构中发行内部教材、教育软件和教辅材料，已经构成了实际的出版行为；甚至还有的海外出版机构采取了国内个体书商购买书号的办法，参与中国的编辑出版核心业务。

总体看来，现阶段境外资本在中国出版传媒产业中的直接投资主要集中在分销和印刷领域。在分销和印刷领域，它们凭借强大的实力、先进的理念和技术以及丰富的市场经验，取得了不俗的战绩。同时，面对高额利润的诱惑，外资也在千方百计地向中国编辑出版的核心业务渗透。

产业安全理论认为，产业控制力的高低主要受国际资本进入的影响，大量外资企业的进入会侵蚀本国资本的产业控制力。虽然中国出版传媒市场上的外资还不能用"大量"来描述，但是外资对中国出版传媒产业渗透的暗流涌动。中国出版传媒产业必须加强产业安全意识，未雨绸缪，防患于未然，只有如此，才能保证我国出版传媒产业的生存和发展处于安全的状态。

B.6

外资进入数字出版领域对出版
传媒产业安全的影响

孙万军*

摘　要：

数字出版是新兴产业，也是出版传媒产业的未来，近年来发展迅猛。外资企业凭借其雄厚的经济和技术实力，在中国出版传媒市场的法规还没有完善之际，对中国数字出版产业链全面进军，在开放的中下游大举进攻，向还没有开放的上游逐步渗透，特别是在非传统业务领域已经占据了优势。同时，暗流涌动，协议控制模式也成了外资渗透中国数字出版领域的一个途径。我国数字出版领域的产业安全面临威胁。

关键词：

数字出版　产业链　非传统领域　协议控制

数字出版业无疑是当今出版传媒产业中发展较为迅速、较具潜力的领域之一。从世界范围来看，以数字技术、信息技术、网络技术为代表的技术革命正在改变和重塑着出版传媒产业。随着数字技术的飞速进步，传统出版传媒产业正在不断向数字化方向发展。内容的传播已经不仅仅是传统的媒体传播形式，基于互联网进行数字内容传播的形式逐渐成为主流。

一　中国数字出版产业发展概况

新闻出版总署于2010年9月15日发布了《关于加快我国数字出版产业发展

---

* 孙万军，博士，北京印刷学院新闻出版学院教授，硕士生导师。

的若干意见》，在这份文件中给数字出版下的定义是：数字出版指利用数字技术进行内容编辑加工，并通过网络传播数字内容产品的一种新型出版方式，其主要特征为内容生产数字化、管理过程数字化、产品形态数字化和传播渠道网络化。目前数字出版产品的形态主要包括电子图书、数字报纸、数字期刊、网络原创文学、网络教育出版物、网络地图、数字音乐、网络动漫、网络游戏、数据库出版物、手机出版物（彩信、彩铃、手机报纸、手机期刊、手机小说、手机游戏）11 种。数字出版产品的传播途径主要包括有线互联网、无线通信网和卫星网络等。由于其海量存储、搜索便捷、传输快速、成本低廉、互动性强、环保低碳等特点，已经成为出版传媒产业的战略性新兴产业和出版业发展的主要方向。

随着数字技术的发展，数字出版得到了相关部门大力的支持和扶植。管理部门陆续出台和修订了《数字内容投送平台管理办法》《网络出版服务管理暂行规定》《手机媒体出版服务管理办法》《数据库出版服务管理办法》《互联网文学出版服务管理办法》《互联网游戏审批管理细则》等政策法规，来解决数字出版产业发展的要点问题。各地政府也纷纷出台了针对数字出版产业的优惠政策和扶持措施，通过加快推进数字出版基地建设，解决数字出版发展过程中资金、用地、人才、项目开发、产品研发等一系列问题，使得数字出版产业发展的政策环境得以进一步优化，促进了数字出版的发展。

在各级管理部门的扶持下，数字出版作为出版传媒产业的新业态，近年来发展势头十分强劲。根据中国新闻出版研究院自 2006 年起对数字出版产业进行的数据统计显示，近年来数字出版产业总体收入为：2006 年 213.00 亿元，2007 年 362.42 亿元，2008 年 556.56 亿元，2009 年 799.40 亿元，2010 年 1051.79 亿元，2011 年 1377.88 亿元，2012 年 1935.50 亿元，7 年增长了 8 倍，平均年增速度在 40%以上，其增长速度远远快于传统出版传媒产业（见图 1）。2012 年数字出版业实现的营业收入较 2011 年增加 557.62 亿元，增长了 40.5%，占全行业营业收入的 11.6%，较 2011 年提高了 2.1 个百分点，表明在经历长期高速增长之后数字出版仍有较大的成长空间。电子书、数字期刊、数字报纸的营业收入增长了 52.6%，超过数字出版整体增长速度，表明传统出版数字化转型的效果日益显现。以网络动漫和在线音乐为代表的新型数字内容服务形态发展迅猛，营业收入增速高达 291.2%。

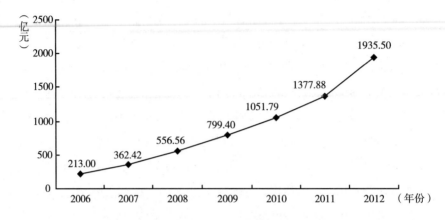

图1　2006～2012年数字出版营业收入增长情况

资料来源：新闻出版统计数据。

数字出版产业发展已基本形成了由内容提供企业、内容加工企业为主的内容提供商，以互联网、移动通信、卫星为主的传输渠道服务商，以综合或专业、特色数据库为主的平台服务商，以数字技术开发和数字技术应用服务为主的技术服务商，以电子书和其他新型阅读器为代表的终端提供商构成的一个相对来说比较完整的数字出版产业链（见图2）。

图2　数字出版产业链

作为新发展起来的领域，数字出版代表着出版传媒产业发展的未来，有着巨大的发展潜力。可以说，谁占据了数字出版这块高地，谁将拥有出版传媒产业的未来。

二　境外出版传媒企业对中国数字出版产业链的进入情况

西方国家的出版传媒集团的数字化转型要早于中国的出版传媒企业，根据美国《出版商周刊》2012年6月所做的一个调查，美国1/3的出版商的数字化业务收入比例达到了两位数，2013 年西方出版业在数字化方面已经从转型期步入了巩固期。跨国出版集团依仗其强大的实力，在数字化变革的过程中建设起了强人的内容资源平台。如今，面对刚步入数字化转型期的中国出版传媒产业，跨国出版集团试图凭借其强大的内容资源和平台优势，积极运作，介入这个让它们垂涎的市场，下面分别介绍在数字出版产业链上外资进入的情况。

（一）数字出版产业链的上游

首先来看数字出版产业链内容提供领域。我国的出版法律法规明令禁止境外企业进入出版内容编辑领域，不过境外企业还是想尽一切办法向这一领域渗透。与向传统出版领域渗透的手段一样，与中国的出版企业合作仍然是国外出版商进入中国数字出版市场的主要方式，其中特别值得注意的是境外出版商在积极争取和收集出版物的数字版权。《中国图书商报》发表的"BIBF 海外出版商数字出版现状调查"显示：

> 有43.86%的境外出版商正在加紧步伐或计划从中国大陆出版商手中获得数字版权，比如德国康乃馨集团正与江苏教育出版社、上海外语教育出版社合作做德语教材，荷兰威科出版集团与商务印书馆、中国财政经济出版社、人民卫生出版社达成相关合作协议，培生出版集团则与高等教育出版社、人民教育出版社、外语教学与研究出版社、机械工业出版社、清华大学出版社、北京大学出版社、中国人民大学出版社展开了合作，新加坡帝国出版社、日本讲谈社、中央经济社也有计划跟中国大陆出版商展开数字版权合作，还有国外出版商正着手与中国大陆的培训学校展开数字版权合作。①

由于现阶段数字版权在我国的出版传媒产业中还没有显现出较大的创利作用，很多中国出版传媒企业对数字版权并不是十分在意。但是，如果说数字出版是出版传媒产业未来的话，那么数字版权就是出版传媒产业通往未来利润之门的

---

① 资料来源于《中国图书商报》2010 年 9 月 7 日 1 版/3 版。

钥匙，可以说，谁手里握有的数字版权越多，谁在未来出版传媒市场上的盈利能力就越强。国外的出版商正是看到了这一点，所以它们在为将来在中国出版传媒市场上的发展做着积极准备。

另外，数字出版有着不同于传统出版的特点，因为在数字出版的市场上除了传统的出版商之外，电信、网络运营商也在其中起着重要的作用。像谷歌、脸谱、亚马逊和苹果公司这些 IT 业的巨头也都介入了数字出版领域。随着 iPhone/iPad 的全球持续热卖，越来越多的传统报刊基于苹果 App Store 平台发布数字版本。据不完全统计，目前已在苹果 App Store 平台上发布数字版本的中国国内各类主流报纸和杂志已达上百种，需要特别注意的是，目前已有部分报纸、杂志出现了传统印刷版和 iPhone/iPad 发行版内容不完全一致的现象。同时，海外报纸杂志也有机会利用 iPhone/iPad 发行版曲线进入中国的出版传媒市场。

基于苹果 iPad 和 iPhone 开发社会化阅读工具的 Flipboard 公司也开始了进军中国的计划。2012 年 3 月 22 日，Flipboard 发布了基于 iPhone 的中文版应用。与此同时，Flipboard 还宣布将和新浪微博、人人网进行深度内容合作，并向中国派出了专人负责中国地区 Flipboard 的发展工作。

在外资企业都想方设法向我国的数字出版市场渗透之际，我们刚刚开始建立的防御体系还不完善，给这些外资企业留下了很多空子。比如，我们的网络出版尚未得到有效监控，美国《商业周刊》中文版、《福布斯》中文版等杂志曾通过互联网在境内发行。同时，我国有些企业网站自己制作电子期刊、电子杂志向其订户和非订户发放，其中有很大一部分是合资企业背景。这些企业的宣传和信息发布行为从概念上看，已经构成了实质上的出版行为，这是违反我国出版政策的做法。

（二）数字出版产业链的中下游

许多跨国出版集团拥有渠道及技术优势，它们利用自己的优势，不断向中国出版市场渗透。其中的一个主要手段是出版商直接在自己的平台上供应内容，并进行直销，包括与主要图书馆联盟谈判。像励德·爱思唯尔既有专门供应法律读物市场的 LexisNexis，也有聚合科学期刊的 ScienceDirect 平台，这些包括期刊、图书、文献在内的大型数字内容平台，可使出版商直接供应市场。在这些平台的支撑下，任何希望销售其内容的渠道，都需要借助出版商的平台，并支付一定的佣金，而出版商始终控制着对内容的交易和使用获取过程。这种方式让出版商有对市场和内容的完全主控权。

跨国出版集团一直积极努力将其投入巨资开发出来的平台和数字资源介绍给中国的合作伙伴。比如，圣智集团推出了圣智盖尔电子图书馆（Gale Virtual Reference Library）的中文平台。这是一个为全球图书馆、研究人员提供参考资料的电子书平台，可以进行跨书、跨库、全文检索，全球 100 余家国际出版商是这个平台的内容合作伙伴。英国出版科技集团和北京英创启智数字出版技术有限公司合资，创建了北京英捷特数字出版技术有限公司，依据双方合约规定，英国出版科技集团将把它在出版技术领域多年来积累的国际市场经验和渠道全部投入这个新生的公司，北京英捷特则向中国市场提供英国出版科技集团的技术和服务，这些技术可服务于出版商、图书馆和企事业单位等各类用户。

此外，在电子阅读方面，国外的产品和技术也在悄然渗透到中国出版传媒市场上，让中国本土企业感到了莫大的压力。在中国内地，由于受来自国外电子书阅读器"水货"的冲击，再加上版权环境的不完善等，使得近年中国电子书市场的发展进入了平台期，只有汉王等少数几家企业还在继续耕耘。有业内人士表示，随着电子书在内地市场的日益升温，近年来国外电子书阅读器在没有授权内地销售的情况下，通过香港与深圳间的非法渠道，大量走私进入内地市场（俗称"水货"），通过电脑卖场、淘宝网络低价倾销。由于是通过非法渠道进入内地市场，因而没有关税，致使其产品售价极其低廉，而内地企业要按国家规定缴纳相应税费，正规电子书售价难以与之匹敌，这对中国本土企业是很大的冲击。

作为全球电子书第一品牌，亚马逊旗下的 Kindle 早已觊觎中国市场多年，Kindle 没有 iPad 那么高的升级换代率，在美国市场已经接近饱和。据调查，在美国，16 岁及以上人群中，有 1/3 人口已经拥有电子书。在这样高保有量的情况下，要想再继续高增长，是一件非常困难的事情。而中国市场潜力很大，这也是 Kindle 看好中国的原因，中国实在是全球最具想象力的一个市场，其中文名也早被确定为"金读"。国家商标局证实，亚马逊早在 2009 年底就已经获得了 8 项关于"金读"的商标权。近年来，Kindle 进入中国的步伐越来越快，据中国无线电管理网显示，2012 年有 4 款 Kindle 设备获得了无线电设备许可。在 2012 年 12 月，Kindle 书店悄悄出现在了亚马逊中国的网站上，两万多本电子书同时上架，只是阅读器 Kindle 并没有来，发售的电子书也只能在苹果和安卓系统的移动终端上阅读。2013 年 6 月，在多次推迟之后，亚马逊 Kindle 在中国内地上市终于尘埃落定，Kindle 电子阅读器和 KindleFire 平板电脑同步在中国上市销售。

业界有声音质疑亚马逊的 Kindle 进入中国的方式是否违规，因为它们采取的是与中文在线合作、借用牌照的方式进入中国市场，按照相关规定，亚马逊与中文在线通过合作解决牌照问题是可以的，但这种合作应该由中文在线来运营具体业务才符合规定。但从目前双方的合作来看，中文在线只提供了牌照，Kindle 电子书店从域名、服务器空间、阅读软件到购买电子书的支付，全部都是由亚马逊中国运营的。

总之，我国数字出版产业的自主研发能力还不强，企业在实际操作中的新数字技术往往是由国外一些公司提供支持的，主动权往往掌握在国外企业的手中，这就为境外企业介入中国的数字出版市场留下了很大的空间。

三　外资介入非传统出版领域数字出版的情况

与电子图书、互联网期刊和数字报纸这些由传统出版升级而来的数字出版领域相比，我国数字出版中的非传统出版领域的市场份额要大得多。根据新闻出版研究院发布的《2012～2013 年中国数字出版产业年度报告》，2012 年国内数字出版产业整体收入规模为 1935.49 亿元，比 2011 年整体收入增长了40.47%。其中，互联网期刊收入达 10.83 亿元，电子书（含网络原创出版物）达 31 亿元，数字报纸（不含手机报）达 15.9 亿元，博客达 40 亿元，在线音乐达 18.2 亿元，网络动漫达 10.36 亿元，手机出版（含手机彩铃、铃音、手机游戏等）达 486.5 亿元，网络游戏达 569.6 亿元，互联网广告达 753.1 亿元。网络游戏、互联网广告和手机出版的产业收入占整个数字出版的九成以上（见图 3）。

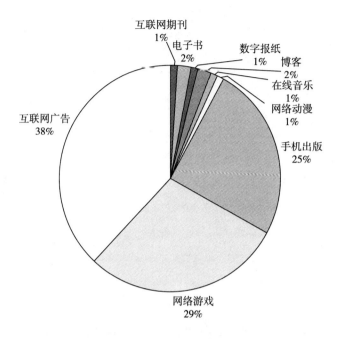

图3　2012年中国数字出版产业收入情况

资料来源:《2012~2013年中国数字出版产业年度报告》。

在这些非传统领域,国外企业在中国市场上的参与度很高。网络游戏市场就是一个很好的案例,国外企业参与中国网络游戏市场的方式和特点很具代表性。

21世纪初中国的网络游戏产业刚刚兴起的时候,韩国、日本等国的公司积极挺进中国网游市场,当时国内市场上的网络游戏软件中,韩国网络游戏软件的比重曾高达80%以上,即使到了2010年,中国仍然是韩国网络游戏的最大出口国(见图4)。

根据文化部发布的《2012的中国网游市场年度报告》,2012年以互联网和移动网游戏市场计算,我国网络游戏市场收入规模达601.2亿元,同比增长28.3%。其中,互联网游戏536.1亿元,同比增长24.7%;移动游戏65.1亿元,同比增长68.2%。

尽管我国网络游戏市场规模激增,但国外网络游戏仍占据着中国市场的很大份额。当今国内市场上运营的很大一部分网络游戏都是外国游戏,这些游戏

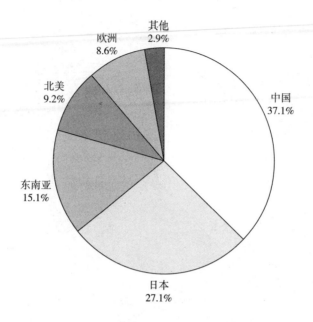

图4　2010年韩国游戏行业在世界各地的市场份额

资料来源：《2011年韩国游戏行业白皮书》。

由国内公司作为代理商。代理商通常都是以很高的代价买到在某款游戏在中国国内的代理权，自主代理。除了购买代理权之外，代理商每年还要再给游戏开发公司支付代理费，这就意味着我国游戏市场上每年都有大量的资金流到国外。在许多游戏代理的案例中，九城的案例颇具代表性，九城在代理网络游戏《魔兽世界》期间，每年都必须支付3亿美元的代理费用给暴雪，并且在游戏代理期间，九城还必须负责中国地区服务器的维护，这个费用也是由九城来承担的。这样一来，我国的代理公司能得到的实际利润微乎其微，游戏市场的资金外流制约了我国自主游戏的发展。

互联网广告市场的情形也不容乐观，上海市工商局3月27日发布的《2012年度上海广告市场状况报告》中显示，外资广告企业各项户均和人均指标均胜出内资广告企业一筹。2011年，上海外资广告企业户均营业收入2.7亿元、户均利润1607万元，分别是内资广告企业的16.4倍和12.6倍；人均营业收入、人均利润达415万元、24.4万元，分别是内资广告企业的3.4倍和2.6倍。外资广告企业的人均工资福利费用为24.7万元，是内资广告企业的 3.4 倍。

从易观智库 Enfodesk 产业数据库发布的《2012 年第 1 季度中国网络广告市场季度监测》数据来看，2012 年第 1 季度中国互联网广告运营商市场份额中，百度占到 30.9%，阿里巴巴占到 17.9%，谷歌中国占到 6.5%，占据市场前三位。互联网广告领域的巨头都在海外上市，具有外资背景。

总的看来，在网络游戏、互联网广告和手机出版等新的数字出版领域中，我国的产业控制力还需要进一步提高。

四　数字出版市场上的协议控制模式

协议控制模式，也就是 VIE 模式（Variable Interest Entities），指的是在境外注册的上市实体与境内的业务运营实体相互分离，境外上市实体通过协议的方式控制境内的业务实体，那么，业务实体就是上市实体的 VIEs（可变利益实体）。

出版传媒行业中的协议控制模式目前主要出现在数字出版领域。新闻出版总署于 2010 年先后出台了《关于进一步推动新闻出版产业发展的指导意见》《关于加快中国数字出版产业发展的若干意见》。2010 年 11 月又公布了首批电子书出版资质、电子书复制资质、电子书总发行资质、电子书进口资质的企业名单。不过，在这些规定出台之前，新浪、搜狐、百度、当当网等许多中国互联网门户网站和电子商务企业实际上早已经以各种不同方式介入了出版传媒领域。新浪网和搜狐网的读书频道用会员制方式进行图书销售，同时还培育了自己的签约作者，已经涉及内容制作领域；百度则利用百度文库培养"自媒体"作者，并以支付版税的方式与作者合作，并通过"积分下载"的方式向会员出售百度文库的资源，这一系列做法已经构成了实质上的出版行为。当当网的主业一直是通过网络进行图书销售，2010 年当当网成立了数字出版业务部，专门从事电子书和数字出版业务。需要注意的是，这些公司都是用协议控制模式在海外上市，吸纳境外资本在境内开展业务的。

协议控制模式的形成有其历史原因，VIE 结构开始是国际会计概念，指的是离岸公司通过外商独资企业，与内资公司签订一系列协议来成为内资公司业务的实际收益人和资产控制人，以规避国内《外商投资产业指导目录》对限制类和禁止类行业限制外资进入的规定。通过 VIE 结构，国外企业可以绕过投资限制，国内企业则可以顺利完成赴海外市场上市或融资。

VIE 模式规避了政策限制外资投资领域的障碍，同时也使得境内公司可以按照国际风险资本所认可的一些发展模式进行发展，并且为国际风险资本的退出提供了路径。由于这种模式避开了政策监管，一直处于合理的商业基础却游移于监管边缘的灰色地带。该模式的安全风险是显而易见的，涉及逃避外汇监管、向境外转移资产的问题，有违背外资行业准入政策的嫌疑。商务部于 2011 年 8 月发布了《商务部实施外国投资者并购境内企业安全审查制度的规定》，明确指出外资并购境内企业不得以 VIE 模式等方式规避安全审查，将 VIE 纳入监管范围。但是，要对 VIE 模式实行有效的监管并非易事。无论从定义、控制还是处理方法上都需要监管部门认真研究。将 VIE 纳入监管还需要解决大量政策、法律、决策机制等相关问题，不过将 VIE 模式纳入监管对排除产业风险、加强我国出版传媒产业安全是很有必要的。

数字出版是一个新型的领域，从监管角度讲，由于出现了很多新的问题，法律法规和政策还有待进一步完善。从竞争力上来看，目前我国数字出版企业多是小而散、利润低、品牌知名度不高的中小型企业，大型出版集团在这个领域的竞争力还不够。而数字出版领域的国际巨头对中国的数字出版市场虎视眈眈，谷歌、微软、脸谱等国外大型 IT 公司都已相继介入数字出版领域；苹果、亚马逊等既有的数字出版企业，也在向产业链上下游大肆扩张；培生、企鹅、爱思唯尔等跨国出版集团，数字化转型成效斐然。面对来势汹汹的境外大军，我国数字出版企业如何应对，面临一大挑战。

B.7

国外出版集团的渗透策略及其对
中国出版传媒产业安全的影响

孙万军*

摘　要：

国外出版传媒集团觊觎中国出版传媒市场已久，早已布局中国。本文将分析国外出版集团进入中国的现状；探讨它们进军中国市场的步骤、策略特点及其对中国出版传媒产业安全的影响。国外出版传媒集团从初期向中国出版市场输入出版物和版权，发展到在中国设立办事机构，和中国出版机构展开项目合作，在某些领域投资，最后到实施本土化策略，它们对中国市场的加入步步为营，逐步接近核心领域，对中国的出版传媒产业安全构成了威胁。

关键词：

国外出版集团　分布特征　渗透步骤　布局策略　安全风险

一　国外出版传媒集团布局中国的现状

当今的跨国传媒出版集团以全球发展为战略目标，根据全球的经济形势变化来调节自己的经营战略，并不断制定新的发展战略来应对瞬息万变的全球出版传媒市场，从而使其在激烈的竞争中立于不败之地。

进入 21 世纪以来，由于欧美新经济热潮降温，世界经济增速减缓，国外出版集团的经营环境日趋严峻，不得不调整其全球投资战略。从总体上看，国外出版集团的对外投资呈收缩态势。但中国持续稳定的经济增长，尤其是加入

＊ 孙万军，博士，北京印刷学院新闻出版学院教授，硕士生导师。

世界贸易组织所带来的投资环境的突破性改善和新的市场准入机会，使国外出版集团纷纷加大进入中国出版市场的力度。

20 世纪 90 年代之前，国外出版集团进入中国出版传媒市场的并不多。1992 年邓小平发表重要讲话，同年秋天中共十四大确定建立社会主义市场经济体制，此后中国经济连续几年每年以 10% 左右的速度发展，中国正逐步从潜在的大市场变成现实的大市场。迅速增长的市场份额和庞大的读者群体，是中国市场对这些国外出版集团的极大诱惑。

（一）国外出版集团进入中国市场的数量

1992 年 10 月，中国加入《伯尔尼公约》和《世界版权公约》；随后在 1995 年《中美知识产权谅解备忘录》达成。2001 年底中国加入了世界贸易组织；2003 年中国对外开放图书零售业务；2004 年图书发行批发业务也开始向外资开放；中国对外开放力度的加大，为国外出版集团进入中国提供了良好的环境和契机，国外出版集团纷纷涉足中国出版传媒市场。

由于没有官方统计数据，本书课题组通过百度、谷歌等搜索引擎以及国内外相关网站进行了搜索，并且查阅了近十几年的《中国图书商报》、美国《出版商周刊》等报刊资料，对进入中国出版传媒市场的境外出版集团情况进行分析，整理出了 20 世纪末至 21 世纪初进入中国市场的境外主要出版集团名单（见表 1）。从中可以看出 1995 ~ 2005 年，进入中国市场的境外出版集团的数量迅速增长，随后稳定增加。到 2012 年时，在中国出版传媒市场上运营的国外主要出版企业已近 40 家。

（二）国外出版集团进入中国出版传媒市场的分布特征

1. 业务领域分布

分析 2012 年全球出版集团排名前 20 强在华业务主要涉及的范围可以看出，其中涉及图书的 14 家，涉及报纸的 1 家，涉及期刊的 9 家，涉及音像的 7 家，涉及数字出版的 12 家，涉及发行的 5 家（见表 2）。可以看出，国外出版企业的在华业务中涉及图书领域和数字出版领域较多。究其原因，图书是较为稳定的一项业务，可以带来长期稳定的利润。而数字出版是近年来新出现的业务，涉及很

表1　1995～2012 年进入中国市场的国外出版集团

时　间	出现在中国市场上的知名国外出版集团	累计数量
截至 1995 年	IDG(国际数据集团);贝塔斯曼出版集团,西蒙·舒斯特国际出版公司;威科出版集团;法国阿歇特出版集团	5
截至 2000 年	英国多林金德斯利有限公司(DK 公司);汤姆森科技;培生教育出版集团;汤姆森学习集团(2007 年更名为圣智学习出版集团);新闻集团;麦格劳－希尔出版集团;威科出版集团旗下的 CCH 出版公司;约翰·威利出版集团;剑桥大学出版社;英国朗文出版公司;牛津大学出版社	17
截至 2005 年	施普林格出版集团;励德·爱思唯尔出版集团;荷兰国际期刊代理公司(Swets Information Service);澳大利亚世纪科学出版有限公司;韩国信元公司;美国 NEPS 全美印刷出版和纸品加工技术供应商协会;美国篮树出版有限公司;泰勒－弗朗西斯出版集团;麦克米伦有限公司;企鹅出版集团;讲谈社;康乃馨出版集团;集英社;小学馆	31
截至 2012 年	美国 Scholastic 学乐集团;地中海香柏出版公司;英国 Emerald(爱墨瑞得)出版集团;霍顿米夫林国际有限公司;赫斯特集团;美国读者文摘集团	37

资料来源:根据公开资料整理。

表2　2012 年全球出版集团排名前 20 强在华业务主要所涉及范围

序号	国外出版集团	图书	报纸	期刊	音像	数字出版	发行
1	培生教育出版集团	√			√	√	
2	励德·爱思唯尔出版集团			√		√	√
3	汤姆森路透集团	√		√			
4	威科集团			√		√	√
5	阿歇特出版集团	√		√			√
6	行星集团	√					
7	麦格劳－希尔出版集团	√					
8	贝塔斯曼出版集团	√	√		√	√	
9	霍兹布林克集团	√			√	√	
10	学乐集团	√			√		
11	圣智学习集团	√				√	
12	威利集团	√		√			
13	阿格斯蒂尼集团						
14	集英社	√					√
15	讲谈社	√					
16	小学馆						√
17	读者文摘集团			√	√		
18	霍顿·米夫林出版公司	√			√	√	
19	施普林格集团	√		√		√	
20	哈帕柯林斯	√		√		√	

资料来源:根据公开资料整理。

多非传统的业务，我国对数字出版监管的政策法规还不十分完善，给境外出版传媒企业留下了很多可以操作的空间。同时，数字出版是出版传媒产业的发展方向，境外出版集团在这方面的发展实际上着眼的是中国出版传媒产业的未来。

2. 地域分布

我国地域广大，国外出版集团进入中国出版市场，不会选择同时在全国各地全面出击。因此，买方市场的规模将优先决定国外出版集团关注的地域。国外出版集团进入中国的地域布局的主要特点是先选取买方购买力较强的经济、文化发达市场。一直以来，北京、上海、广州等一线城市都是我国的经济和文化中心，也是我国出版业的重点区域，而西部地区的经济发展水平较低，出版业的发展也相对较差。根据新闻出版总署发布的《2012年新闻出版产业分析报告》的数据，广东、北京、浙江、江苏、上海、山东、河北、四川、安徽、福建依次居全国前10位，10个省（直辖市）合计分别占全行业营业收入的73.8%、增加值的71.3%、总产出的73.8%、资产总额的71.7%、所有者权益（净资产）的70.6%、利润总额的66.3%、纳税总额的70.7%。广东、浙江、北京、江苏和上海5个省（直辖市）出版传媒产业的规模合计超过了全国的1/2。这些出版传媒产业发达的地区也是国外出版集团青睐的地方，国外出版集团对中国出版传媒市场的进入主要也是集中于北京、上海、广东、江苏和浙江。

3. 国外出版集团来源地分布

目前公开资料中能查到的中国市场上的主要国外出版集团来自美国的有12个，来自英国的有7个，来自德国的有4个，来自荷兰的有3个，来自日本的有3个，来韩国、澳大利亚等其他国家的有6个。综合各种资料显示，美国、英国、德国、荷兰、日本、法国等一直是进入中国出版发行和版权服务市场的国外出版集团主要来源地（见图1），这些国家和地区要么是经济、科技和文化强大的国家，要么是传统文化与中国相似或一脉相承的地区。

（三）国外出版集团进入中国市场的步骤

从20世纪后期开始，国外出版集团向中国出版市场挺进的脚步从未停止过。仔细考察国外出版集团进入中国出版传媒市场的方式，可以把它们的策略归纳为三步（见图2）。

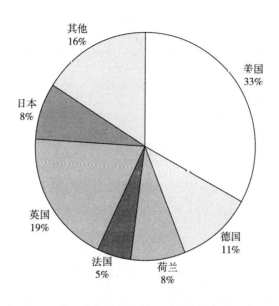

图1 中国出版市场上的国外出版集团来源地

资料来源：根据公开资料整理。

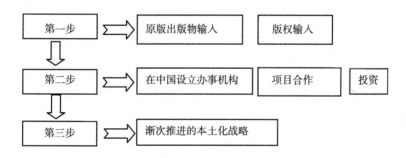

图2 国外出版集团进入中国市场的步骤

1. 原版出版物输入和版权输入

多年来，虽然国外出版集团进入中国市场的方法不断花样翻新，但是出版物和版权的输入从未放松过。按照国家《出版管理条例》和《订户订购进口出版物管理办法》等规定，境外出版物进入中国内地的唯一合法途径，是通过新闻出版行政部门批准设立的出版物进口经营单位办理进口手续，故境外出版物出口中国内地属间接出口。迄今为止，中国图书进出口公司等国内大型出版物进出口机构仍然是国外出版物进入中国市场的主要渠道，国外出版集团很难绕开它们。

为了在中国市场占据有利位置，国外出版集团总是试图与中国各图书进出口公司建立战略联盟。中国加入世贸组织对于国外出版物输入中国市场有着直接的拉动作用。尽管由于语言、文化上的障碍以及出版物定价上的巨大差别，中国市场在英、美出版商的出口中占据较小份额，但从 1998 年中国开始对出版物实物进出口进行统计以来，中国出版物一直存在贸易逆差，境外出版物进入中国的金额呈逐年增长趋势。

从金额上看，出版物贸易逆差仍在扩大。虽然版权贸易的逆差在逐步缩小，但贸易逆差状态一直未能彻底改变。

2. 在中国设立办事机构、项目合作和投资

在向中国市场输入出版物和版权的第一步迈出之后，国外出版集团逐渐在中国市场站稳了脚跟。于是，他们开始了向中国市场进一步的渗透，其主要形式是在中国设立办事机构，和中国出版企业进行项目合作，还有直接投资等。

国外出版集团为了方便在中国开展业务，许多集团设立了办事机构，有的被称为代表处，有的被称为办事处，也有的是以咨询公司的面目出现。由于外国出版商不能直接进入中国的出版领域，这些办事机构的一个重要使命就是与中国国内的出版机构开展版权合作和项目合作，并调研中国市场，寻找渗透到中国出版市场的机会。20 世纪末到 21 世纪初是国外出版集团在中国设立办事机构的高峰期，期间有 20 多家著名的国外出版传媒企业在中国设立了办事机构。国外出版集团驻中国的办事机构的业务一般包括调查中国出版市场、收集信息、进行广告宣传、开展咨询业务，并且参与总公司的出版物发行、版权合作、项目合作等业务。

国外出版集团在中国建立办事机构之后，就依托这些办事机构，谋求同中国出版机构的项目合作。中国目前还不允许境外资本投资编辑领域，但国家对国内出版单位与境外出版商展开单一项目合作持鼓励态度。大型跨国出版集团因掌握了大量高质量出版物版权，在其专注的出版领域占有重要份额。和这些大型跨国出版集团相比，国内出版社在内容资源方面相对匮乏，这使得国内出版社对国外版权的依赖程度呈上升趋势，使双方合作具备前提条件。

在当前中国出版政策制约下，采取以版权为纽带的品牌合作出版模式是跨国出版集团拓展中国市场的一种既安全又经济、有效的方式。目前，此类模式主要有以下三种类型。

（1）内容授权。此类型一般以外文出版物的中文版或者是外文出版物内容购买等形式存在于中国期刊和图书市场，较多集中在期刊市场。合作方式一般是对原版文章进行全部翻译或摘译，然后由国内专家进行分析点评后结集出版，如《美国医学会杂志》（中文版）、《英国医学杂志》（中文版）等。

（2）双向版权合作。此类型主要集中于高码洋时尚类期刊，在中国内地发行的期刊可以采用外国期刊的图文资料，外国期刊也可以登载中国期刊的优秀内容，比如《时尚 BAZAZR》《时尚 COSMO》《瑞丽》《ELLE 世界时装之苑》《红秀》等。新闻出版总署在这些杂志引用外刊资料比重方面有硬性规定，如时尚消费类杂志控制在 50% 以内，科技类杂志可达到 60% ~ 70% 甚至更高。

（3）版权合作出版。它是指一个出版商作为最初出版商，与其他出版商合作出版期刊或图书，涉及编辑内容的发展、制作筹备、特定的广告销售协议及不同的投资收益模式。合作出版是一种变通的项目合资方式，是版权合作的延伸。它不涉及境外资本或国内非国有经济兴办出版社或参股出版社，现有出版社利用这种方式，找到了依靠自身积累及国家扶持之外的第三种解决出版资金的办法。迄今为止，培生教育出版集团、丹麦艾萌阁集团、汤姆森教育集团、施普林格出版公司、哈佛商学院出版社等跨国出版企业均在内地有战略合作伙伴，合作内容涉及医学、教育、儿童读物、音像制品等领域。可以预见，合作出版将越来越普遍和广泛，涉及领域也将越来越多。

如果说项目合作对外资来说总有些束缚手脚的感觉，那么投资的方式就是外资企业在中国出版传媒市场伸展拳脚的好机会了。中国目前虽然不允许外资进入核心出版领域，但出版物分销和印刷领域已经对外资全面开放，通过资本运营方式，越来越多的外资进入中国市场。通过资本运作进入中国出版传媒市场，就意味着这些外资企业往往在出版发行领域进行直接投资，成立独资或者合资企业。有的则通过并购中国企业逐渐接近出版传媒的核心业务，另外对中国出版传媒业的上市公司持股，也是投资进入中国出版传媒市场的一种选择。

3. 渐次推进的本土化战略

经历了以出版物贸易和版权贸易为主的初级阶段，以及设立办事处、进行项目合作和投资的深入阶段后，国际出版传媒巨头逐渐发现了适合自己的特有模式。许多国际出版巨头深刻地认识到，要想在中国这个遥远而复杂的市场上持久稳定地发展，取得丰厚的收获，首先得扎下根，只有先扎下根，才谈得上以后的开花结果和丰收。于是，本土化成了很多国外出版集团进入中国的一个重要经营策略。

国外出版传媒集团在中国出版市场上选择本土化策略往往基于以下几个原因：首先，在一定程度上回避我国在政策上的限制性法规以及市场进入的壁垒。其次，在文化和意识形态上可以减轻我国受众对外来文化的抵触心理。再次，实施本土化策略可以降低进入中国市场的交易成本。另外，建立本土化发行机构或者与当地发行机构合作，可以更加深入地了解本土消费者的心理和市场的需求，从而对发行渠道进行优化。最后，为了适应当地市场的特殊需要，出版内容的本土化更是必不可少，将构成本土化策略的核心。

国外出版集团在中国本土化的首要策略是人才本土化，人才在很大程度上决定着企业的命运。国外出版传媒集团进入中国市场之后非常注意网罗中国出版界的精英人才，对它们所需要的人才不惜成本地招募。爱思唯尔集团中国区政府事务总监张玉国说："外国出版商比较看重对中国政府和市场都较为了解的人。"许多国外出版集团中国分公司的高层也大多启用中国人，这些人很多熟知中国的出版市场，以他们的才智为国外出版集团开拓中国市场做出了很大贡献。

荷兰威科出版集团的中国首席执行官说："我们在中国市场的发展战略致力于人才的本土化和产品的本土化，生产出适合中国市场的产品，聘请中国的编辑或者中国的市场推广人员来为我们服务。"培生教育出版集团在中国的员工已超过3000人，是培生在英国和美国之外拥有员工最多的市场。爱思唯尔在中国的负责人说："我们在全球范围内有2000多种期刊，这个部门的工作就是坐在北京替这些科技期刊编增刊。之所以把这些职位移到中国，就是因为中国的人员素质高、工资相对便宜。"爱思唯尔集团干脆把负责全球科技期刊出版支持服务的部门设在了中国。

建设本土化自有渠道也是国外出版集团在中国本土化策略的重要一步。据培生教育出版集团大中华区总裁介绍，培生选择了"驻校代表"这种方式来开拓渠道，"通过必要的专业知识和对当地市场的了解和认知，建立稳固的本地团队，来推广培生的产品和服务。这些团队开展了广泛而深入的市场调研，与教育工作者保持定期的沟通，了解最新的教学法，借助教育专家研发适合教材，为各领域开发最佳的产品"。在出版物分销市场开放之后，国外出版集团也在积极组建自己的发行公司，或者通过合资进入发行领域，从而在中国打造自己的发行渠道。

产品本土化是国外出版集团拓展中国市场的有效手段。国外出版商越来越注重其产品的本土化，越来越多的国外出版企业通过和中国出版社合作编写外语类教材，使得国内教材市场上越来越多带有"中国制造"痕迹的本土教材开始涌现出来。

国外出版集团除了重视市场上一般产品的本土化之外，还特别注意开发重量级的本土化产品。威科出版集团于 2011 年 10 月在中国市场上推出了其本土化产品——"威科先行法律信息库"（China Law & Reference）。在内容方面，"威科先行法律信息库"收录了 1949 年至今，从中央至 31 个省、自治区、直辖市的所有法规，重点城市深入至县级，还包括征求意见稿、草案及官方法规解释，法律、案例的数量近百万，并及时更新。威科先行采用专业工具实时监控相关新闻，确保第一时间为客户提供最新发布的法律相关资讯，并可按需选择中英文语言。威科集团中国首席执行官表示："威科先行法律信息库是威科集团在中国的首个本土化法律信息产品，是威科集团实施本土化策略的重要里程碑，今后我们还会不间断地推出本土化产品，不仅仅局限在法律法规范畴，还会涉及人力资源、财税与会计、金融与合规服务、医疗卫生与医药解决方案领域，为专业人士提供他们所需要的信息，帮助他们有效提高工作质量和效率。"①

二 跨国出版集团进入中国市场的策略特点

来自不同国家和地区、不同规模的国外出版集团有着各自不同的经营理念和优势，它们进入中国出版传媒市场的方法和策略也各不相同，但概括起来不外乎以下几种。

---

① 及烁：《海外巨头布局中国悄然成形》，《中国图书商报》2010 年 12 月 3 日。

（一）培育市场，着眼未来

国外出版巨头觊觎中国出版传媒市场由来已久，但由于政策法规的壁垒，它们不能进入核心出版领域，不过它们并不气馁，而是先做一些前期工作，培育未来的市场，慢慢接近并向出版核心业务渗透。

在市场培育方面，西方企业界有着久远的传统。1894 年洛克菲勒在上海开设美孚石油公司，向中国人推销煤油和用煤油的"美孚灯"。但是，在当时中国人都用菜籽油灯。如何让民众放弃菜籽油灯，而使用煤油"美孚灯"是横亘在洛克菲勒面前的一个营销难题。首先，美孚石油公司雇佣大量走街串巷的小贩，沿街宣传煤油灯的好处，并免费赠送煤油和煤油灯试用。由于煤油灯比菜籽油灯亮，而且移动方便，逐渐被民众所接受。免费送煤油和煤油灯的亏本生意，让很多人开始使用"美孚灯"，美孚公司一年中送出油灯 87 万盏。接下来，不再白送了，而是卖得相当便宜。再后来，买两斤煤油送一只"美孚灯"。最后，当很多人喜欢上它的种种好处时，美孚公司却把免费的闸门关上了。在经营年不到 10 年的时间里，美孚煤油仅在上海就销售了 900 多万桶，当初的亏本早已成为暴利。

在市场条件不大成熟的情况下，先免费提供一些质量上乘的产品进行试探，同时也为培育未来的潜在市场打基础，这是一种长远的战略眼光。爱思唯尔、施普林格等出版集团在开拓中国学术期刊出版市场时所采用的策略和当年的美孚石油公司的推销策略有异曲同工之处。它们到中国各大高校、科研机构和大型图书馆联系业务，免费提供学术数据库试用，并在开始阶段施行低价策略。对中国的教育和科研机构来说，不用花多少钱就能得到高质量的产品，自然会欣然接受。渐渐的，中国的科研人员感受到了外文科技文献数据库的好处，其信息量大、专业性强、参考价值高，是科技工作者的重要参考资料。目前，科研人员对这些外文学术期刊数据库的依赖程度越来越高，而且某些国外出版商的学术数据库已经在中国市场上占据了绝对的优势。例如，每年中国科研工作者全文下载的 100 篇科技论文中，就有 59 篇是从爱思唯尔的科技与医学全文数据库（SD）上下载的。[①] 在这种情况下，国外出版商开始提价，由于

① 张晓东：《爱思唯尔的中国"攻略"》，《北京商报》2010 年 3 月 29 日第 F11 版。

我国高影响力的学术期刊资源十分匮乏，我们不得不忍受爱思唯尔等国外出版集团的电子资源使用费的大幅度提高。

无独有偶，新闻集团的默多克很早就热心帮助《人民日报》开发了网络版。在当时，创办网络版报纸还是新生事物，报纸网络版的读者也寥寥无几，因此，并不会引起社会的关注和相关部门太大的警惕。到如今，数字出版已经成为热点，报纸网络版的影响力早已不可同日而语。当一切迷雾逐渐散尽，人们已经可以清晰地看到数字出版将成为出版传媒产业未来的时候，蓦然回首，方能体会到默多克的高瞻远瞩。

（二）部署外围，渗透核心

我国加入世界贸易组织之后，出版传媒产业逐步开放了出版物分销市场和出版物印刷与复制市场。但编辑、出版等核心业务丝毫没有松动，外国图书的进口也限定在政府批准的机构手中。尽管如此，国外出版集团对中国出版市场的渗透早就开始了，其渗透的手段为：从出版传媒产业链的两端向核心渗透；从外围向利润丰厚的产业环节渗透。

1. 从出版传媒产业链的两端向核心渗透

出版传媒业的产业链由四个环节组成：信息收集或创造、信息加工、信息加载和信息发布（见图3）。

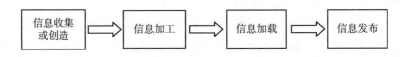

图3　出版传媒产业链

信息收集或创造指的是作者或编者对出版内容的生产过程。这个过程主要分为两种形式：一种是创作型，如学术著作和小说之类的出版物；另一种是加工型，如教育类或者工具类的出版物。

信息加工就是编辑工作，指的主要是出版社的工作。在现代出版业中，编辑工作除了传统的质量控制、内容编辑、包装设计和校对排版之外，还包括市场调查、选题策划、寻找作者、内容延伸、市场推广等流程。

信息加载主要指将信息加工之后的内容加载到特定的介质中。电子介质出现之前，这个环节就是指印刷。在数字出版初露端倪的今天，信息加载方式就变得多种多样了，可以指印刷，也可以指光盘的刻录，还包括适用于网络下载的数字化加载的各种格式的电子书或电子文件的制作。

信息发布主要指出版物的发行过程。这个过程主要分为两个部分：第一部分是出版机构的发行，包括直接向消费者或向发行商提供产品；第二部分则是发行商的销售过程。

现在跨国出版集团进入中国出版传媒市场所采取的策略往往是从产业链的两端向核心渗透。这主要是因为我国的信息加工过程，即出版业的核心业务没有对外开放。国外出版集团首先从出版产业链的第三和第四环节，即印刷和发行环节开始，进入我国的出版市场。目前印刷业中的国外投资企业已达2400多家，发行业的外资企业也有50多家。

在出版产业链的上游，信息收集或创造环节，也就是出版物的创作环节，国外出版集团也在积极地争取中国作者。出版权是一种可以依法处分、依法转让的民事经济权利。著作权人可以依法将其许可给任何民事主体，还可以依法授予被许可方再授权，即由被许可方再许可第三人出版或专有出版相应作品的权利。所以，外资在我国没有出版资格在法律上丝毫不影响它获得中国作家作品的出版权。另外，如前所述，在学术论文的出版方面，国外出版集团已经利用其先进的出版平台吸引了大量的中国作者。

由此看来，出版产业链的两端都已被国外出版集团进入。不仅如此，有些国外出版集团还在用各种手段向出版业的核心环节渗透，主要包括以下手段。

（1）通过在我国控制较弱的非意识形态领域，特别是学术出版领域，和中国出版社合作而参与到编辑业务中。

（2）通过"工作室""文化公司"等形式隐性介入。

（3）有的通过类似书商买卖书号的方式进入。我国相关法律规范都严禁书刊号持有者向任何单位或个人出售或以其他方式转让书刊的刊号和版面。但实际操作中，外资并非完全与书号绝缘。有个别的国外出版机构已经开始采用国内个体书商的策略"购买书号"，迂回进入我国市场，国内合作出版社只得到书号使用费。

2. 从外围向利润丰厚的产业环节渗透

有实力的外资出版企业真正看重的是出版产业中那些具有高回报的产业领域。

（1）教育出版领域。中国的经济持续发展，再加上国人对教育投资的重视，中国教育出版的市场潜力巨大，被许多国外出版集团认定为全球最具活力的出版市场之一。中国的教育市场是各种外语培训和考试增长最快的市场之一。近年来，随着出国热的日益升温，中国每年参加雅思、托福考试的人数，居世界前列。有统计表明，2010 年全国英语教育方面的支出达到了 140 亿元，中国已经成为全球最大的英语教育出版市场。仅 2009～2011 年，中国出版的与学英语相关的图书就达 45648 种。

面对如此规模的市场，国外出版集团是决不会袖手旁观的。他们一方面和中国的出版社合作，共同开拓教育出版市场；另一方面，积极进军中国业已开放的教育培训市场，并从教育培训市场向教育出版市场渗透。

培生教育出版集团就对中国的教育培训市场情有独钟。2008 年 4 月，培生在其全球年会上决定要在美国之外开拓教育培训市场。2008 年 5 月，培生教育出版集团就在北京和上海分别收购了戴尔和乐宁两家英语培训机构，并成立了朗文学校。2009 年 4 月，培生教育出版集团斥资 1.45 亿美元，从凯雷集团手中收购了华尔街英语（中国）。用了不到一年的时间，培生在中国已经发展成了拥有 75 个培训中心、32 万名在读学员、7 亿元规模的培训机构，在中国英语培训市场上的份额仅次于新东方教育集团。

在培训业务广泛开展的同时，培生教育出版集团对出版市场的渗透毫不懈怠。在中国的 20 多家书店里设有"朗文专柜"，"朗文"是培生教育出版集团旗下的优秀品牌，其英语学习类工具书和图书在中国的市场上得到了高度认可；培生还在中国的 40 多所高校里设有"培生工商管理书架"。

有专家在 2009 年就指出："培生教育出版集团在国外有一整套成熟的教学产品，其中最重要的是数字化教学产品和在线培训，这在中国市场上基本还是空白。通过收购培训学校，把自己的产品植入它的教学体系中，才是培生真正要做的事情。"

培生教育出版集团中国区总裁的话也证实了培生在中国"办学校"是另

有所图，她说："在中国以外的其他国家，我们从来没有自己办过学校。"因为"没有必要……在美国我们有更好的渠道直接到达消费者"①。这就说明，培生办学的同时，主要还是在盯着中国的教育出版市场，并把教育培训作为一种渗透到出版领域的手段。

（2）学术出版领域。学术出版是又一个回报率高的出版领域。随着中国科研投入产出能力的持续、快速增长，这一领域越来越引起了国外出版集团的关注。国外出版集团往往通过和中国的学术出版机构合作以及提供学术出版数据库平台渗透到学术出版的领域。

主要合作的国外出版机构包括施普林格（Springer，德国）、爱思唯尔（Elsevier，荷兰）、威利 - 布莱克韦尔（Wiley-Blackwell，美国和英国）、英国物理学会出版社（Institute of Physics Publishing，英国）、阿勒顿（Allerton，美国）、牛津大学出版社（Oxford University Press，英国）、世界科技出版社（World Scientific，新加坡）、自然出版集团（Nature Publishing Group，英国）、泰勒 - 弗朗西斯（Taylor & Francis，英国），其中施普林格和爱思唯尔两大出版商与中国学术出版机构合作最多。

（3）时尚期刊。在期刊领域，时尚期刊的广告收入是最高的，第三方专业数据公司梅花信息通过长期对 350 种以广告为主的杂志进行监测，推出了《2011 年上半年中国期刊广告收入前 20 位排行及行业分析报告》，报告显示：《时尚伊人》杂志 2011 年上半年刊登广告 1250 页，广告刊例收入居于榜首，达到了 5.0228 亿元；紧随其后的是《世界时装之苑 ELLE》和《周末画报》。根据这个报告对杂志广告版面和刊例标价的统计数据，广告收入位居前 10 位的均为时尚类杂志，均超过了 2 亿元。在消费需求拉动下，中国的期刊广告业不断增长。

正是不断增长的广告收入让国外出版集团对此领域产生了浓厚的兴趣，如在期刊版权合作部分所述，在中国 50 家国际版权合作的期刊中，时尚类期刊就有 25 种，占比高达 50%，这与时尚期刊丰厚的广告收入是分不开的。

---

① 罗影：《培生曲线办学》，《英才》2009 年第 6 期。

（三）觊觎窥隙，伺机而动

尽管我国政府对出版产业链上游的内容编辑业务设置了很高的壁垒，禁止境外企业参与，但是国外出版集团还是不断寻找缺口，一旦有机会就会以各种手段向我国出版市场渗透。

贝塔斯曼的主要业务虽然在 2008 年就退出了中国市场，但是其进入中国出版市场的途径还是值得我们反思的。贝塔斯曼以成立"邮购企业"的名义，于1995 年同上海市新闻出版局直属的中国科技图书公司共同发起成立上海贝塔斯曼文化实业有限公司，以书友会的形式，经营图书邮购业务，进入了中国的出版物零售市场。至 2002 年，贝塔斯曼的"书友会"已在中国发展会员 200 多万人，年营业收入达到了 1.4 亿元。到 2003 年底，贝塔斯曼收购了 21 世纪锦绣图书有限公司增资扩股 40% 的股份，开办了连锁书店。凭借其连锁书店的经营权，贝塔斯曼又与辽宁出版集团合作成立合资公司，从图书的零售进入批发市场。虽然这还不能让贝塔斯曼直接控制内容，但是已经离出版和内容环节更加接近了。另外，贝塔斯曼和中国多家出版社合作，并发行了内部会刊，在许多方面都是在打"擦边球"，从某种意义上说，已经渗透到了出版的内容领域。

另外，在数字出版领域，我国目前的许多法规还不完善，有的国外出版商利用自己的数字出版平台出版一些不经过我国管理部门审核的内容，实际上也在某种程度上介入了内容出版的领域。

我们同外商合作，运作中国出版"走出去"的项目，"以进带出"；同时，一些国外出版集团也在寻找机会，打着帮助我们"走出去"的旗号，"以出带进"，不断向我国出版市场的深处渗透。

三 跨国出版集团的布局对我国出版 传媒产业安全的影响

跨国出版集团在管理、人才、技术、资金和品牌方面具有很大的优势，再加上它们成熟的市场运作机制以及先进的运营理念，一旦涉足中国出版传媒市场，将会大幅度提高我国出版市场的集中度，改变中国出版市场的竞争格局，对中国出版传媒企业的生存与发展形成威胁。更重要的是，国外出版集团的进入会对我国的出版传媒产业和文化安全构成威胁。下面分析国外出版集团的进入对我国出版传媒产业各个方面所造成的影响。

（一）对我国既有出版政策的影响

出版传媒产业是一个特殊的行业，其特殊性表现在其经济和文化的双重属性上。文化属性涉及政治倾向和意识形态，世界各国政府在开放其出版传媒市场时都会考虑到这个问题。即使是那些标榜新闻自由的国家，其出版传媒领域的对外开放也不是一点限制也没有的。对跨国出版传媒集团而言，进入中国市场要受到中国政策法规的约束，同时它们的进入也对中国既有的出版政策提出了挑战。国外出版企业依法进入中国出版传媒市场，可以促进国际合作和交流，但其中存在的一些问题需要我们重视。

首先，我国的出版传媒产业市场化的时间不长，出版传媒方面的法律法规还不太健全。中国的出版单位长期享受计划经济背景下制定的许多出版优惠政策，刚开始企业化和市场化运营，要适应市场经济中的经营还需一段时间，相比之下，目前进入中国出版市场的跨国出版集团都是在成熟的市场环境和完善的法制体系下发展起来的，它们习惯于通过法律来解决问题。我国目前的出版传媒市场还没有经历充分竞争，市场体系并不成熟，相关法律尚待完善，在一些管理程序上采用的是"事前审批，事后惩罚"的办法，这样容易产生政策漏洞。一方面，这让国外出版企业不适应；另一方面，也给国外出版企业留下了操作空间。随着我国出版业的逐步开放，版权合作、发行和印刷领域已经允许外资进入，不过编辑出版业务始终是对外资明令禁止的领域。但一些国外出版集团的办事机构利用"项目合作"等形式，已然悄悄地渗透到了编辑出版的核心业务中。这违反了我国的法规，给我们带来了文化风险。

其次，我国出版传媒业的规定主要是政策性的，与法律相比，政策的约束能力不如法律那样稳定和强大，在具体执行过程中会遇到各种各样的问题。不同的外资出版传媒企业，拥有的经济实力不同，公关能力不一样，其中有的外资出版传媒企业有可能突破政策上的某些限制。一旦政策的约束得不到保证，整个出版传媒市场就会出现混乱，政策规定就会形同虚设。比如，在境外出版集团在我国境内设立的办事机构管理问题上，由于我国的编辑出版核心业务没有对外资开放，有许多外资的办事机构是绕道进来的，有的从机构名称上很难看出其业务范围；有的在工商部门注册时其业务经营范围模糊，只注明"联系或从事母公司业务"；还有的通过其"工作室"等部门打"擦边球"，实际参与了出版活动。

另外，由于出版传媒政策的不稳定性，不同部门制定政策时有不同的出发点，考虑问题的角度不一样，因此，在具体操作执行过程中，会出现对政策的解释不同、操作标准各异的现象，结果是造成了管理不规范。例如，根据规定，国外出版集团在中国设立办事机构，应当经过新闻出版行政部门会同国新办进行审批，然后在工商部门注册，由工商部门发给一证一照。但在实际操作中，许多办事机构只在工商部门注册，并没有新闻出版行政部门和国新办的审批。另外，工商部门内部，以及商务部、外经贸部、税务部门在管理国外出版集团办事机构方面缺少沟通和协调机制，实际上造成了管理和监督的不到位。

（二）对我国传统出版观念的影响

虽然当前的中国出版传媒产业经过了转企改制，市场化程度得以提高，但是有很多传统的观念还亟待转变。

首先，进入中国出版传媒市场的国外出版传媒企业都是在成熟的市场条件下，经过了激烈的竞争，发展到了今天的规模。它们都具有很强的市场意识，其进入会刺激中国的出版传媒业更新观念，强化市场意识。例如，中国的出版传媒业中，一直以来，出版活动往往被习惯地看成单纯的生产活动。从内容的创作、编辑、审校、印刷到装订等生产过程受到重视，而出版前的策划、宣传，以及出版后的广告、营销都被忽视了。在现代出版传媒业中，营销环节的重要性甚至超越了生产环节，在市场经济时代，没有营销意识是寸步难行的。"好酒不怕巷子深"的时代已经一去不复返了，再好的选题，再高质量的制作，如果得不到市场的认可，最后也不会有好的归宿。

其次，国外出版企业的进入会刺激中国的出版企业开拓思路，大胆创新。过去由于竞争不够，许多出版社缺乏对市场的判断和创新意识，对市场没有自己独特思考，选题策划容易跟风，出版传媒市场上充斥着低水平的重复产品。国外出版企业的进入给中国出版传媒企业带来压力。从观念转变方面说，国外出版企业的进入正面影响大于负面影响。不过，另外一方面，国外出版企业的进入也会给我国的出版传媒产业带来风险。

（三）对我国出版传媒市场的影响

1. 国外出版集团进入的"鲶鱼效应"

国外出版集团进入中国出版市场后，不可避免地会给各个出版企业带来竞争和生存的压力。不过，从另一个角度说，也有助于我国出版企业改变旧观念，外资企业加入竞争会给我国的出版传媒市场带来全新的观念和理念。这些无形的观念和理念会成为推动我国出版传媒产业民族品牌成长的力量，这就是所谓的"鲶鱼效应"。外资出版传媒企业的成长面对的是较为完善的法制环境和成熟的市场经济，在成长过程中，它们形成了能够适应市场经济条件的组织管理架构和先进的现代企业制度，这正是中国的出版传媒企业需要学习和提高的地方。在竞争的过程中，向国外的企业学习，把国外企业的管理理念与中国市场的实际情况相结合，形成我们自己的优势，这也许是国外出版企业进入中国出版传媒市场后带来的一种变化。

2. 国外出版集团的进入会促进我国传媒产业进一步融合

目前我国传媒产业中的条块还是比较分明的，出版、广播、电影、电视、网络等，传媒产业的各个领域的界限仍很分明。国外许多大型出版集团实际上都是综合性传媒集团，比如贝塔斯曼出版集团的主要业务是图书出版，但是同时还拥有多家电视台和报纸。国外出版集团的进入将加快我国传媒产业的融合。面对国外传媒集团的强有力竞争会促使中国的传媒产业整合力量，逐步形成几个跨多个出版领域的大型传媒实体。目前，随着我国传媒产业改革的不断深化和新技术的不断涌现，媒体融合趋势已经初露端倪，国外出版传媒集团的进入将会成为这一趋势的催化剂，加速中国出版传媒市场上的产业融合。

3. 国外出版集团进入带来的经济风险

国外出版集团是推动当今全球出版传播活动巨大的经济力量。外资进入中国出版传媒市场，一方面，有助于加强我国出版传媒产业与世界经济的联系，推动中国的出版传媒业更快地融入世界经济运行的体系；但是，事情总是一分为二的，另一方面，国外出版集团的进入也会增加中国经济安全的不稳定性，会给我国出版传媒产业的生存和发展带来风险。

由于当前我国出版行业的转企改制刚刚完成了第一步，出版传媒市场的体系还不健全，运行的机制还存在这样或者那样的纰漏和缺陷，出版传媒企业内部的现代企业制度还没有完善。在这种情况下，国外出版集团凭借其雄厚的实力到中国出版传媒市场上来进行扩张，抢占市场份额，这对国内出版传媒企业来说，就是一种严峻的挑战。因为无论从资本实力、技术水平还是管理经验来说，中国出版传媒企业和跨国出版集团相比都会落于下风。在短时期内，如果中外企业在共同的市场上竞争有限的市场机会和生产要素，胜利的天平必然会向外资企业倾斜，其结果将导致中国出版传媒企业的利润空间被压缩，有可能最终被挤出市场。跨国出版传媒公司善于运用收购、兼并等方式快速、直接地参与到市场竞争中，对我国出版传媒企业的生存和发展构成了威胁。

由于出版传媒产业的特殊性，其运营特点和模式决定了其盈利周期会较长，要打造我国出版传媒产业的品牌并增强其影响力，需要长时间的市场培育和时间的检验。这是一个循序渐进的过程，因此，对外开放中国必须稳扎稳打、步步为营，如果超过了限度，"鲶鱼"太多了，就会把其他鱼全部吃掉，中国的出版传媒产业就会遭受重创。

（四）国外出版集团的渗透给中国的文化安全带来的风险

文化是一个民族生存的前提条件，在文化中不仅沉淀着一个民族过去的全部文明，而且还蕴含着未来发展的文化基因。因此，国家文化安全对一个民族来说生死攸关。出版传媒产业与文化安全息息相关，任何国家的出版传媒产业都不是百分之百开放自由的。

国外出版集团的渗透给我国的文化安全带来了风险，这种风险主要表现在以下几个方面。

其一，意识形态领域的风险。意识形态主要是指关于某一社会制度或生活方式的一系列根本的政治、经济及社会的价值观念，意识形态是文化因素的一部分，是政治文化的核心。文化安全的核心是意识形态安全。近年来，以美国为首的西方国家一直抱着冷战思维不放，在意识形态方面对我国进行逐步渗透。它们往往以大众文化为载体，以全球化为助力，通过大众传媒在全球范围内广泛传播西方的世界观、价值观和人生观，这严重地威胁了我国的政治和意识形态的安全。跨国出版传媒集团往往利用与政治关联度低的娱乐项目和信息，在潜移默化中向受众灌输西方的价值标准和文化理念，这种宣传很容易让人失去警惕，把西方的一些价值观念误认为是普世价值观。另外，国际上的一些反华势力也会通过出版文化产品悄然对我国进行文化和意识形态的渗透。

其二，文化被同化的风险。文化的全球化使得西方文化强国将文化产品通过传播媒介强加于弱国之上，世界各国开始以西方和美国文化的模式为标准来改造自己的文化。弱势文化的特质逐渐与强势文化趋同，发展中国家的民族文化被不断边缘化，甚至有失去自主性的危险。因此，有人说："所谓'全球化'，实际就是'美国化'。"西方发达国家的价值观念和生活方式等文化要素随着其文化产品畅行无阻地进入发展中国家，并被当成一种普遍的标准进行推广。其他民族的文化价值观就会逐渐被当成异类，慢慢从人们的生活中淡出，在不知不觉中，西方生活方式和文化观念就会发展成为主导趋势，其结果就是，世界文化慢慢失去了多样性，西方国家可以运用文化的力量来制约和影响别国的事务。

其三，丧失文化自信的风险。文化被同化，也就迷失了自己传统的价值观。文化认同是民族认同和国家认同的基础，没有统一的文化就没有统一的民族和国家。一个国家要获得自己的合法性存在，首先必须获得本国人民对民族的认同，而民族认同实质上就是对本民族文化的认同，没有一个基本的文化认同，国家就会四分五裂。国外出版传媒集团的渗透不可避免地要把西方的文化价值观传播进来，在潜移默化中，使得很多人开始把西方的文化模式作为标准，用来衡量我们传统的文化价值，从而放弃了自己民族传统文化中有价值的东西。西方国家鼓吹文化上的"世界主义"有很大危害。因为这种所谓的"世界主义"以物质水平高低来衡量文化水平的高低，认为经济发展水平高，则其文化也先进；反之，经济落后，其文化也落后。仔细分析就会发现，这种理论以西方为中心，以西方的文化价值和政治经济制度为人类最先进的价值和制度标准，将西方文明作为全人类都要向其"进步"的"世界文明"。这种价值观的传播会导致国人产生深重的文化自卑感，丧失"文化主权"，从而失去民族自尊和文化自信。

B.8

中国出版传媒市场竞争环境与产业安全

孙万军*

摘　要：

要考察中国出版传媒产业的市场竞争环境，就需要对市场竞争主体、市场可能的进入者和市场体系进行考察。中国出版传媒市场的竞争主体目前可以分为国有企业和民营企业两类，市场可能的进入者是国外出版传媒企业。根据目前情况，中国出版传媒市场的竞争环境可以概括为：国企改制未深化，活力待激发；民企发展刚起步，实力未壮大；市场体系建设中，法规需完善；外资企业久觊觎，一心想渗透。在这种情况下，出版传媒产业的安全形势不容乐观，必须及时发现安全隐患，未雨绸缪。

关键词：

国有企业　民营企业　市场体系　产业安全

没有竞争的市场是死水一潭，可以说，竞争是企业活力的源泉。出版传媒产业的竞争是由产业的经济属性决定的，但同时，出版传媒产业又有着不同于其他产业的文化属性，这就决定了这个行业的竞争有着与其他行业不同的特殊性。建立一个统一、开放、竞争、有序的出版传媒市场对我国出版传媒产业的健康发展至关重要。

多年来，因为忽视了出版传媒产业的经济属性，使得我国的出版传媒产业的发展落后于西方发达国家。国家启动了文化体制的改革，就是要还原这些产业的经济属性，让其在市场竞争中发展壮大。2011 年 5 月，《中共中央办公

---

* 孙万军，博士，北京印刷学院新闻出版学院教授，硕士生导师

厅、国务院办公厅关于深化非时政类报刊出版单位体制改革的意见》出台，明确提出在 2012 年 9 月底前全面完成转企改制任务。目前，我国出版传媒产业的转企改制已经基本完成，不过，出版传媒市场的竞争尚未达到理想的状态，市场竞争尚不充分。

我们研究出版传媒产业竞争环境，先来考察竞争的主体，即现有的产业内竞争者和潜在的市场进入者。具体到我国的出版传媒产业，产业内竞争者主要就是现在以国有企业为主的出版单位，还有为数不多的力量相对弱小的民营企业。潜在进入者主要指的是将有可能全面进入我国出版传媒市场的跨国企业集团。考察了竞争的主体之后，再来分析出版传媒市场的监管情况，包括法律法规的建设和执行情况。根据当前情况，中国出版传媒市场的竞争环境可以概括为：国企改制未深化，活力待激发；民企发展刚起步，实力未壮大；市场体系建设中，法规需完善；外资企业久觊觎，一心想渗透。

一 国企改制未深化，活力待激发

现代企业制度是一个科学、开放的体制系统，代表了现代企业的发展方向。相关数据显示，全国承担改革任务的 580 多家出版单位、3000 多家新华书店、38 家党报党刊发行单位等已全部完成转企改制；全国 3388 种应转企改制的非时政类报刊已有 3271 种完成改革任务，占总数的 96.5%。转企改制工作取得了很大的成绩，但是应该作为市场主体的企业，目前还存在着诸多问题等待解决，没有建立起完善的现代企业制度，以至于企业不能专心于市场竞争，活力尚不能充分发挥。

（一）产权制度尚未完善，企业主体地位不突出

现代企业制度的首要问题是产权制度问题，出版传媒企业的产权制度包括以所有权为核心的一系列权力，如财产的使用权、收益权、支配权等。只有建立明确的产权制度，才能实现出版传媒企业转企改制后健康发展，迅速提高其市场竞争力。如果没有合理的产权制度就不会有完全的市场主体，而市场主体不清楚就无法建立完善的出版传媒市场体系。

转企改制促进国有出版传媒企业逐步开始建立现代企业制度，明确了出资人关系及其权益，基本确立了企业市场主体地位。但是，目前许多出版企业还没有成为真正意义上的独立市场主体，大部分的出版企业产权仅在法律层面上清晰，但是在经济实际运行过程中并不清晰。国有出版传媒企业普遍存在着产权结构单一的问题，由于产权结构单一，股东与企业经营者之间形成了企业内部最直接的委托代理关系。因为企业的股东只有国有股东一家，国有股东就可以直接确定作为代理方的企业经营者。企业的经营者要受很多政府部门的管理，甚至有些国企经营者的任命权也掌握在国家机关手中。而且委托－代理关系还不是十分清晰，出版传媒企业国有资产的委托体系代理链条过长，责任主体过多，行政性太强，"企业的资源配置、生产指标、经营范围仍然受国家宏观管理政策的严格限制"①，其结果就导致了企业产权关系的模糊。

另外，出资人关系还未理顺。许多不少地方的出版传媒集团没有真正理清母子公司的资产关系，产权管理尚未到位。国有企业"出资人的职责需要多部门行使，其出资人职责很难履行也很难确定"②。出资人权利行使不当、监管失效的情况屡见不鲜。

（二）企业内部机制还没有规范化，运行不畅

出版传媒机构的转企改制的一个重要方面就是要改变原来计划经济体制下出版机构内部管理的行政化，使其转轨到企业化运行的道路上。但就目前而言，这种转轨还不彻底。不少出版单位的内部运行机制呈现"双轨"制形态。在生产业务部门，比如编辑、策划和营销部门是企业化管理，而在高层的人事、决策等管理方面仍然带有明显的原来事业单位的烙印，保留了原来事业单位的行政化管理体制，并与行政级别有着对应关系，出版机构各级管理人员的官本位思想还相当严重，责、权、利界限模糊，决策机制效率低下，内耗大，交易成本高。这样的体制容易导致管理官僚化、行政化，在市场竞争中运行不畅，不能适应市场的需要。

---

① 孙瑛等：《转企改制后的出版企业建立现代文化企业制度研究》，《现代出版》2012年第1期。
② 郭全中：《新闻出版业转企改制的现状与问题》，《青年记者》2013年2月（上）。

当前我国出版传媒企业的运行机制问题突出表现在责任机制方面。其一，是责任主体不清晰。谁是企业的第一责任人？各个部门、每个岗位的责任是什么？各级管理人员每个人的责任是什么？由于长期事业单位编制的惯性，很多企业还没有明确清楚的规定。其二，责任体系不健全。许多企业没有责任和考核追究机制，即使有的管理人员工作有错误和失误，也可以不被追究，很多是调换一个岗位，继续从事管理工作。其三，主要领导权力过于集中。缺乏科学民主的决策机制，企业内部缺少约束监督机制来对领导的权力进行制衡，再加上程序约束不健全，信息不透明，这样不利于企业长期、稳定、健康地发展。

总之，缺乏科学、合理的现代企业内部运行机制，制约国企竞争力的提高。

（三）资本运营水平低，发展方式落后

转企改制之后，我国出版传媒产业组建了多家企业集团。但是，这些企业集团基本上都是通过行政手段组建的，鲜有资本运作的成果。可以看到，我国的出版传媒集团基本上是以地区为范围组建的，包括该地区各种类型的出版社、杂志社和发行印刷机构。而全国的出版集团之间，除了名称不同之外，主营业务、经营模式、治理结构、产业链条都基本相同。其结果是特色不明，品牌不清，缺乏核心竞争能力。反观世界上大型的跨国出版传媒集团，他们基本上都是一种以资产关系为纽带的高级联合组织，是企业之间采用了兼并、控股、参股等多种形式的资本运作手段，打破了地区、部门、行业的界线形成的，它们集团化的动力完全来自市场竞争的要求。而我国出版传媒集团规模的扩大主要是低水平的数量累加，由于集团化的推动力来自外部，企业的内部没有进行根本性的业务整合，仍然保留了原来粗放经营的特征。

通过资本运营形成的企业集团是市场的产物，在市场竞争中具有先天的优势。行政力量的介入，在短期内实现出版传媒产业的集团化和规模化有其内在的合理性。但是，行政力量的推动只能帮助解决出版传媒产业内部的规模的问题，要想真正地提高竞争力，则必须要借助市场之手。我国的出版传媒企业的资本运作水平低，大多专注于出版传媒产品的生产。这是一种内生式的发展方式，单靠这种发展方式，很难实现跨越式发展。

要提高资本运作水平，首先得理顺产权关系，经过股份制改造，然后实现

上市融资。就目前的实际情况看，我国的出版传媒产业中只有为数不多的企业集团实现了上市，整个产业的资本运作水平还有待进一步提高。

二　民企发展刚起步，实力未壮大

改革开放以来，民营企业得到了长足的发展，成为中国出版传媒产业不可忽视的力量。但是，和国有企业相比，民营企业还太过弱小，处于发展的初级阶段，面临许多问题，需要政策的进一步扶持。

（一）出版传媒产业中民营企业的发展状态

在 21 世纪之前，参与出版传媒业的民营资本比较零散，所参与的业务领域主要是出版传媒产业链底端的零售业务，即所谓的"书商"。另外，一些民营机构利用其掌握的销售渠道，与出版社合作，参与到了图书策划的领域。中宣部和新闻出版总署于 1988 年联合签发了《关于当前出版改革的意见》，明确提出可以通过协作出版的方式，充分利用社会力量，扩大资金来源，多出好书，快出好书。民营资本介入出版策划符合当时人们对文化的需求，是国有出版的补充。对此，民营资本也表现出了参与出版策划的极高热情。

2000 年前后，出版物分销市场逐步对民营资本开放，批发市场的门槛也有所降低，更多的经营者被吸引到了出版发行领域，民营资本参与出版业有了较大发展，加入到这个行列中的人越来越多。民营出版策划机构快速增长，从最初的 500～600 家，发展到 3000～4000 家，2000 年全国民营零售书店达 3.7 万家。2003 年左右，受"非典"的影响，再加上几年发展中积累的问题，各种矛盾逐渐显现。民营出版发行机构囿于自身先天的不足，在震荡期出现了很多问题。为降低成本，许多民营公司致力于开发低端产品，甚至跟风、抄袭、违规操作，原创动力明显不足，整个产业进入不景气时期。

2003 年，对民营企业来说，一件影响重大的事情就是《出版物市场管理规定》和《外商投资图书、报纸、期刊分销企业管理办法》的颁布。我国实现了加入世界贸易组织时的承诺，对外资和国内资本完全开放图书分销市场。市场开放对大型民营机构是个好消息，它们有了合法的途径进入主渠道，得到了很大的发展空间。但是，对小型公司来说，情况就不那么乐观了，市场开发意味着竞争压力的加大，批发市场竞争激烈，导致盈利能力下降。出版传媒市场的民营企业开始分化，优胜劣汰。

民营企业在出版传媒业发展的一个途径就是寻求与国有出版机构的合作。《2010~2011年度中国民营书业发展调查报告》就显示了国有企业和民营企业的合作逐渐步入正轨：

> 国有民营双方最初的合作方式主要是买卖书号，这种方式存在很多漏洞与风险，造成无穷后患。经过多年的探索与实践，现在国有民营的合作已经渐趋深入与规范，合作双方优势互补，资源共享，能够达到双赢和多赢的目的。根据发展的需要和各自的具体情况，合作的形式是多样化的。

2009年4月颁布的《关于进一步推进新闻出版体制改革的指导意见》明确了非国有出版工作室作为"新兴出版生产力"的地位，对民营出版策划机构在满足人民群众精神文化需求、促进出版生产力发展中所发挥的积极作用，给予了充分的肯定。"非公有出版工作室"被定位为"新闻出版产业的重要组成部分"，并且提出要"在特定的出版资源配置平台上，为非公有出版工作室在图书策划、组稿、编辑等方面提供服务"。非公有出版工作室有了正式的身份，为其发展提供了更大的空间。

新闻出版总署于2010年1月1日下发了《关于进一步推动新闻出版产业发展的指导意见》，这被称为新闻出版业的2010年"一号文件"。这个文件首次让民营资本同国有出版社之间的合作从幕后走到了台前。2010年5月7日，国务院出台了《关于鼓励和引导民间投资健康发展的若干意见》，提出：鼓励民间资本从事广告、印刷、演艺、娱乐、文化创意、文化会展、影视制作、网络文化、动漫游戏、出版物发行、文化产品数字制作与相关服务等活动。2012年国务院印发《国家"十二五"时期文化改革发展规划纲要》又一次提出要"建立健全文化产业投融资体系，鼓励和引导文化企业面向资本市场融资，促进金融资本、社会资本和文化资源的对接"。一个又一个鼓励民营资本参与文化发展的新政策的颁布，预示着将来非公有制经济参与文化大发展、大繁荣的程度会越来越深。

《2009 年新闻出版产业分析报告》中的相关数据显示：全国出版传媒产业中有 115131 家企业法人单位，其中民营企业有 82848 家，占总数的 72.0%；如果计算产业的总产出，在出版物发行企业中，民营企业能占到 76.9%，印刷复制类企业中的民营企业能占到 60.6%；在资产总额、净资产和增加值等数据中，民营企业都占 60% 以上的份额。可以说，无论是出版品种、出版规模还是畅销书策划，民营企业已经占据了中国出版传媒产业的半壁江山。从教育、专业和大众三大出版领域来看，国有出版社在教育以及专业领域中占有绝对优势，而大众出版领域中，民营出版企业已经开始有所作为。目前市场上大部分的畅销书籍，基本上都是由民营出版公司运作、包装、发行的。

（二）民营企业发展面临的挑战

进入 21 世纪，出版传媒产业中的民营企业虽然得到了很大的发展，也得到了政策的肯定，但是，在市场的实际操作中，民营企业正面临发展以来最大的挑战。

其一，社会上对民营出版企业存在偏见。尽管有政策扶持，但是仍然有人习惯地认为，非国有资本进入出版领域必然是一种异己力量，需要禁止。另外，长期以来，民营出版传媒企业一直处于政策之外的灰色地带，长期得不到承认，有些企业在自身经营上也存在一些违规操作问题，如买卖书号等。这些不规范操作更加强化了人们的偏见。

其二，近年来由于物价上涨，企业运营成本增加，下游渠道萎缩，开始波及上游出版。出版传媒业中的民营企业的资金实力相对偏弱，回款慢、周转难，面临的市场压力越来越大。特别是由于资金流短缺而导致的财务危机，引发整个产业连锁性信用危机，直接影响到民营企业的生存问题。

其三，随着国有出版传媒企业的转企改制，民营企业面对的竞争越来越激烈。许多大型出版集团经过整合，将全面参与到市场竞争中来，加强了对作者资源和内容资源的争夺。国有出版企业有着合法出版的资格、雄厚的资金实力、多年积累的出版经验，以及民营出版企业不可比的人才优势，再加上优厚的政策待遇，所有这些都给民营出版企业造成了巨大的压力。出版传媒产业的链条很长，从前期的市场调研、选题策划、图书编辑到后期的印刷成书、营销、发行等，都需要投入大量的人力、物力、财力和精力，在这方面，民营出版无疑和出版集团是无法匹敌的，这使民营企业不得不面对实力悬殊的竞争。

其四，除了面对业内的竞争之外，民营发行企业还得面对电商的竞争。以当当、京东、卓越为首的三大电商已经逐渐形成对图书销售渠道的垄断优势，它们已经占据了出版机构渠道分销份额的30%～50%。紧随三大电商之后的，有苏宁、九月、博库、北发等第二集团，它们也在积极介入出版物的发行。电商的介入挤垮了传统的出版物销售渠道，其市场占有率在节节提升，这对许多民营发行企业是致命的打击。

其五，随着市场竞争层次进一步提高，民营企业人才储备不足的弱点越来越致命。民营策划工作室身份的模糊性和民营企业自身发展所处历史阶段的特征，制约了高端人才的引进。缺乏高端人才，导致民营出版企业的创新不足，直接制约了民营企业的发展。

此外，民营企业有着先天的不足，如管理不规范、家族经营等。随着竞争的升级，这些缺陷就会逐渐暴露出来，开始成为制约其发展的瓶颈，致使许多民营机构在出版传媒市场上难以形成自身的核心竞争力。

总之，民营企业虽然有了很大的发展，但是要成为可以和国有企业比肩的力量，还有很长的路要走。现在中国出版传媒市场上的民营企业只是处于发展的初级阶段，有待进一步成长壮大。

三 市场体系建设中，法规需完善

市场的本义是买卖双方进行交易的场所或者交易双方的经济关系。市场是社会分工和商品经济发展的必然产物。市场最基本的特征是交易的双方是平等的。要保障交易平等，就得有规则。市场体系既包括有形交易市场的建立，又包括无形交易规则的建立。作为市场体系的灵魂是市场规则，而市场规则又包括市场立法和市场执法两个方面。下文将考察我国出版传媒市场的立法和执法。

（一）出版传媒业的立法

在"出版事业"时期，行政方式是管理出版行业的主要方式。但随着改革开放的深入，用行政手段来管理出版业越来越显示出其缺陷。1990年我国正式颁布《著作权法》，并于次年开始实施。1992年我国加入《伯尔尼公约》和《世界版权公约》，正式进入全球化时代的出版业角逐中。随着中国加入世界贸易组织，2001年国务院先后颁布了《出版管理条例》《音像制品管理条例》《印刷业管理条例》，明确了出版者、印刷者和发行者的权利和义务。后来，随着出版传媒业改革的不断深入，再加上技术的飞速发展，出版市场环境发生了很大变化，国务院对这几部行政法规进行了修改。这些法规的出台保证了我国出版传媒产业的平稳运行，为出版传媒产业的健康、有序发展提供了有力的法治保障和良好的法制环境。

不过，在充分肯定改革开放以来我国新闻出版法制建设取得历史性进步的同时，我们还应当清醒地认识到，我国的出版传媒法制建设还有很长的路要走。以企业化、市场化和产业化为中心的出版传媒产业的转企改制已经基本完成，现在已到了全面深入阶段。改制后，绝大多数出版单位转变为了企业，独立经营，自负盈亏。与此相对应，在出版业的宏观调控中，行政方式的运用将越来越少，法规协调与经济协调方式的运用将越来越普遍、越来越重要。我国现行的新闻出版法律体系已经初具雏形，涉及图书、报纸、期刊、音像、电子、网络等诸多出版领域，涵盖出版、印刷、发行、版权、外贸、人才等诸多管理环节，但客观存在诸多缺陷。

从宏观上看，中国的《出版法》一直没有出台，尽管有《出版管理条例》等法规，但像《出版法》这样高规格的基本法规尚待出台。由于缺乏高规格的基本法，一些地区的立法、行政机关以发展经济为由，制定了旨在实行地方保护的地方性规定；还有一些地区的新闻出版行政机关以改革创新为由，自行放宽行业准入门槛，造成了执法标准的地区差异。更有甚者，一些在改企转制中享受国家特殊优惠政策的产业集团，以公开方式自行制定了旨在保护集团利益的相关政策。

从微观上看，我国现行的出版传媒业的法规存在着过分保护已进入者利益、对潜在进入者限制过严的问题，不利于民营企业参与市场竞争。另外，有些规定太过笼统、模糊，法规的可裁量幅度过大，甚至存在不科学的成分，给实际操作带来了困难。至今，针对"买卖书号"与协作出版、"一号多书"与丛书套书、出版经纪人与文化工作室等敏感问题，一直没有严格的法律界定。

（二）出版传媒业的执法

为了整治出版传媒市场，近年来各部门进行了行政综合执法试验，取得了很大成绩。不过，其中也存在不少问题。

首先是执法主体的合法性问题。有时由行政部门临时组建成立的文化市场综合执法的机构，其执法主体的合法性令人置疑，客观造成了法律授权与行政架构、行政许可与行政执法的混乱。

其次是多头管理的问题。现在出版传媒市场上的执法管理部门过多，由新闻出版管理部门、文化部门、工商、税务、公安等多个部门管理。由于市场上各个管理部门所关注的角度不同，有时管理功能重叠，有时则造成实际上的管理盲点。相关部门缺乏规范的协同执法机制，条块分割。

再次是行政执法的规范性问题。对一些违法案件的查处，未能体现法定职能、法定要件、法定程序、法定期限的要求，案件当事人的合法权益得不到有效保护。

最后是行业壁垒、地区壁垒严重。由于各个部门只关注自己的小范围，各个地区也有不同程度的地方保护主义。

所有这些执法中的缺陷，就导致了有法不依、执法不严现象，盗版现象就是一个很好的例子。盗版现象是当前中国出版界一个十分令人头痛的问题。凡是稍微畅销的出版物，几乎都有盗版出现。音像电子出版物的盗版非常猖獗，有人统计，市场上音像制品的正版率不足20%。而且盗版的制作也越来越精良，有的几乎可以以假乱真。由于盗版的非法出版物避开了稿酬、制作费用和管理费，利润非常丰厚。各地虽设有"扫黄打非"机构，但限于人力、物力、财力的不足，缺乏一个有效的执法体制，难于彻底进行清查，即使查清的一些问题，也往往处理不力。一些地方政府官员本身就缺乏版权意识，对盗版的违法性和危害性没有一定的认识，出于对地方经济利益的片面考虑，某些地方政府官员漠视国家法律、法规，不仅打击不力，而且错误地采取了地方保护主义态度，纵容其发展。对盗版者的处罚往往是罚款了事。

转企改制后的中国出版传媒产业在管理上，应该为企业参与市场竞争提供更为宽松、公平的环境，加大出版传媒市场的立法执法力度，依法行政，才能实现有效管理，以促进中国的出版传媒市场成为一个统一、开放、竞争、有序的市场。

四 外资企业久觊觎，一心想渗透

中国内地的出版传媒市场潜力巨大，目前有政策壁垒，核心业务没有对外资开放。但资本的趋利性决定了外资是不会对这块"全球最后的蛋糕"袖手旁观的。它们觊觎中国出版传媒市场多年，对开放的业务设法占尽先机，对未开放的业务则辗转迂回，想方设法渗透。

（一）外资的显性进入

首先，在出版物贸易和版权贸易方面，外资一直是占先机的。多年来，我国的出版物对外贸易方面一直是逆差状态，而且这几年由于进口出版物的价格提升，这种逆差还有扩大的倾向。在对外版权贸易方面，在我国出版传媒界的努力下，近年来，逆差在逐渐缩小，但从未彻底改变。

其次，在对外资开放的印刷复制行业，外资企业凭借其强大实力，也占据了制高点。据统计，2011年的印刷复制企业中，国有全资企业占4.3%，较2010年减少了1.5个百分点；集体企业占4.9%，减少了1.3个百分点；而外商投资企业占3.1%，提高了1.1个百分点。特别值得注意的是，在近几年印刷行业的百强企业中，外资企业和有外资背景的企业数量一直在50%左右。

最后，在我国的出版物分销领域，外资公司投资越来越多，到目前全国共有外商出版物分销机构50多家。2004年，亚马逊公司收购卓越网100%的股权，构成最大一宗出版分销领域的外资并购案。现如今，亚马逊中国已经成长为出版物分销领域的巨头。

（二）外资的隐性渗透

对那些没有开放的出版传媒领域，外资一直在想方设法渗透进来。设立办事机构是它们渗透中国市场的第一步。然后，以办事机构为依托，开展和中国出版企业的版权合作和其他项目合作，逐步接近出版业的核心领域。

有的国外出版传媒集团通过投资教育培训等出版传媒的相关领域，通过产业链条，逐步向出版的核心领域渗透。

中国丰富的智力资源也是国外出版传媒集团关注的重点之一。近年来，国外出版企业特别注重在学术出版领域网罗在华作者，特别是爱思唯尔、施普林格、汤姆森·路透和威利集团等侧重学术出版的出版集团从开始就非常重视在中国的科研机构和高等院校争取和培养作者。这些集团每年在培训中国作者方面都有大笔投入，它们到各个高校和科研机构举办论文写作培训班，爱思唯尔的写作培训讲座每年有 30 多场，不厌其烦地对论文写作规范和投稿程序进行详尽地讲解。在它们的网络出版平台上，对作者投稿规范以及程序都有周到仔细的说明和指导。它们还在平台的论坛上建立了论文吧，把培训材料上传，供作者免费下载。根据来自国外学术稿件平台的数据，近年来，来自中国和印度等发展中国家的学术论文稿件迅猛增长，这不能说和外国出版机构的努力没有关系。

爱思唯尔聘请了许多中国科学家、各行业专家、学者加入其编辑队伍，目前有 1300 多名中国专家担任爱思唯尔期刊的编委，600 多人担任期刊的主编。

除了在学术出版领域之外，在大众出版领域，一些跨国出版集团也在寻找一些有影响力的中国作者，向他们约稿。这些约稿的对象主要是一些较有影响力的作家和名人，如刚获得诺贝尔文学奖的作家莫言，著名作家铁凝、余华、苏童、张炜、王安忆，还有网球明星李娜等。据企鹅出版集团介绍，到 2013 年时，它们已经出版了 160 多种中国作者的著作。

纵观中国出版传媒市场的竞争环境，可以看出，国有企业的转企已经完成，但改制还有待进一步深入，企业的竞争力还没有大幅度提升。民营企业近年来虽然发展很快，但毕竟太过弱小，目前在市场上只能作为国有企业的补充，还没有力量成为市场上强大的竞争对手。这样一来，就造成我国出版传媒市场竞争的不充分。正因为竞争不充分，市场体系没有受到强大的压力，所以很多地方还没能完善。就在此时，国外出版企业却虎视眈眈，要挺进中国出版传媒市场。目前，可以说，内忧没有消除，外患又在逐步积累，中国出版传媒市场的安全形势复杂，需要提高警惕，防患于未然。

数字技术给出版传媒产业
安全带来的压力

孟 辉*

摘 要:

数字出版是出版传媒产业发展的未来。近些年来,数字传媒产业在我国得到了迅速发展,但是也出现了许多问题。从产业自身看,产业链发展不合理,技术提供商和内容提供商缺乏协作;产业创新能力严重不足,无法创立品牌;技术标准体系缺乏,企业无从着手;赢利模式尚未确立,出版商进退维谷。从产业管理看,产业发展迅速,很多问题法律界定困难;数字出版中存在着严重的侵权现象;数字出版量大类多,监管困难。从产业环境看,国民阅读观念和习惯不适应数字出版产业的发展;跨国出版传媒集团扩张给我们带来了压力;数字出版产业复合型人才匮乏。这些问题给出版传媒产业的安全带来了很大的压力。

关键词:

数字出版 技术提供商 内容提供商 数字版权 产业环境

数字信息技术的发展,丰富了人类获取知识的方式和渠道,并催生了数字出版这一新的出版形态。数字出版以其交互性强、传播速度快、传播面广等优点而得到越来越多读者的青睐,对整个出版传媒产业产生了重大影响。我国的数字出版产业在短短几年内突飞猛进,实现了跨越式发展。中国新闻出版研究院发布的《2012~2013 年中国数字出版产业年度报告》显示,2012 年国内数

* 孟辉,北京印刷学院新闻出版学院讲师。

字出版产业整体收入比 2011 年增长了 40.47%，达到了 1935.49 亿元。仅用了两年时间，中国数字出版产值就实现了从千亿元向两千亿元的迈进。

尽管数字出版业高速发展，但作为一个新兴产业，数字出版在迅猛发展的同时也出现了很多问题。从产业安全的角度看，这些问题可以分为产业自身的问题、产业管理的问题和产业环境的问题三个方面。

一　产业自身存在的问题

（一）产业链发展不合理，技术提供商和内容提供商缺乏协作

出版传媒产业的核心价值应当在于其内容生产，不管传播方式如何改变，无论是传统出版时代还是数字出版时代，内容资源都是最重要的，内容一直是传播的核心，没有了内容，无论多么先进的传播手段都没有用武之地。然而，在我国目前的数字出版产业中，技术提供商由于其启动早，占据了产业链条中的强势环节。数字运营平台和软件开发的固定成本较高，但是其再生产制作的边际成本很低，为极低的固定值，销售量越高，平均成本就越低，即平均成本随产出数量的增加而递减。以移动通信为代表的渠道运营商凭借其渠道收费的先天优势，对内容提供资源采取了低价掠夺的策略，作为内容提供商的出版机构虽然拥有大量内容资源，但是转化为数字产品之后带不来多少收益。这种情况极大地影响了内容提供商参与数字出版产业链的积极性。

从国外先行一步的数字出版产业的发展经验来看，内容提供商，也就是原有的出版机构在数字出版中还是占据主导地位，内容提供商凭借其内容资源的优势，与新兴的数字技术相结合，成功地实现了由传统出版向数字出版的转型。传统出版机构肩负着内容的采集、编辑和传播的重任，其核心地位是不可替代的。当然，因为现代信息与网络技术在数字出版中的重要性，技术提供商的作用也不能小觑，它们也将在未来产业链中占有一席之地。不过，它们在数字出版中的角色主要是提供技术支持。技术提供商和内容提供商是合作伙伴，国外数字出版转型成功的出版商有的委托技术提供商为其研发平台，有的干脆就直接收购了技术服务企业，把它们作为企业内部提供技术服务的一个部门。

一个明显的例子就是培生教育出版集团先后收购了 Chancery 软件公司和苹果公司的 Power School 网络教育软件公司，来发展自己的数字出版业务。

我国数字出版产业链利益分割的不合理，造成整个数字出版行业的不和谐、不稳定。中国出版集团公司原总裁聂震宁在"2010 北京国际出版论坛"上谈到数字出版现状时说："出版业本来是内容产业，内容提供商却成为弱势环节。它们每一个创新版权都需要付出巨大劳动和代价，最后却所得甚微，原创积极性严重受挫。"出版传媒机构作为内容提供商只有在合理利益得到保证之后，才可能全面参与到数字出版中来发挥主体作用，而只有内容提供商在数字出版产业链中发挥了主体作用，才可以保证数字出版产业的可持续发展。

（二）产业创新能力严重不足，无法创立品牌

首先，技术开发商的自主研发能力不足，数字硬件产品同质化现象严重，各家公司推出的产品大同小异，没有自己的独到之处。在生产环节上，陷入代工、仿制、拼成本的落后模式。核心技术创新不足造成企业跟风现象严重，网络游戏受追捧时，大家都参与游戏代理运营；电子阅读器热销时，纷纷定制阅读器。跟风之后接踵而来的就是质量的下滑，价格战的兴起。与此同时，处于领先地位的为数不多的数字出版技术的商业化应用开发严重不足。

其次，在数字出版内容上，一方面，由于内容提供商没有积极性，不愿意拿出优质资源，结果就造成了数字出版资源匮乏、内容单一、产品雷同、重复建设，造成资源的极大浪费；另一方面，技术提供商只好把用户上传作为一种获取内容资源的手段，而用户上传的内容质量是不可能得到保障的，其结果就是内容良莠不齐，即使其中包含一些优质内容，混迹在杂乱之中，也很难被人发现。中国新闻出版研究院院长郝振省针对这种情况指出：

这样下去，不仅无法创建数字出版产品的品牌，而且也很容易导致内容同质化现象发生。不仅有害于数字产品品牌的创建与打造，而且也很容易导致同质化现象发生。以同城手机报为例，无论在内容、编辑、发行以及传播方式上，都呈现同质化的现象，这使得手机报缺少特色、竞争力和不可替代性。除了少数全国性大报和各地主流都市报外，大多数同

质化的手机报由于自身报媒品牌没有竞争优势而难以吸引足够多的用户订阅。此外，手机报按月收费的订阅模式，使得陷入同质化漩涡的手机报存在用户订阅数不稳定的情况，无法令受众满意的手机报就难逃被淘汰的命运。①

要发展数字出版产业，内容生产是关键，新技术的发展对内容生产提出了新的要求，如果内容不能创新，是不会得到受众认可的。当前我国数字出版领域中技术强、内容弱的产业现状很令人担忧。

（三）技术标准体系缺乏，企业无从着手

数字出版物要通过阅读终端设备来呈现，数字出版企业为了保护自己的资源不被别人盗用，在制作数字出版物时，分别制定自己的标准，处于诸侯争霸的格局。就拿电子图书的格式为例，方正的是 CEB、书生的是 SEP、超星的是 PDG、万方的是 PDF、中文在线的是 OEB、知网的是 CAJ 等，每个数字内容出版商都有各自的出版格式，导致用户在阅读不同数字内容出版商的产品时必须使用不同的阅读器。数字出版的整体标准体系尚未建立，没有形成统一的技术标准。这样不仅仅给读者带来不便，更让出版商顾虑重重。数字出版投入动辄百万乃至上千万元，没有统一的标准，出版商不敢贸然投入，以防影响以后的产品开发，因为这不仅仅涉及数字出版物的格式，更会影响数字文本与其他软件平台的对接。

目前，数字出版产业的基础性标准和关键性标准体系尚未建立，互联网出版、手机出版、动漫出版、网络游戏出版、数据库出版等新兴出版领域的标准化工作刚刚起步，各企业标准格式不一，难以协调。而且，操作制度也不规范，大多数出版社在保存资料时，只保留排版后的格式文件而原始的文字与图片资源文件未被保存，这会给以后资源的管理和保存带来很大的问题。

技术标准体系直接关系到数字出版产品生产的成本和读者的消费成本，只有建立了统一的技术标准体系，才能实现内容资源的有效利用和价值增值。

---

① 郝振省：《中国数字出版存在的问题及发展趋势》，《中国高新技术企业》2011 年第 8 期。

（四）赢利模式尚未确立，出版商进退维谷

赢利模式是企业利润的来源和生存的根本，也是商业模式的核心。中国数字出版产业在 2012 年的产值达到 1935.49 亿元，比 2011 年整体收入增长了 40.47%。但是，高涨的行业数据掩盖不住一个尴尬事实——在看似巨大的数字出版蛋糕中，与传统出版业密切相关的领域，即电子书和数字报刊只有 57.73 亿元，不足 3%；而其他大部分份额由互联网广告、手机彩铃、游戏与网络游戏等占据。这和西方发达国家的情况形成了极大反差。在欧美国家，很多出版社电子书的收入已经超过了纸质书，特别是学术型的出版社，数字出版使它们如鱼得水。美国出版商协会公布的数据显示，电子书收入约占据美国本土出版商总收入的 20%。

究其主要原因，目前我国数字出版产业中，技术提供商与作者以及传统的出版企业之间没有形成共同的利益交集，业界也尚未形成普遍认同的数字出版赢利模式。尽管许多出版商看到了数字出版是出版的未来，但对它们来说，数字出版不能给它们带来预期的收益是摆在出版企业面前的现实问题。"不做数字出版等死，做数字出版找死"道出了这个行业的尴尬。

无法建立赢利模式，使许多数字出版企业难以长期维持烧钱式经营。正是因为目前数字出版产业中以技术提供商为主，内容提供商得不到多少利益，缺乏参与的积极性，所以造成了数字出版的内容以用户上传、网民自创为主，而经过编辑出版的优质资源还在纸质出版物中。反观西方国家的数字出版，其数字出版和传统出版在内容上有着高度一致性。只有技术提供商和内容提供商以及作者能够共同获利，数字出版产业才能找到适合自己的赢利模式，持续、健康地发展。

二 产业管理的问题

由于数字出版产业是新兴的产业，发展变化快，新的发展总会不断带来新问题。与传统出版不同，数字出版的特征是内容生产电子化，管理过程信息化，产品形态数字化，传播渠道网络化。数字技术运用到了数字出版产业的各个环节。面对新兴的数字出版，我国现有的相关法律法规和监管手段已经不能

满足市场和产业管理的需求了。为了支持我国数字出版产业的发展，国家相关部门陆续出台了一系列政策，如《关于加快我国数字出版产业发展的若干意见》《关于发展电子书产业的意见》《国家"十二五"时期文化改革发展规划纲要》《新闻出版业"十二五"时期发展规划》等，2013年3月国务院新修改的《计算机软件保护条例》《中华人民共和国著作权法实施条例》《信息网络传播权保护条例》正式实施。这些政策的出台在一定程度上满足了管理数字出版产业的需要，但是还有许多问题需要在今后的管理实践中不断探索，加以解决。

（一）产业发展迅速，法律界定困难

我国的传统出版物分类很明确，有期刊、报纸、图书、音像制品等，针对不同的出版物，管理方法有所区别。但是，这样的管理方式无法用来管理数字出版物，因为数字出版物的种类实在是太繁杂了。《关于加快我国数字出版产业发展的若干意见》中概述了目前数字出版产品的形态，主要包括"电子图书、数字报纸、数字期刊、网络原创文学、网络教育出版物、网络地图、数字音乐、网络动漫、网络游戏、数据库出版物、手机出版物（彩信、彩铃、手机报纸、手机期刊、手机小说、手机游戏）等"。针对这些种类繁多的数字出版物，并不像传统出版物那样都有明确的、有针对性的管理规定，有的数字出版产品的形态也不太容易归类。由于数字出版产品概念的模糊，使得管理部门难于确定出版产品的性质，也就很难确定应依据什么样的标准来选择执法手段和力度。因为数字出版处于发展初期，许多状态没有稳定下来，如果草率做法律上的界定，就必然会存在很多漏洞，而且有些不成熟的法规会限制数字出版的发展，然而不做界定，就给管理带来难题。

（二）数字出版中的侵权现象严重

数字形态的产品和传统纸质出版物相比较，下载、快速复制和传播变得更容易了，再加上版权意识不强，数字出版中的盗版、侵权现象严重。目前技术提供商在数字出版产业链中处于强势地位，但是它们缺乏内容提供商处理版权事直的专业经验，数字版权授权中存在标准不专业、审核不严格，以及大量侵

权等问题，一些网站非法收录未经授权的数字出版作品，大量的网络用户相互传递未经授权的数字出版作品，数字版权纠纷时有发生。例如，中国文字著作权协会代表中国作家向谷歌、百度维权；人民文学出版社就贾平凹小说《古炉》数字版权起诉网易；中国大百科全书出版社和韩寒等22位作家起诉苹果网上应用商店；2011年3月15日，包括贾平凹、刘心武等著名作家在内的50位作家联名签署"'3·15'中国作家讨百度书"，要求百度停止侵权行为。这些版权纠纷引起了社会的高度关注。有研究者总结数字版权纠纷主要表现为：

> 作者与出版社签订的图书出版合同或者数字出版授权合同对电子版权、数字版权约定不清；没有获得授权和转授权的单位见利忘义，越权提供转授权；代理商、运营商虚假授权；作者和出版社双重授权，重复授权；数字出版商未经授权擅自使用；数字出版商版权审核不严；平台商利用法律规定的模糊地带或原则性规定，推出鼓励网友上传作品、鼓励开发商自行开发应用软件等商业模式，将数字版权授权风险试图转嫁等。还有数字出版商伪造权利人授权文件，编造作者签名，私刻出版社公章也时有发生。更有甚者，一些数字出版商要求权利人提供专有或者独家授权，导致数字资源被个别大企业垄断，权利人有苦难言。数字出版平台之间，作者、出版商与运营商、与平台之间的数字版权纠纷层出不穷。①

在数字出版产业中所涉及的版权问题往往规模大，侵权手段复杂，增长速度快，危害程度深，已经严重威胁到了数字出版产业的生存和发展。

（三）数字出版量大类多，监管困难

在数字出版中，每天产生海量的数字作品，种类繁多，新形式层出不穷，监管者不可能进行逐一严格审查。传统出版物都有自己的身份标识，图书有书号，期刊有刊号，但是数字出版目前没有身份标识，这给管理带来了困难。另外，传统出版采用的运作机制是先审批后发号，一般来说，图书的出版只有通过

---

① 张洪波：《数字出版产业发展亟待破解版权问题》，《中华读书报》2012年3月28日。

审批之后才能成功申领到书号。这种机制保证了出版物的质量和规范性。不过数字出版是不可能采取先审后发的机制的,这是因为数字出版的特点是其开放性和即时性,出版内容海量,而且时刻在变动,数字出版的采、编、审、校、发是一体的,不可分割,所以根本没办法像传统出版那样严格把控产业的入口和出口。

数字出版物在流通层面表现出的个性化和阅读方式多样化使得数字出版侵权案件认定难、取证难、监管成本高。搜索引擎未经网站许可无偿链接、网站之间未经许可的大量转发和盗用、通过"贴吧"形式转载等都给监管造成了极大的困难。

在这个信息时代,一旦对网络监管出现漏洞,就会给我国出版传媒产业安全,甚至国家的文化安全带来威胁。首先,在政治文化方面,就会遭受来自国内外反动势力的攻击、诬陷以及国际上一些反华势力的渗透;色情、淫秽和暴力等非法内容就会通过网络传播。其次,国家和企业机密就可能被窃取、泄露和流失;个人的隐私也可能遭到盗取、倒卖、滥用和扩散。再次,知识产权就会遭到侵犯。最后,网络上的病毒、垃圾邮件、网络蠕虫等恶意信息就会蔓延,危及网络传播。

要实现对数字出版的有效监管,监管手段也必须信息化、数字化。监管只有跟上产业的发展节奏,建立数字出版管理平台,才能实现对数字出版统一、综合、全面的管理。

三　产业环境的问题

经过了几年的发展,我国数字出版产业有了巨大发展,有着良好的发展势头,但是,就目前来看,还存在许多问题。从产业的外部环境看,数字出版产业生存和发展的环境依旧严峻。国民阅读的观念和习惯与数字出版产业的发展仍不匹配;国外出版集团在数字出版方面的竞争压力越来越大;数字出版产业面临人才缺乏的危机。

(一)国民阅读观念和习惯不适应数字出版产业的发展

阅读消费需求是拉动出版传媒产业发展的动力。然而,我国国民的阅读需求现状并不能刺激数字出版产业的发展。2012 年进行的第九次全国国民阅读调查数据显示，2011 年我国 18 ~ 70 周岁国民的人均纸质阅读量是图书 4.35 本、报纸 100.70 份、期刊 6.67 期，这是一个较低的水平。而数字阅读的数据更不理想：电子书阅读率为 16.8%，电子报的阅读率为 8.2%，电子期刊的阅读率只有 5.9%。数字化阅读方式（手机阅读、网络在线阅读、光盘阅读、电子阅读器阅读、PDA/MP4/MP5 阅读等）接触率为 38.6%，比 2010 年的 32.8% 上升了 5.8 个百分点，增幅为 17.7%，国民阅读量基数整体偏小。①

另外，读者偏爱纸质出版物的习惯没有改变。第九次全国国民阅读调查中对阅读形式的统计数据表明，75.3% 的国民倾向于纸质出版物阅读；11.8% 的国民倾向于网络阅读；9.4% 的国民倾向于手机阅读；2.5% 的国民倾向于电子阅读器阅读；1.0% 的国民倾向于下载打印阅读。可以看出，大多数国民还没有形成数字阅读的习惯。

更为重要的是，大多数国民从来没有培养起网上付费阅读的观念。世界范围内，电脑和互联网产业的销售和服务有一个特点，那就是先通过免费的服务让用户尝到甜头，然后再规范市场，收取费用。这种模式培养了许多国家的数字出版产业，但是在中国，市场的规范化实现起来有着较大的困难。国人版权意识的淡薄、商家的无序竞争都导致盗版猖獗，久而久之，国人已经习惯了免费和低价的数字资源。很多人开始使用电脑时，就是只买硬件，不买软件。在他们的观念中，很难接受网上的付费服务。2012 年进行的第九次全国国民阅读调查证明，只有 41.8% 的中国网民表示可以接受下载付费阅读电子书，而在他们心目中，能接受的电子书的平均价格只是每本 3.5 元。对一本 200 页左右的传统纸质书，能接受的价格是 13.43 元。这说明在受调查者的心目中，电子书的价格应该只相当于纸质书的 26%。

国人之所以有这样的心理，一方面，是由于觉得电子书没有纸张印刷成本；另一方面，也是由于我国的电子书价格一直价位超低。电子书的销售价格标准，是由最早经营所谓原创电子书的互联网公司依据薄利多销的原则确立

---

① 全国国民阅读调查课题组、郝振省等：《传统与数字融合中的国民阅读走势分析——基于"第九次全国国民阅读调查"数据解读》，《出版参考》2012 年第 9 期，第 8 ~ 11 页。

的。由于我国数字出版产业中缺乏传统内容提供商，也就是传统出版机构的积极参与，网上的数字作品缺乏优秀的内容资源。网上的大量"原创图书"是由网民自发创作、自发上载的作品，并未经过筛选和编辑加工，良莠不齐，有的远远达不到传统图书的基本出版标准。由于其中没有编校成本，这些作品往往以超低价格发售。这样一来，就开创了先例，使得国人习惯上认为数字出版物的价格就应该是超低的。读者这样低的心理价位，也是目前网上数字出版物很难赢利的重要原因之一。

反观西方国家的数字出版商，大多是由传统的出版商发展而来的，它们拥有经营传统出版物的经验，更懂得出版物的价值，绝不会轻易把知识产品以超低价销售。尽管电子书的价格比纸质书要优惠，但是留有利润空间，而不是不计成本的低价。西方国家电子书的定价一般来说是纸质图书的 50% ~ 70%，有些学术著作的定价与纸质书同价，甚至更贵。

（二）跨国出版传媒集团扩张带来了压力

近年来，国外许多信息技术巨头，如谷歌、微软、雅虎、脸谱等相继介入数字出版领域；既有的数字出版企业，如苹果、亚马逊等，开始向产业链上下游大肆扩张；传统的跨国出版集团，如培生、爱思唯尔、贝塔斯曼等，数字化转型成效斐然。这些行业巨头的快速成长与扩张，对我国的数字出版企业形成了极大的压力。

无论是教育出版、科技出版还是大众出版的海外巨头，都在数字出版方面投入巨资，并想方设法进入中国出版传媒市场。施普林格、爱思唯尔等海外出版商提供的学术期刊数据库是中国学术研究的重要资料。施普林格数字平台的用户遍及中国高校。爱思唯尔数字化产品的收入目前在中国占到85%以上。威科集团2010年收入的70%来自在线产品、软件及服务，在数字出版方面优势明显；圣智学习集团优质的数字资源和强大的教学平台得到了中国大大小小图书馆的青睐。2010年起，亚马逊网站上电子书的销量就超过了传统纸质图书（还不包括免费电子书），亚马逊推出的每一块平板电脑都会给亚马逊带来136美元的电子书收入。2012年3月13日，普遍被认为最有学术性的百科全书《大英百科全书》宣布停止印刷版发行，全面转向电子化。2012年10月18日，拥有将近80年历史的老牌新闻杂志《新闻周刊》宣布于2012年12月31日发行最后一期，在 2013 年初正式全面数位化,并改名为《全球新闻周刊》(*Newsweek Global*)。

西方发达国家的数字出版产业已经形成了较为成熟的商业模式,与之相比,我国的数字出版仍处于起步阶段。相较于传统出版,我国在数字出版方面的法律法规还不完善,国外数字出版企业会凭借其先进的技术平台、优质的内容资源以及丰富的数字出版经验挤进中国刚刚起步的市场,给中国出版传媒产业的安全带来压力和挑战。

(三)数字出版产业复合型人才匮乏

人才问题关系到数字出版产业的核心竞争力。目前,人才匮乏是制约我国数字出版产业发展的瓶颈。

其一,数字出版产业急需的是既懂技术又懂出版的复合型人才。数字出版产业链主要的两个环节是技术提供商和内容提供商,我国现在从事数字出版的以 IT 行业的人员为主,他们的缺陷是不懂编辑出版;而传统的出版机构要想参与到数字出版产业中,又缺乏新媒体技术人才。数字出版产业的发展要求参与人员应当是既熟知出版规范又掌握新媒体技术的复合型人才。

其二,数字出版传播是个新业态,急需既懂传播内容又了解市场,并能有效进行营销的专业人才。目前从事数字出版营销的人员,或者只懂营销,不了解数字传播的特点;或者懂传播,但缺乏营销知识。这两者都不能适应新兴行业的需求。

数字出版作为新兴的产业,最需要的是能够适应新的运营模式的高级管理人才,但是这样的复合型人才在短期内很难培养出来。

目前,复合型人才严重匮乏,很难适应数字出版产业发展的要求,直接影响我国数字出版业的健康发展。这主要是由于目前主导数字出版产业的新媒体企业和国内已有的出版教育的高校合作不够造成的。高校不了解行业需要,行业与高校脱节,其结果造成了产、学、研的脱节,为以后产业的发展埋下隐患,使今后的发展后劲不足。

总之,尽管我国近年来数字出版产业发展迅速,但还处于产业发展的初级阶段,无论从产业自身、产业管理和产业发展的环境看都有很多问题,如果这些问题得不到关注和及时解决,将会危及我国数字出版产业的安全。

评价预警篇

Evaluation & Early Warning

　　中国出版传媒产业安全评价是对出版传媒产业安全的数量化研究，是出版传媒产业安全状态的定量分析。仔细考察我国出版传媒产业的国内环境、国际贸易、经营管理水平和产业控制力，并在此基础上建立一套有效的、符合中国出版传媒产业发展实际的出版传媒产业安全评价体系，将有利于对中国出版传媒产业安全的现状进行准确的判断和客观的把握，并对可能出现的安全问题进行预警，以便相关管理部门能够及时调整产业政策，采取相应的措施，应对出版传媒产业中的安全风险。

　　出版传媒产业安全预警是基于出版传媒产业安全评估之上，根据观测到的评价指标变量，对我国出版传媒产业安全受威胁程度做出的预测和警报。出版传媒产业安全预警采用数量模型法设计预警模型，从出版传媒产业国内产业环境、出版传媒产业国际竞争力、出版传媒产业经营管理和出版传媒产业的产业控制力四大方面来分析，研究对出版传媒产业安全构成威胁的概率，并进行赋值和赋权计算。通过计算，得出整个出版传媒产业受到威胁的概率值。出版传媒产业安全预警体系的建立，对维护我国出版传媒产业的安全有着非常重要的意义。

出版传媒产业安全评价指标体系

范美琴 *

摘 要：

本文通过建立一套产业安全评价指标体系，来对中国出版传媒产业的安全状况进行判断。指标体系按照系统性、相关性、可测性、阶段性、科学性、规范性、实用性的原则构建。所选指标分为两级：一级指标包括出版传媒产业国内产业环境评价指标、出版传媒产业国际竞争力评价指标、出版传媒产业经营管理水平评价指标和出版传媒产业产业控制力评价指标。在每个一级指标下都会选取几个二级指标进行阐释。最后，构建产业安全评价模型，将每一个一级指标和二级指标赋值和赋权，代入模型进而估算出出版传媒产业的产业安全度。

关键词：

评价指标　构建原则和方法　评价模型

要对中国出版传媒产业的安全状况有较为准确的判断，就要对产业进行数量化研究，那么就有必要建立一套出版传媒产业安全评价指标体系，以便对我国的出版传媒产业安全状况进行准确和客观的把握。

一 出版传媒产业安全评价指标体系的构建

（一）出版传媒产业安全评价指标体系构建原则及方法

出版传媒产业安全评价是对出版传媒产业安全状态的定量分析，要保证分

---

* 范美琴，中国社会科学院研究生院，产业经济学硕士研究生。

析的科学、有效，就需要建立一套符合产业发展实际的产业安全评价体系，这将有助于监管部门根据产业安全状况及时调整产业政策，维护出版传媒产业安全。

1. 出版传媒产业安全评价指标体系构建的原则

本文以李孟刚（2006）产业安全评价理论研究①为理论基础，遵循系统性、相关性、可测性、阶段性、科学性、规范性、实用性的原则构建出版传媒产业安全评价指标体系，并在这些原则的指导下选取评价指标，确定评价体系的内容。下面先来对这 7 个原则分别加以说明。

（1）产业安全评价指标体系构建的系统性原则指的是，在指标体系构建过程中，选取的各项指标应该具有整体性，要统筹兼顾纳入指标体系内的各项指标之间以及各个方面的关系，从总体上组成一个具有完整性和统一性的系统，这个系统可以较为全面地反映产业安全影响因素的各个方面。

（2）相关性原则指的是各项指标要与出版传媒产业安全相关，换句话说，就是通过这些指标可以看出出版传媒产业安全实际状况的变化，这些指标也应该成为指示中国出版传媒产业安全状况的信号灯。

（3）可测性原则是指各项指标是可以测量并且可以计算的。这些指标都可以通过对不同的统计资料和经济数据进行计算加权得出。并且，所选取的指标应当尽可能地与可获得的有关统计资料保持统计口径上的一致。可测性原则的另一层含义是，产业安全从整体上是可以测算的，也就是说，可以通过各项指标的数值来计算出一个产业的安全度，并以此作为分析产业安全状况的依据。

（4）阶段性原则指的是产业安全评价指标体系要根据产业发展和经济发展的需要不断进行修正和调整。出版传媒产业安全状态不是静止不变的，而是动态发展的，始终处于不断变化的过程中，特别是在国家经济发展各个不同的阶段，出版传媒产业安全也会呈现不同的状态，其要素禀赋和产业结构均会呈现各个阶段的不同特点。这就要求出版传媒产业安全评价指标体系应当适应经济发展阶段性的需要，按照不同的经济发展阶段，不断进行修正和调整，也就是说，定量研究不是静态的，而是动态的。

（5）科学性原则是指，要用理论结合实际的方法来选取指标，既要有理论

---

① 李孟刚：《产业安全理论的研究》，北京交通大学博士学位论文，2006。

依据，又要能够较为准确地反映出版传媒产业安全的实际情况。另外，评价指标体系在逻辑结构和基本概念上要既合理又严谨，能够抓住评价对象的本质。

（6）规范性原则指的是按照国际通行的经济警戒值，对所选取指标进行处理，赋值和赋权，然后划分出安全等级。

（7）实用性原则指的是可行性和可操作性，方法要简便、实用，数据要容易取得，方便有关政府部门、出版传媒企业、行业协会和学术机构对通过该评价体系得出的数据以及结论进行使用，而且相关数值可以与国家产业安全预警平台相衔接，对产业安全度能够做出正确判断。

2. 产业安全评价指标体系设计方法

以李孟刚（2006）产业安全评价为研究框架，产业安全评价指标体系包含两级指标：产业安全的几大主要影响因素构成一级指标，这些一级指标一起构成整个指标体系的基本框架；二级指标从属于一级指标，与一级指标构成逻辑联系，通过对二级指标的分析和计算间接得出一级指标的评价。国内外关于产业安全评价的模型和指标体系构建的方法不是很多，本文参考借鉴其中适合的方法进行分析。最后，从众多指标中剔除无关或者关系不大的指标，同时，为了保持指标系统的完整性，增加了一些能全面反映产业安全影响因素的指标。

另外，因为数据收集的困难和统计数据的局限性，有些数据指标难以获得或缺乏有效性，需要采用替代指标，但有的时候替代指标也难以获取，则只能忽略不计或者采取推断演绎的方法估算。为保证评价的真实客观，二级指标需设立多个以供选择，但其原则是确保获取主要的硬性指标。

本文确定并选取的出版传媒产业安全评价体系的一级指标包括出版传媒产业国内产业环境评价指标、出版传媒产业国际竞争力评价指标、出版传媒产业经营管理评价指标和出版传媒产业产业控制力四个方面。在此基础上，再在每个一级指标下分别选取相应的二级指标。

3. 出版传媒产业国内产业环境评价指标

一个产业的国内产业环境指的是该产业所处国内大的社会背景，广义的产业环境既包括产业自身现状和存在的问题，也包括影响该产业发展的各种现实因素，如政治法律因素、自然地理因素、社会文化因素以及关键的宏观经济因素等。

考虑到研究出版传媒产业安全问题的实际情况，本文的产业环境包括出版传媒产业安全生存和发展的产业金融环境、产业市场需求环境、相关产业发展状况以及产业政策环境等。这样，产业环境评价体系也应该包括这四个方面的评价。

（1）产业的生存和发展离不开资金，可持续、高质量的资金链是产业生存发展的必备条件。要分析产业的金融环境，需要从资本成本的大小和资本效率的高低两方面来探讨。资本成本是筹集资金需要付出的代价，资本效率是指产业内企业获得资本的难易程度，资本效率越高，资本成本越低，则产业内企业获得资金越便利，产业金融环境越好。

（2）出版传媒产业市场需求环境主要指国内该产业市场需求状况，国内市场需求关系到企业利润实现、持续投资与创新。市场需求旺盛则产品可以较快转化成资本，帮助企业壮大，产业升级，持续既有的竞争力。产业市场需求环境评价所选取的指标一个是国内市场需求量评价，另一个是国内市场需求潜力评价。

（3）相关产业竞争力评价。出版传媒产业的相关产业是指与出版产品的生产、流通以及消费关系密切的产业，如造纸业、印刷业、教育产业、文化产业、通信产业等。这些相关产业竞争力越强，则出版传媒产业也会受到带动。

（4）产业政策环境包括产业政策内容、变动、实施还有政策效果等一切因素的总和。产业政策安全是指一国政府能够独立制定该国的产业政策，有效管理和规范产业进入者行为，并且能根据内外部环境及时做出调整，以维持产业竞争力和维护产业安全。

由于影响产业政策安全的产业环境因素，如国际环境、社会经济、制度和体制状况等不具备可测性，二级评价指标也很难选取，因此，在产业安全评价指标体系构建中，关于产业政策环境只进行定性分析，不进行定量的评价。

4. 出版传媒产业经营管理评价指标

（1）生产能力。出版传媒产业的生产能力是反映出版企业生产规模的指标，通过我国新闻出版产业分析报告中图书、期刊、报纸和电子出版物总印数来看我国出版传媒产业的生产状况和发展阶段，并与发达国家的生产规模进行比较，得出找我国该产业发展存在的差距和不足。

（2）劳动者素质与劳动力成本。劳动者素质及劳动力成本反映出版传媒产业生产要素中劳动者的情况，可选指标有劳动者工资水平和学历背景。劳动者素质越高，劳动力成本越低，对我国出版传媒产业发展越有利。

（3）企业规模。这里出版传媒产业经营管理主要指出版传媒产业企业经营企业组织结构、战略决策特点及管理水平。可选取的指标有：企业平均规模、企业管理水平、管理人员平均每年受培训时数、全员劳动生产率等。大型出版传媒集团的企业资本雄厚，经营业务更多样，更有竞争优势。

（4）资源要素。出版传媒产业资源要素是指生产出版产品以及提供服务并使之在出版市场自由流通所需的各种资源，包括人力资源、知识资源、资本资源以及技术资源等，本文只对知识资源和技术资源状况进行评价。

5. 出版传媒产业国际竞争力评价指标

一个国家产业国际竞争力的大小可通过该产业的产品在国际市场上所占份额的大小来说明，份额大，获取的利润就多，那么竞争力也就越强。还可以从原因方面来分析，所有有助于开拓市场、获取利润的因素，都可以是竞争力的研究对象。产业国际竞争力评价可从现实的产业竞争力、产业竞争力结构分析和影响产业竞争力的因素三个方面进行分析。

出版传媒产业国际竞争力属于产业国际竞争力应用研究的一个领域，其概念、内涵应包括在公平的自由竞争环境中，具有超越竞争对手的为国际市场提供符合市场需求的出版产品的能力。但是，考虑到出版传媒产业具有强大的意识形态属性，涉及国家文化安全，出版传媒产业更注意保护自己民族的优秀文化，防止不利于民族团结和国家稳定的文化产品的流入。出版产品作为极具影响力的文化产品，需要出版产业在注重国际贸易数字的同时，更加注重对内和对外的文化影响力。

根据数据指标的可获得性，我们通过产业国内市场占有率、国际市场占有率、显示性比较优势指数和产业集中度这几个指标来对我国出版传媒产业安全状况进行评价。

6. 出版传媒产业产业控制力评价指标

产业控制力评价指标反映的主要是国外资本对一个国家某项产业的控制程度以及由此对产业的生存和发展安全所造成的影响。主要反映外资对市场、品牌、股权、经营决策权、技术等方面的控制程度，需要用外资控制度来衡量。

（1）外资市场控制程度。这项指标反映的是外资对该产业国内市场的控制程度。可以用外资控制企业所占的市场份额与该国本土企业总的市场份额之比来测算。这里，外资控制企业包括外资股权控制企业、外资经营决策权控制企业和外资技术控制企业。外资市场控制率越高，产业发展安全风险越大。

（2）外资品牌拥有率。该指标反映国内产业市场外资品牌控制程度。可以用外资品牌所占市场份额与国内本土品牌在产业中所占的总的市场份额之比来衡量。外资品牌拥有率越高，产业安全风险越大。

（3）外资股权控制程度。按照一般的标准，如果在单个企业中，外资股权要达到对企业的相对控制，所占份额超过20%即可，如果外资股权超过50%，则达到了对企业的绝对控制。外资股权控制指标可以用外资股权控制企业产值与国内产业总产值之比来衡量。该比率越高，产业发展越易受到威胁。该指标从股权角度反映外资对国内产业的控制情况。

（4）外资技术控制程度。外资企业会通过研发机构的独资化、产业内部分工、专利和技术标准控制等手段实现对某个行业的技术控制。外资技术控制率越高，产业发展的安全风险越大。该指标从技术角度反映外资对国内产业控制的情况。

二 出版传媒产业安全评价模型

（一）产业安全评价模型的构建

关于产业安全评价模型，本文借鉴瑞士洛桑国际管理发展学院和世界经济论坛关于国际竞争力分析时采用的多指标体系的方法，并参考李孟刚（2006）的产业安全评价模型，来构建出版传媒产业安全评价模型。瑞士洛桑国际管理发展学院被认为是全球最具权威性的关于产业国际竞争力的研究机构。

出版传媒产业安全评价模型为：

$$S = \alpha X + \beta Y + \gamma Z + \delta W \tag{1}$$

其中，S 代表产业安全度；X 代表出版传媒产业国内产业环境评价值；Y 代表出版传媒业产业经营管理水平评价值；Z 代表出版传媒产业国际竞争力评价值；C 代表出版传媒产业控制力评价值。α、β、γ、δ 分别为各一级指标的系数，为专家评估权值。

$$X = \sum a_i x_i \tag{2}$$

$$Y = \sum b_j y_j \tag{3}$$

$$Z = \sum c_k z_k \tag{4}$$

$$W = \sum d_l w_l \tag{5}$$

其中，$i, j, k, d = 1, 2, 3, \cdots$；$x_i$、$y_j$、$z_k$、$w_l$ 分别为各一级指标下的二级指标，而其前面的系数 a_i、b_j、c_k、d_l 则分别为对应指标的权值。

把式（2）至式（5）代入式（1），可得：

$$\begin{aligned} S &= \alpha X + \beta Y + \gamma Z + \delta W \\ &= \alpha \sum a_i x_i + \beta \sum b_j y_j + \gamma \sum c_k z_k + \delta \sum d_l w_l \end{aligned} \tag{6}$$

其中，$\alpha + \beta + \gamma + \delta = 1$；$\sum a_i = 1$；$\sum b_j = 1$；$\sum c_k = 1$；$\sum d_l = 1$。

根据以上公式，如果对各个指标合理赋权值的话，就可以计算出整体的产业安全度。

（二）指标赋值与赋权方法

赋值指的是对构成评价体系中的二级指标，按照其评价结果给予相应的评价值。

先把各项二级指标的评价结果划分为很好、较好、一般、较差、很差五个等级，然后按百分制分别给予相应的评价值：90、70、50、30、10。

赋权指的是分别对各个一级指标按照其对产业安全影响的程度赋权，并且对每个一级指标下的二级指标赋权。

第一步是对一级指标赋权，也就是对国内产业环境、产业经营管理水平、产业国际竞争力和产业控制力这四项指标分别赋予一定的权重，四者权重之和等于1。在这四者中，对产业安全影响程度大的赋予较大权重。目前存在世界贸易组织以及其他一些相关的双边或多边协议的约束，因为国际竞争力的强弱往往被认为是影响产业安全最关键的因素，所以，产业国际竞争力指标的权重最高。

目前外国产品的冲击与外资控制相比较，外国产品的冲击对产业安全的影响更大；同时，一些控制力还需让与外资，以便吸引国外资本和先进技术，这样可改善产业环境，有助于提高本国产业的竞争力。基于此，本文认为，产业控制力指标、产业国内环境指标和产业经营管理指标的重要性大体相同。综合以上分析，本文对产业国内环境、产业经营管理水平、产业国际竞争力和产业外资控制率四类指标的赋权分别为0.2、0.2、0.4、0.2。

第二步是对同一个一级指标下的二级指标赋权。本文认为，在同一个一级指标下，所有二级指标重要性大致相当，因而赋予相同的权重，同一个一级指标之下所有的二级指标权重之和是1。

（三）产业安全度计算以及安全区间划分

我们将同一个一级指标下的二级指标进行加权求和，这样就可以分别得出四个一级指标的值，然后再将四个一级指标的值加权求和，用这样的方法就得出了产业安全度的评价结果。

产业安全度区间划分按照［85，100］、［65，85）、［45，65）、［25，45）和［0，25）将产业安全界定为很安全、安全、基本安全、不安全、很不安全。根据计算所得出的产业安全度会对应一个区间，那么这个区间所表示的就是相应的产业安全状态。于是，就可以得出这个产业的安全等级了。

（四）出版传媒产业安全评价体系与安全度估算分析框架

出版传媒产业安全评价体系与安全度估算的分析框架如表1所示。

表1　出版传媒产业安全评价体系与安全度估算

二级指标	评价值	权重	一级指标	描述	评价值	权重	安全度	状态
资本效率			出版传媒产业国内产业环境评价	产业环境是产业赖以生存的基础,主要包括产业金融环境、供给产业竞争力及相关产业和产业市场需求环境				
资本成本								
相关产业竞争力								
国内市场需求量								
国内市场需求潜力								
生产能力			出版传媒产业经营管理评价	这里出版传媒产业经营管理主要指的是出版传媒企业经营组织结构、战略决策特点及管理水平				
劳动者素质								
资源要素								
企业规模								
国内市场占有率			出版传媒产业国际竞争力评价	反映产业国际和国内生存空间。也就是指产业产销量应快于或至少不慢于国外产业产销量的增长。只有这样,国内产业才能够保持创新和发展的能力,其生存空间才可能真正得以维持				
国外市场占有率								
显示性比较优势指数								
产业集中度								
外资市场控制率			出版传媒产业产业控制力评价	反映出版产业由谁控制以及控制程度的情况。我国对产业的控制力越强,则产业安全的状况越好				
外资股权控制率								
外资品牌拥有率								
外资技术控制率								
评价模型	$S = \alpha \sum a_i x_i + \beta \sum b_j y_j + \gamma \sum c_k z_k + \delta \sum d_l w_l$。$S$ 为产业安全度;$\alpha,\beta,\gamma,\delta$ 分别为各指标的权值;x_i、y_j、z_k、w_l 分别为各一级指标下的二级指标,而其前面的系数 a_i、b_j、c_k、d_l 则分别表示的是相对应指标的权重							
赋权方法	二级指标赋权:同一个一级指标下的所有二级指标,赋予相同权重,权重之和是1 一级指标赋权:根据各指标重要程度赋予一定的权重,四权重之和等于1							
赋值方法	赋值是指给予二级指标相应的评价值 各二级指标的评价结果分为很好、较好、一般、较差、很差,然后按百分制分别给予相应的评价值:90、70、50、30、10							

B.11 中国出版传媒产业安全状况评价

范美琴*

摘 要: 本文针对我国出版传媒产业安全的四个因素，即国内产业环境、出版传媒产业经营管理水平、出版传媒产业国际竞争力和出版传媒产业产业控制力进行了详细的分析和评价。从国内产业环境看，我国出版传媒产业资本效率较高，但融资成本也高，相关产业竞争力有待提升，国内市场需求旺盛，潜力巨大，但也存在结构失衡的问题。我国出版传媒产业生产规模大，资源要素丰富，但是市场化和影响力方面还有欠缺。在国际竞争力方面，我国出版物国际贸易和版权贸易一直处于逆差，国际竞争力不强。不过在产业控制力方面，因为我国出版传媒产业对外资开放的领域有限制，只有印刷和出版物分销领域有外资进入，因此，出版产业外资控制率方面的控制力较强。通过相关指标对我国出版传媒产业安全状况进行评价，所得出的结论是，我国出版传媒产业的安全等级为基本安全，即在总体安全的同时，还存在许多安全隐患。

关键词: 产业环境 经营管理 国际竞争力 产业控制力

一 中国出版传媒业国内产业环境评价

（一）我国出版传媒产业的金融环境评价

1. 资本效率

资本效率指的是一个产业内的企业获得资本的难易程度，如果资本效率

---

* 范美琴，中国社会科学院研究生院，产业经济学硕士研究生。

低，则不利于产业以后的发展，评价宏观经济的资本效率可从货币供应量、货币供应量增长速度，以及贷款发放数量来判断。

根据《中国统计年鉴2012》的数据：1990年以来，中国货币供应量逐年提高，2011年年末广义货币（M2）余额851590.9亿元，同比增长13.6%，增长率下降；狭义货币（M1）余额289847.7亿元，同比增长7.9%，较2010年同比增长率降幅较大，这是我国实行稳健的货币政策的结果（见图1和图2）。可以看出，我国货币供应量近年来缓慢增长，金融大环境下市场资金状态并不十分宽松。

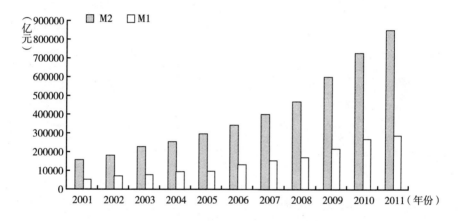

图1　货币供应量（年底余额）情况

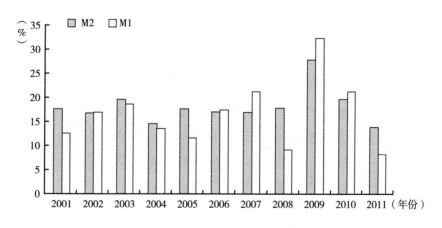

图2　货币供应量同比增长率

对出版传媒产业而言，长期以来，银行借贷是出版单位融通资金的基本方式。我国的出版传媒产业信贷政策是计划经济时代形成的，国有企业贷款可通过计划予以保证，所以这些出版企业感受不到资金压力。我国政府对出版传媒产业实行了积极的财政补贴政策：一是国家建立了宣传文化发展专项基金，主要用于行业基本建设的补贴；二是对部分少数民族文字图书的出版实行财政补贴政策；三是对书刊出口实行财政补贴。这些政策的实施促进了我国出版传媒产业的健康发展。但同时我国对学术价值高的图书、期刊出版的财政补贴资助力度明显不够，一些重要的出版方向与项目缺少足够的财政补贴。

新闻出版总署于 2002 年 6 月印发了《关于规范新闻出版业融资活动的实施意见》，从政策上为出版传媒产业开启了融资的大门。2003 年出版传媒产业的融资活动比较活跃，各个业务环节都有资金进入。新闻出版总署发布的《2012 年新闻出版产业分析报告》显示，2012 年全国共有新闻出版单位 34.7 万家，和 2011 年相比增长了 0.3%。其中，法人单位 16.1 万家，增长了 2.1%，约占单位总数的 46.4%；非法人单位 0.9 万家，减少了 3.2%，约占单位总数的 2.6%；个体经营户 17.7 万家，减少了 1.1%，约占 51.0%。我国已拥有出版、报刊、发行、印刷集团 118 家，上市公司 48 家。

当前，传统的出版传媒产业正向着专业化、规模化、集约化的方向发展，已经形成了以国有为主，民营、外资等其他所有制共同繁荣发展的格局，现在出版行业的融资渠道已逐步多元化。出版传媒产业有着高于一般行业的平均利润，这是其融资的保证，出版传媒产业备受投资者青睐，并且其发展潜力为融资增加了砝码。

近年来，我国股票、债券市场发展迅速，出版传媒产业融资的金融环境已基本形成，不过仍然不是十分完善和成熟。一方面，我国资本市场起步时间不长，发育程度低，市场规模小，结构单一，降低了资本的流动效率，在一定程度上对融资的效果有影响。尤其是我国股票市场的股权分割状态，限制了出版传媒企业通过参股和并购进行大规模融资。另一方面，现有的银行贷款实行属地管理原则，这使得出版传媒企业在跨地区并购融资中，信贷指标不能随之转移，这就是说，如果某地的出版传媒企业并购了外地的出版企业，那么当地的银行就会减少甚至停止对其贷款。这样一来，出版传媒企业就失去了一个重要的融资来源，会严重影响其运营。

综上所述，当前我国出版传媒产业繁荣发展，利润率较高，发展潜力大，受到投资者青睐，但是由于股票、债券市场不成熟，融资方面的法规还不够完善，融资渠道不够通畅，使得融资难仍是困扰出版传媒产业发展的一大问题。综合考虑，对我国出版传媒产业的资本效率评价结果定位为较好。

2. 资本成本

资本成本是企业筹集和使用资本需要付出的代价。企业的生存和发展需要有资金支持，无论是通过银行贷款，还是通过资本市场发行股票或债券，都存在资本成本的问题。资本成本太高会使原本有竞争力的企业背上沉重的负担，影响企业的生存。

发行股票、债券的筹资费用比较高，发行费用率一般为5%甚至更高，跨国融资企业必须按照融资地所在国的会计标准或其认可的会计标准进行调整，因调整成本十分高昂，所以，中国企业赴境外发行股票的筹资成本与国内相比要高得多。据研究表明，中国企业在纽约证券交易所上市融资的平均资本成本要比美国企业高13.16%。

此外，利率变动会对资本成本产生影响，从表1我国金融机构法定贷款利率可以看出，央行近年来几次上调各档次贷款利率，是国家为防止经济过热、保证经济长期稳定发展的政策结果。这会使出版单位因融资而支付的利息费用相应增加，在一定程度上提高了产业的资本成本，不利于调动出版传媒产业信贷的积极性。

因此，我国出版传媒产业资本成本评价结果为较差。

表1　我国金融机构法定贷款利率

单位：%

时间\项目	短期贷款		中长期贷款		
	六个月	一年	一年以上至三年	三年以上至五年	五年以上
2008年11月27日	5.04	5.58	5.67	5.94	6.12
2008年12月23日	4.86	5.31	5.40	5.76	5.94
2010年10月20日	5.10	5.56	5.60	5.96	6.14
2010年12月26日	5.35	5.81	5.85	6.22	6.40
2011年2月9日	5.60	6.06	6.10	6.45	6.60
2011年4月6日	5.85	6.31	6.40	6.65	6.80
2011年7月7日	6.10	6.56	6.65	6.90	7.05

（二）相关产业竞争力评价

1. 印刷产业

总体来看，我国的印刷产业近年来取得了高速发展。我国 2011 年共有各类印刷企业 10 万余家，较上年减少 1939 家；从业人员 356 万多人，较上年减少 9.7 万人。尽管企业数和从业人员数都减少了，2011 年的印刷业总产值却大幅度增长，达到了 8677 亿元，较 2010 年增长 12.59%。此外，《2012 年新闻出版产业分析报告》显示，我国的印刷复制业（包括出版物印刷、包装装潢印刷、其他印刷品印刷、专项印刷、打字复印、复制和印刷物资供销）在 2012 年实现营业收入 10360.5 亿元，增长 11.3%；增加值 2679.5 亿元，增长 15.3%；利润总额 721.8 亿元，增长 17.4%。中国已发展为世界第三大印刷基地。不过，印刷产业的发展也存在不足，如行业的整体素质参差不齐，低水平的印刷生产能力相对过剩、创新不足，而这些不足会直接影响我国出版传媒产业国际竞争力的整体提升。特别是在技术应用及创新方面，冲破国际上的技术壁垒和产业布局方面的弊端将成为目前我国印刷产业发展以及出版产业国际竞争力提升的重要任务之一。[①]

2. 文化产业

出版传媒产业是文化产业的核心，文化产业的繁荣能够带动出版传媒产业的发展。近年来，我国文化产业发展迅速，年均增加值明显超过了同期国内生产总值的增长速度，达到了 16.6%。2013 年 1 月，北京大学文化产业研究院发布的《中国文化产业年度发展报告》显示，2012 年中国文化产业总产值突破 4 万亿元，文化产业占 GDP 的比重进一步提升，对社会经济发展的拉动作用正逐渐增强。文化产业的机构和从业人员数量持续增加。不过，和西方发达国家的文化产业相比，我国的文化产业还有很大差距。到 20 世纪末，美国的文化产业产值已经占 GDP 总量的 18%～25%；英国文化产业的从业人员占全国总就业人数的 5%；日本的文化产业已经发展为国民经济的支柱产业。而我国的文化产业发展尚处于初级阶段，面临不少困难。地域发展不平衡，无法形

---

① 黄先蓉、田常清：《我国出版产业国际竞争力要素探析》，《武汉大学学报》2012 年第 6 期。

成总体群集效应；文化品牌不足，国际市场的竞争力较弱；复合型专业人才短缺，技术水平有待进一步提高；缺乏激励创新的机制和创新意识等。这些不足会直接影响文化产业的发展，以及作为文化产业核心的出版传媒产业的国际竞争力的提升。

3. 通信产业

随着现代信息技术的飞速发展，我国通信产业的发展也步入了全新的阶段。2013年1~7月，我国电信业务总量累计完成额为8045.40亿元，比2012年同期增长7.87%。电信主营业务收入累计完成6645.30亿元，比2012年同期增长8.82%。行业整体发展基本保持稳定，增速超过GDP增长。我国通信产业总体发展较为可观，通过推动三网融合、宽带技术、移动互联网、云平台等的发展使得人们之间的信息交流更加便捷。随着互联网的普及，我国绝大部分的农村地区都能和城市一样平等地享有各种信息资源，这不仅能推动通信产业的繁荣，同时也为出版传媒产业的发展以及数字化转型提供了稳定的市场基础。不过，和西方发达国家相比，我国通信产业的发展还存在巨大的差距，总体信息化程度还有待提高。例如，虽然2011年我国互联网普及率达到了38.4%，但与西方发达国家相比还相差甚远，美国互联网普及率为78.2%，英国是81.7%，德国达到了83.4%。另外，在信息服务平台的开发、信息通信技术的应用，特别是产业创新方面，我国和世界先进水平的差距巨大。而在数字出版产业发展迅速的今天，通信技术、平台等方面的研发与创新能力对出版传媒产业的发展至关重要。

基于以上情况，出版传媒产业相关产业的评价结果为较差。

（三）市场需求环境评价

1. 国内市场需求量评价

中国新闻出版研究院于2013年4月公布的第十次全国国民阅读调查数据显示，国民图书阅读率、传统纸质阅读、国民图书读买量都呈现积极的上升态势。2012年我国18~70周岁国民图书阅读率为54.9%，比2011年的53.9%上升了1.0个百分点；报纸的阅读率为58.2%，比2011年下降了4.9个百分点；期刊的阅读率为45.2%，比2011年的41.3%上升了3.9个百分点；数字化阅读方式

（网络在线阅读、手机阅读、电子阅读器阅读、光盘阅读、PDA/MP4/MP5 阅读等）的接触率为 40.3%，比 2011 年的 38.6% 上升了 1.7 个百分点。

从对国民阅读量的考察看，2012 年我国 18～70 周岁国民人均纸质图书阅读量为 4.39 本，2011 年则为 4.35 本，远低于韩国的 11 本、法国的 20 本、日本的 40 本、以色列的 64 本。我国电子书阅读量增幅较为明显，人均阅读电子书 2.35 本，比 2011 年增长了 0.93 本，增幅达 65.5%。

虽然近年来我国经济发展迅猛，但人们的文化消费支出仍然有限，潜在的巨大文化市场需求并没有得到有效激发。我国作为发展中国家，虽然国民收入水平与受教育程度较过去有了很大提高，但农村人口所占比重较大，对出版物的有效需求有限，同时市场盗版问题严重，都表明我国新闻出版单位所处的市场基础不佳。

此外，我国出版产业需求结构处于失衡状态，图书品种在全部出版物种类中的比重最大，而报纸、期刊、音像制品的品种较少。2011 年出版物种类中，图书占到了总量的 89.72%，而报纸仅占 0.47%。另外，在各类图书中，教育类图书占比很大。出版物结构的不平衡会影响我国出版传媒产业全面发展。因此，出版传媒产业国内市场需求量的评价结果为一般。

2. 国内市场需求潜力评价

我国出版传媒产业总产出和营业收入逐年增加，《2012 年新闻出版产业分析报告》数据显示，2012 年全国出版、印刷和发行服务共实现营业收入 16635.3 亿元，与上年相比，增长 14.2%。图书、报纸、期刊总印数增长趋缓，电子出版物出版形势趋好，数字出版收入在全行业占比首次突破 10%。总产出达 16996.46 亿元，较 2011 年增长 13.75%。利润总额 1317.4 亿元，增长 16.8%。

2012 年全国居民和社会团体出版物零售总额 626.6 亿元，较 2011 年增长 7.6%；每百万人均拥有当年出版图书 306 种，增长 11.6%；人均年拥有图书 5.9 册，增长 2.3%；人均年拥有期刊 2.5 册，增长 1.3%；每千人日均拥有报纸 97.6 份，增长 2.7%。以上数字表明出版物的消费与供给能力同步增强，协调发展。

从需求规模来看，我国有 13 亿人口，经过数千年的民族融合，拥有相同的语言文字、风俗习惯和文化心理，出版物消费群体规模居全球之首。随着国民收入的不断增长，居民文化消费支出也会相应提高。

总体来看，我国出版传媒产业国内市场需求潜力评价结果为较好。

二　出版传媒产业经营管理评价指标

（一）我国出版传媒产业生产能力

我国出版传媒产业近年来生产能力大幅提升，我国图书出版物、期刊出版物和电子出版物总体规模都有较快增长。《2012 年新闻出版产业分析报告》数据显示，全国共出版图书 41.4 万种，较上年增加 4.4 万种，增长 11.9%；全国图书总印数 79.3 亿册，较上年增长 2.9%；报纸总印数 482.3 亿份，增长 3.2%；期刊总印数 33.5 亿册，增长 1.9%。全国共出版电子出版物 11822 种，较上年增长 5.7%；出版数量 2.6 亿张，增长 23.5%。数字出版实现营业收入 1935.5 亿元，较上年增加 557.6 亿元，增长 40.5%，占全行业营业收入的 11.6%，较上年提高了 2.1 个百分点。

虽然中国出版传媒产业的生产能力提高较快，但是经济规模仍然偏小。2012 年中国图书定价总金额达到了 1183.4 亿元，报纸定价总金额为 434.4 亿元，期刊定价总金额为 252.7 亿元，音像制品总金额为 18.6 亿元，全国新华书店系统和出版社自办发行单位实现出版物总销售额 2116.06 亿元。可以说和过去相比有了极大的提高，但和发达国家相比，差距依旧巨大，美国 2007 年出版传媒产业整体生产规模就已经达到 1721 亿美元，是我国生产规模的近 4 倍。

总而言之，与发达国家相比，我国出版传媒产业的生产规模还有一定差距，但是我国出版传媒产业生产能力与发展形势较好，其评价结果为较好。

（二）劳动力素质与成本

黄先蓉等[①]选取了中、美、英、法、德、日、韩 7 个国家作为测评国，通过

---

① 黄先蓉、邓文博、田常清：《新闻出版业国际竞争力与影响力的模型化测量》，《现代出版》 2013 年第 4 期。

问卷调查和专家打分的方式（打分采取 5 分制），将出版传媒人员素质按照很高、高、一般、不高、很不高 5 个等级赋予 5、4、3、2、1 的分值，在 2007 ~ 2011 年内得到如下结果：中国为 3.14，美国为 4.21，英国为 4.14，法国为 4.07，德国为 4.14，日本为 3.89，韩国为 3.46。可以看出，与其他发达国家相比，我国出版传媒产业从业人员素质属于一般偏高，但比另外的 6 个国家都要低。

在编辑出版领域，我国对人才的判断力并不强制，因此这个行业内的学历框架是一种自发性的结构，目前编辑出版行业是本科生占据主导地位。随着出版体制改革，以及电子媒介、现代企业制度与流通制度在出版传媒产业各方面的广泛应用，使得作为生产者的编辑出版从业者必须在学历上进一步提高。

目前我国出版行业员工整体结构存在问题，主要表现在：一是人才缺乏，数字出版需要既懂出版又懂技术的复合型人才；资本运营需要高级金融和经营管理人才；新时期的传播需要熟悉新知识领域的出版传媒人才。这些人才都是当前的出版传媒产业所缺乏的。二是市场适应能力差，目前的出版传媒企业由于历史原因，行政化倾向严重，未形成灵活的机制，不能适应市场化运作。目前迫切需要建立新体制、新机制来吸引专业人才发挥才能，以推动出版传媒产业的发展。

《中国图书商报》调查组通过对北京、上海、成都、西安、南京、广州、武汉、杭州、长沙、沈阳的出版传媒产业从业者进行问卷调查发现，除了广州、杭州、沈阳、长沙外，其余 6 个主流城市中，编辑出版从业者的收入略高于该地的人均可支配收入，属于中高收入群体，但是较高收入者并不多，属于"中等收入阶层"。出版传媒产业劳动力素质与成本评价结果为一般。

（三）资源要素

出版传媒产业是内容产业，需要丰富的文化资源。我国历史悠久，文化资源和自然景观丰富。这在很大程度上为提升我国出版传媒产业国际竞争力的提供了基础。近年来，我国出版传媒产业与国外开展合作的步伐不断加快，出版物贸易和版权国际贸易规模不断扩大，我国出版传媒产业和文化的国际影响力逐渐增强。不过，我国对现有的文化资源开发利用不够，尚未把优秀的知识资源转化成足够强大的现实生产力，在出版物的实物贸易和版权贸易中，我国一直存在着较大的贸易逆差。《2012 年新闻出版产业分析报告》显示，我国出版物进出口金额之比为 5.16∶1。由此可见，我国出版传媒产业缺乏具有国际影响力的出版产品，国际竞争力较弱。

随着数据库、移动终端、电子纸等技术创新和应用普及，数字出版时代已经来临，技术资源在出版传媒产业资源要素中的重要性越来越明显。近年来，国外大型出版集团纷纷涉足数字出版，通过并购、收购高新技术公司等措施扩大数字内容资源。

我国出版传媒产业同样也在数字化转型方面付出了较大努力，《2012 年新闻出版产业分析报告》显示，到 2012 年，数字出版实现营业收入 1935.5亿元，较 2011 年增长 40.5%；增加值 542.3 亿元，增长 39.3%；利润总额152.0 亿元，增长 42.4%。另外，我国在出版管理体制上也进行了相应调整，弱化了对出版资源的行政性配置。新闻出版总署于 2008 年设立出版产业发展司、科技与数字出版司以及综合业务司等。由此可见，我国数字出版已经进入了实质性的发展阶段，为出版传媒产业总体水平的提升起到了助推作用。

但是，在高新技术的利用和开发方面，我国与国外大型出版传媒集团之间还存在较大差距，许多问题，如版权保护、数字出版的商业模式与产业链、内容监管、行业标准以及技术壁垒等因素直接制约着数字出版的发展。因此，我国出版传媒产业资源要素评价结果为一般。

（四）企业规模

与中国的人口规模和经济发展相比较，中国的出版企业数量较少，增长速度缓慢。现有出版社 580 余家，而且大部分出版社的规模都不大，年定价总金额超过 2 亿元的出版社不足总数的 10%，也就是说，只有 50 多家出版社的年定价总金额超过 2 亿元。超过 10% 的出版社年定价总金额不足 1000 万元。2012 年世界前 50 大的出版传媒集团中，我国只有中国教育传媒集团一家，排名第 37 位，虽然较以往而言地位不断提升，但是距离欧美出版强国还有很遥远的距离,出版产业的集中度低,无法形成强大的竞争力。① 基于此,我国出版传媒产业企业规模评价结果为较差。

三 中国出版传媒产业国际竞争力评价

(一)现实的产业竞争力

1. 产业国内市场占有率

该指标反映国内产业在国内市场的竞争力状况,其份额越大,表示它在国内市场上的竞争力越强。本文采用黄先蓉等(2013)研究中的指标进行分析,各指标数据主要来源于世界银行 WDI 数据库、联合国数据库、国际统计年鉴等官方网站或权威机构。相关数据显示(见表2),我国出版行业销售收入占当年 GDP 比重逐年下降,从 2007 年的 0.49% 降到 2011 年的 0.27%,并且低于同期其他 6 个国家该行业占该国 GDP 的比重。可以看出,我国出版传媒产业国内市场占有率较低。同时,需要指出的是,我国产业种类繁多,并且第二产业在国民经济中所占比重仍然很大,这一指标用于国际比较较适当,因此,我国出版传媒产业国内市场占有率评价结果为较差。

表2 2007~2011 年七国出版产业安全评价指标比较

指标	年份	中国	美国	英国	法国	德国	日本	韩国
新闻出版从业人员素质	2007~2011	3.14	4.21	4.14	4.07	4.14	3.89	3.46
销售收入（亿美元）	2007	170	488.68	123.73	160.1	228.42	415.67	63.13
	2008	177	493.98	125.32	163.72	228.82	413.47	64.46
	2009	183	500.98	125.07	167.3	229.37	411.15	65.4
	2010	190	511.53	127.65	170.79	234.83	400.99	70.04
	2011	197	520.85	130.07	176.94	234.08	394.06	73.31
销售收入占本国当年 GDP 比重（%）	2007	0.49	0.35	0.44	0.62	0.69	0.95	0.6
	2008	0.39	0.35	0.47	0.58	0.63	0.85	0.69
	2009	0.37	0.36	0.57	0.64	0.7	0.82	0.78
	2010	0.32	0.35	0.57	0.67	0.71	0.73	0.69
	2011	0.27	0.35	0.53	0.64	0.65	0.67	0.66

---

① 张雅:《中国出版产业竞争力研究》,兰州商学院硕士学位论文,2013。

续表

指标	年份	中国	美国	英国	法国	德国	日本	韩国
国际市场占有率	2007	4.887	16.047	14.687	5.684	11.892	0.593	0.457
	2008	5.525	15.523	13.435	5.999	11.73	0.606	0.536
	2009	6.152	16.609	13.698	6.737	12.004	0.648	0.422
	2010	7.115	16.972	13.502	6.474	11.707	0.707	0.446
	2011	7.468	16.207	13.072	6.499	11.818	0.667	0.529
显示性比较优势指数	2007	0.553	1.906	4.609	1.454	1.235	0.115	0.17
	2008	0.615	1.902	4.674	1.607	1.274	0.123	0.202
	2009	0.634	1.947	4.832	1.798	1.318	0.138	0.144
	2010	0.633	1.866	4.671	1.776	1.293	0.129	0.134
	2011	0.552	1.538	3.874	1.569	1.119	0.114	0.134
产业集中度	2007	21.32	74.8	75.82	31.71	45.05	34.87	30.03
	2008	22.91	80.75	85.02	26.5	34.62	30	27.41
	2009	24.53	73.09	78.12	26.48	35	23.72	26.31
	2010	23.86	76.5	78.93	23.42	27.92	32.79	24.11
	2011	24.93	75.99	80.6	21.36	22.98	32.74	22.68
新闻出版市场开放程度	2007~2011	2.36	4.64	3.79	3.93	3.93	3.71	3.29

资料来源：黄先蓉、邓文博、田常清：《新闻出版业国际竞争力与影响力的模型化测量》，《现代出版》2013 年第 4 期。

2. 产业国际市场占有率

这项指标反映国内产业在国际市场上的竞争力，很容易可以看出，产业的国际市场占有率越大，就表明该产业在国际市场上的竞争力越强。可以用一国某产业的出口与世界该产业出口总额之比来衡量该产业的国际市场占有率。与产业国内市场竞争力资料来源相同，从出版传媒产业国际市场占有率来看，我国出版传媒产业国际市场占有率逐年提高，2007 年为 4.887%，2011 年已经达 7.468%，并且要比同期的日本、韩国高出将近 7 个百分点，比法国的该项目指标略高，但是与排名前两位的美国和英国相比，差距较大。因此，我国出版传媒产业国际市场占有率评价结果为较好。

（二）产业竞争力结构

1. 显示性比较优势指数

这一指标的英文缩写是 RCA（Revealed Comparative Advantage Index），这是用来衡量一国产品或产业在国际市场竞争力的指标，显示性比较优势指数等于一国某产业出口额占其出口总值的份额与世界该产业出口占世界出口份额的比率。根据这个指标，可以判断一国哪些产业更具出口竞争力，从而揭示一国在国际贸易中的比较优势。如果某一产业显示性比较优势指数（RCA）> 2.5，则该产业具有极强竞争力；1.25 < RCA < 2.5，表明该产业具有比较强的竞争力；0.8 < RCA < 1.25，表明该产业具有中等竞争力；RCA < 0.8，表明该产业不具有竞争力。在表2中，我国显示性比较优势指数近年来都在0.6上下徘徊，比日本、韩国该指数要高，与美国、英国、法国、德国相比，则要低很多。这一指标评价结果为较差。

2. 产业集中度

产业集中度表示的是行业内少数企业的生产量、销售量、资产总额对某一行业的支配程度，一般用这几家企业的某一指标（大多数情况下用销售额）占该行业总量的百分比来表示。产业集中度高，单个企业的市场份额就大，其创新和发展的能力就会相应提高，产业的国际竞争力状况也肯定能得到提高。CR4 为某产业中前4家最大企业的集中度，也就是在产业中所占的比重。根据黄先蓉等（2013）的数据，2011年，我国出版传媒产业内前4家最大企业的集中度为24.93%，美国为75.99%，英国达80.6%，法国为21.36%，德国为22.98%，日本为32.74%。我国出版传媒产业集中度略高于德国、法国、韩国，但是与美国、英国70%以上的集中度相比较，相差甚远。可见，我国出版传媒产业处于分散竞争和粗放型发展状态，产业集中度低。

我国出版传媒产业总体实力和产业的实际盈利能力与英、美等出版强国的大型传媒集团之间的差距悬殊。《全球50大出版集团2011年度收入排名报告》显示，包括培生、励德·爱思唯尔、汤姆森、路透等在内的世界排名前十强的出版集团的收入份额占据全球出版业收入的50%以上，它们极强的资本资源优势使得我国出版传媒企业难以望其项背。因此，我国出版传媒产业的产业集中度评价结果为较差。

四 中国出版传媒产业控制力评价

（一）出版传媒行业外资进入状态

媒体经营包括内容编辑和经营性外围业务。经营性外围业务主要指广告、印刷、各类出版物的分销等。其中，内容编辑是核心业务，我国在加入世界贸易组织时对这一领域的对外开放没有承诺，因此还没有外资进入。现在进入中国出版领域的外资主要是集中在印刷行业以及出版物的分销领域。在全国35.7万家新闻出版单位中，有3.7%的企业法人单位为港澳台商投资和外商投资企业。黄先蓉（2013）的数据显示，我国新闻出版开放程度打分为2.36，其他6个国家得分都高于3，可以看出我国出版传媒市场开放程度较低。

根据新闻出版总署颁布的《外商投资图书、报纸、期刊分销企业管理办法》，自2003年5月起，国外投资者可以在我国的出版传媒市场从事报刊零售业务。2004年底开始，外国服务提供者可以从事书报刊的批发业务。到2007年1月，有47项外资或合资书报刊分销项目获批。

我国在2001年修订实施了印刷业管理条例，其中规定国家允许设立中外合资、中外合作出版物和其他印刷品印刷企业，允许设立外商独资包装装潢印刷企业。在2002年，新闻出版总署和对外贸易经济合作部联合颁布实行了《设立外商投资印刷企业的暂行规定》。国务院条例和暂时规定的实行对鼓励外商在华投资、设立印刷企业起到了积极的作用。截至2008年底，中国市场上有中外合资、合作或外商投资书报刊发行企业和印刷企业2500多家获批。

2011年新闻出版总署发布的《出版物市场管理规定》规定：国家允许设立从事图书、报纸、期刊、电子出版物发行活动的中外合资经营企业、中外合作经营企业和外资企业，允许设立从事音像制品发行活动的中外合作经营企业。其中，从事图书、报纸、期刊连锁经营业务，连锁门店超过 30 家的，不允许外资控股；外国投资者不得以变相参股方式违反上述有关 30 家连锁门店的限制。

（二）外资品牌拥有情况

外资介入图书销售领域的情况如下：德国贝塔斯曼出版集团、英国朗文、培生出版集团，美国的麦格劳－希尔、约翰·威利，加拿大的汤姆森，德国的图书中心以及日本的白杨社等近 40 家国际出版传媒产业集团纷纷在我国内地设立办事处。

外资介入经营期刊的情况如下：美国 IDG 集团是较早进入我国期刊市场的外国企业之一。20 世纪 90 年代该集团就与中国信息产业部卜属电子科技情报研究所合资成立中国计算机世界出版服务公司，向《中国计算机报》等 10 多家报刊注入资金并通过版权转让获取相关报刊的经营权和发行权。此外，人民邮电出版社与丹麦 EGMONT 集团合资组建童趣出版公司出版，发行美国迪斯尼的《米老鼠》、《小熊维尼》画刊以及各种卡通读物 250 余种；麦格劳－希尔公司与中国对外经济贸易出版社共同出版《商业周刊（中文版）》；新闻集团、美国在线等传媒业巨头也在积极谋求与中国报刊业的广泛合作。港台传媒企业也大举进入内地市场，如《数字时代》和《明星时代》等都有香港或台湾的资金注入。

外资进入印刷业的情况如下：资金主要来源于美国、新加坡、日本等 10 多个国家以及我国港、澳、台地区，印刷业的资金投向以广东、江苏、上海和北京等经济发达地区为主，深圳印刷业这几年占全国印刷工业 20% 以上的总产值，其中外资企业占到 45% 以上。贝塔斯曼出版集团、曼罗兰集团、美国当纳利公司与中国企业合资成立了印刷公司。

外资进入网络出版传媒产业和电子出版业的情况如下：中国财政经济出版社与美国麦格劳－希尔出版集团成立合资公司；中国教育电子公司和美国 BTB Wireless 公司联合开发移动学习浏览器等。由于网络出版是新生事物，我国的法律法规在这一领域还不完善，所以外资企业看到了通过投资网络出版进入中国出版传媒市场的希望。网络出版对启动资金的需求较高，投资回收慢，在电子商务市场尚未健全的情况下，有较大的经营风险，需要有雄厚的资金支撑，因此，许多网站在开办时都吸收了大量的国外资金。政府管理部门只对网上发布的内容进行监管，在网站融通外资方面，则采取比较宽容的政策，基本上不干预。目前在网络经营方面比较成功的新浪、搜狐、当当网上书店、旌旗网上书店等都有外资背景，新浪和搜狐已经在国外上市，直接吸收了国外资金。

（三）外资技术控制状况

外资对出版传媒产业技术的控制主要在印刷领域，到 2008 年，我国的印刷包装企业达到了 3137 家，其中外商以及港澳台投资印刷企业有 474 家。在印刷领域，许多先进技术掌握在外资企业手中。例如，颜色及套准控制系统在现代印刷机上是不可缺少的，如罗曼兰的 RCI/CCI 系统，还有海德堡 CPC 控制系统等，就是这些控制系统确保了将质量误差限定在最小范围内，并确保了全过程高品质生产、联线质量控制及最高精度。罗曼兰、海德堡、高宝等印刷机都推出了诸如"5 + 1""4 + 1"这样的联线上光机型，适应了市场对纸包装产品高光泽、高保护性能的要求。曼罗兰的 Quick Chang Coating 系统广泛地应用于现代的纸包装印刷中。

2004 年制订的《外商投资产业指导目录》里面的"产品全部直接出口的允许类外商投资项目"属于鼓励类目录，到了 2007 年《外商投资产业指导目录》经过了修订，这一原来的鼓励类条目被取消了。这就意味着，以后将不再鼓励外商投资"产品直接出口"。我国对引进外资的印刷技术水平要求更高了，外商可以投资的项目很多是外资企业的核心技术，这样，外资对印刷业技术的控制会受到一些限制。

综上所述，我国出版传媒产业整体开放程度仍然处于较低水平，直接流入出版产业的国外资本不多。外资企业在我国图书市场上所占的份额还不是很大，也没有出现我国加入世贸组织前人们预期的外资大量涌入的局面，其原因是多方面的：一方面，我国开放的仅是图书的分销市场，而要在几年的时间里建立起分销渠道是有相当难度的；另一方面，我国市场的出版物管理还处在规范的进程中，盗版及非法出版对市场的影响很大，进入市场的风险相对较高，外商处于观望、等待中。但是，印刷行业中，外资品牌占有率高，外资技术控制率较高，一方面，有利于我国整个行业技术水平的提升；另一方面，也对本土企业的发展产生了不利影响，对出版传媒产业的产业安全造成了威胁。因为外资品牌占有率越高，外资技术控制度越高，则产业越不安全。因此，出版传媒产业中外资市场控制率的评价结果为第二个等级——较好，外资股权控制度评价也为第二个等级——较好，外资品牌拥有率评价为第三个等级——一般，外资技术控制程度评价为第四个等级——较差。

五 中国出版传媒产业安全度估算

第一步，赋值和赋权。先对二级指标的评价结果（很好、较好、一般、较差、很差）按百分制给予相应的评价值（90、70、50、30、10）；然后，对二级指标赋予相应的权重，同一指标下面的二级指标的重要性大致相同，因而赋予相同的权重；接下来，对一级指标赋权，我们对出版传媒产业国内产业环境、出版传媒产业经营管理、出版传媒产业国际竞争力、出版传媒产业产业控制力四类指标的赋权分别为20、20、40、20。

第二步，根据一级指标的评价值和权重，代入模型 $S = \alpha x + \beta Y + \gamma Z + \delta C = \alpha \sum a_i x_i + \beta \sum b_j y_j + \gamma \sum c_m z_m + \delta \sum d_n c_n$，通过加权平均法计算出中国出版传媒产业安全度评价值。

第三步，安全状态的评价。当评价值分别落在区间 $[85, 100]$、$[65, 85)$、$[45, 65)$、$[25, 45)$ 和 $[0, 25)$ 上时，我们将中国出版传媒产业界定为很安全、安全、基本安全、不安全、很不安全。

出版传媒行业安全度评价如下：通过计算得出产业安全度值为47，落在区间 $[45, 65)$，因此，出版传媒产业安全状态为基本安全（见表3）。同时，可以看出，我国出版传媒产业竞争力不强，需要提高产业发展实力，维护产业安全。

表3 出版传媒产业安全度估算情况

二级指标	评价值	权重（%）	一级指标	描述	评价值	权重	安全度	状态
资本效率	70	20	出版传媒产业国内产业环境评价	产业环境是产业赖以生存的基础，主要包括产业金融环境、相关产业及供给产业竞争力和产业市场需求坏境	50	0.2		
资本成本	30	20						
相关产业及供给产业竞争力	30	20						
国内市场需求量	50	20						
国内市场需求潜力	70	20						
生产能力	70	25	出版传媒产业企业经营管理评价	这里出版传媒产业经营管理主要指出版传媒产业企业经营组织结构、战略决策特点及管理水平	50	0.2	47	基本安全
劳动力素质与成本	50	25						
企业规模	30	25						
资源要素	50	25						
国内市场占有率	30	25	出版传媒产业国际竞争力评价	反映产业的国际和国内生存空间。也就是指产业的产销量应快于或至少不慢于国外产业产销量的增长。这样，国内产业才能保持创新和发展的能力，维持其生存空间	40	0.4		
国外市场占有率	70	25						
显示性比较优势指数	30	25						
产业集中度	30	25						
外资市场控制度	70	25	出版传媒产业产业控制力评价	反映出版产业由谁控制以及控制程度的情况。对产业的控制力越强，则产业安全的状况越好	55	0.2		
外资股权控制率	70	25						
外资品牌拥有情况	50	25						
外资技术控制状况	30	25						
评价模型	$S = \alpha \sum a_i x_i + \beta \sum b_j y_j + \gamma \sum c_m z_m + \delta \sum d_n c_n$。其中，$S$ 为产业安全度；α、β、γ、δ 分别为各指标的权值；x_i、y_j、z_m、c_n 分别为各一级指标下的二级指标，而其前面的系数 a_i、b_j、c_m、d_n 则分别为对应指标的权重								
赋权方法	二级指标赋权：同一个一级指标下的所有二级指标，权重相同，权重之和为1 一级指标赋权：根据各指标重要程度赋予一定的权重，四权重之和等于1								
赋值方法	赋值是指给予二级指标相应的评价值 把各二级指标的评价结果分为：很好、较好、一般、较差、很差，然后按百分制分别给予相应的评价值：90、70、50、30、10								

B.12

出版传媒产业安全预警指标体系的构建

范美琴*

摘　要:

产业安全预警指的是对一个国家的某个产业的产业安全受威胁程度做出的预测和警报。预测即产业安全评价,产业安全警报就是在评价基础上比照预警范围发出的。出版传媒产业安全预警采用数量模型法设计预警模型,延续上一篇报告的产业安全评价指标体系从出版业国内产业环境、出版业经营管理、出版业国际竞争力、出版业产业控制力四大方面来分析。不同的是预警模型将这几个子系统对产业安全构成威胁的概率进行分析,从而计算得出整个出版传媒产业受到威胁的概率值。比照预警范围可以看出,我国出版传媒产业处于基本稳定的安全状态,产业安全度不是很高,还需要提高产业竞争力,以保障产业安全。

关键词:

预警机制　预警模型　预警范围

一　产业安全预警

所谓的产业安全预警包括两层含义:产业安全预测和产业安全警报,产业安全预测是产业安全警报的基础。这里的产业安全预测指的就是产业安全评价,而产业安全预警则是根据产业安全评价结果比对所给定的预警范围,进而

---

* 范美琴,中国社会科学院研究生院,产业经济学硕士研究生。

196

确定产业安全受到威胁的程度高低，发出警报，完成产业安全预警。[①]

在经济全球化的今天，很有必要构建一个高效、适用的产业安全预警系统。有了这样的预警系统，产业监管部门可以依据预警系统在产业运行出现不安全趋势的初始阶段就有针对性地采取措施，未雨绸缪，避免产业可能出现的危机。在实现预警的过程中，产业安全预警系统具有预测警示、解释、监测以及防范调控等功能。

总体来看，出版传媒产业是一个比较特殊的产业，具有经济和文化双重属性。出版传媒产业能够创造价值、积累财富、促进就业，同时也承担着普及知识、积累文化、传播文明的使命。西方发达国家文化产业在国民经济中占较大比重，而我国出版传媒产业国际影响力很薄弱。虽然我国出版传媒产业近年来取得了较快发展，呈现巨大活力，但在经济全球化背景下，出版业行业面临许多挑战：科技和新媒体的冲击；自身竞争力微弱；外来资本的威胁与压力。因此，对我国出版传媒产业安全状况的评价与预警很有必要。

二　构建产业安全预警体系的具体步骤

构建一套行之有效的产业安全预警体系应该包括预警指标体系的建立、预警临界域的确定、预警结果的分析及其输出。

（一）产业安全预警指标体系的建立

建立产业安全预警体系的关键环节是构建一套可以及时、全面、动态反映产业发展的现状及趋势与影响产业安全因素的指标体系。指标的选择需遵循科学性、系统性、完备性、客观性、可行性、动态性、稳定性的原则。除了选择恰当的指标之外，指标体系的建立还需要科学地界定各个指标对预警的影响权重。基于此，本书建立出版传媒产业国内产业环境、产业国际竞争力、产业经营管理水平和产业控制力四个子指标体系，并且在每一个子指标

[①]　李孟刚：《产业安全理论的研究》，北京交通大学博士学位论文，2006。

体系下再选取几个对应的指标。预警指标体系是动态的，它还将随着经济形势的变化和预警系统运行经验的积累而不断地修改和完善。

（二）确定产业安全预警临界域

要想准确监测各项预警指标的演进情况，就必须合理界定产业安全预警的临界域，这样才可能对产业的运行状况和发展趋势做出准确判断。要合理确定产业安全预警临界域，就应当严格按照国际公认的标准，综合考量各种威胁产业安全的因素，并借鉴别国的历史经验，吸取各方面专家的意见。特别需要考虑的是，产业安全预警临界域也是一个动态的概念，应随着产业的发展而变化。只有在确定了指标预警临界值之后，产业安全预警体系才能真正运行。

（三）产业安全预警结果的分析及其输出

建立了产业安全预警指标体系并确定产业安全预警临界域之后，下一步就是采集、输入和处理产业各项指标的具体数据，最终输出预警结果。产业安全预警体系建立的目的就是在出现警情之前做出预测，并且及时发出警报。预测与警报的依据都是预警体系输出的结果，对预警系统运行的绩效判断也完全取决于预警体系输出的结果。对产业安全预警体系输出的结果的分析，可以为决策者制定保障产业安全的决策提供科学依据。

三 出版传媒产业预警模型构建

加入世界贸易组织后，许多国家，特别是一些经济比较发达的国家对建立经济安全预警系统、产业安全预警机制的重要性已经基本达成了共识。已有的比较成功的产业损害预警机制包括美国"扣动扳机机制"、欧盟"进口监测快速反应机制"以及印度"重点商品进口监测机制"，这些预警机制在设计原理上大致有以下几种常见的形式。

（一）指标法

选择若干相关经济变量进行追踪监控和跨时期的纵向比较，设定"正常水平",并以此为参照,观察变量与"正常水平"的偏离程度。一旦指标趋近某一临界值(本国的经验标准或国际习惯标准),即可以视为出现潜在威胁的预警信号。

(二)专家预测法

这种方法指的是挑选一些预警专家,把专家的经验作为进行预测的参考依据。采用这种方法的步骤是:先将相关的经济指标变动数据传送给若干位专家,为了避免专家们的意见相互影响,这些专家彼此之间是相互隔离的;每个专家将个人预测反馈给项目小组,由小组对专家的预测进行汇总和修正,然后将结果发回给专家再次进行个人预测,如此循环反复,直至得出基本统一的结论。

(三)人工神经元网络预测

人工神经元网络是一个非线性的动力学系统,拥有较强的函数近似能力,可以拟和复杂的非线性函数。人工神经元网络具备存储历史数据和输出信息的能力,然后可以对新的数据进行模拟运算,得出预测结论。经济系统本身一般被认为是非线性系统,因而在理论上更适合选用非线性模型。

(四)数量模型法

这种方法指的是设计一个涵盖与产业安全直接或者间接相关的若干经济变量的数量模型,并利用这个模型来评估未来产业安全发生威胁的概率。

本书将采用数量模型法建立出版传媒产业安全预警模型,从理论上讲,被解释变量与解释变量之间存在线性或者非线性两种可能的关系。不过在本书中,为了方便,我们采用线性模型来分析。

构建产业安全预警模型:

$$S = f(E, M, C, C_o)$$

其中,S 为产业安全状态;E 为产业环境;M 为产业经营管理;C 为产业竞争力;C_o 为产业控制力。

在这里，我们把出版传媒产业的安全状态看成出版传媒产业国内产业环境、出版传媒产业经营管理水平、出版传媒产业国际竞争力和出版传媒产业产业控制力四个主要变量的函数值，并且认为以下关系成立：

（1）国内产业环境反常恶化则产业安全受威胁。

（2）产业经营管理水平低下则产业安全受威胁。

（3）产业国际竞争力薄弱则产业安全受威胁。

（4）外资对产业控制的反常加强则产业安全受威胁。

P 代表一国某产业安全受到威胁的可能性。

$P = \sum P_i X_i$，且 $0 \leq P \leq 1$。

P_i 表示一旦某项产业指标发生恶化后我国出版传媒产业安全就处于危险中的概率，$i = 1$、2、3、4。X_i 代表某项产业指标的恶化对于测定一国某一产业安全受威胁的权重，$i = 1$、2、3、4，$\sum X_i = 1$。

关于模型的说明：出版传媒产业预警评价指标体系中，一级指标有 4 个，二级指标有 17 个。4 个一级指标的权重按照国际竞争力比重最大为 0.4，其他 3 个比重相同。

假设国际竞争力为 C，临界值即下限为 L_1，指的是国际竞争力低于 L_1，则产业会受到威胁。产业安全受到威胁的概率为 P_1，$P_1 = c (C, L_1)$，即 P_1 由 C 和界限值 L_1 决定，可以取 $P_1 = c (C - L_1)$，概率的大小与 $C - L_1$ 成反方向关系，国际竞争力越高，产业受威胁的可能性越小。

同理，我们可以分别对产业国内环境、产业经营管理水平和产业控制力进行相同的分析：

$$P_2 = e(E, L_2)$$
$$P_3 = m(M, L_3)$$
$$P_4 = co(Co, L_4)$$
$$P = \sum P_i X_i, = P_1 X_1 + P_2 X_2 + P_3 X_3 + P_4 X_4$$

通过计算 P 的值并与表 1 给定的预警范围比较，将产业安全受威胁的概率 P 值划分为 6 个区间。$P \leq 0.1$ 表示产业受威胁的概率不超过 10%，产业处于非常安全的状态；$0.1 < P \leq 0.3$ 表示产业受到威胁的概率在 0.1~0.3 之间，产业比较安全；$0.3 < P \leq 0.5$ 表示产业基本稳定；$0.5 < P \leq 0.6$ 表示产业比较危险；

$0.6 < P \leqslant 0.8$表示产业受到威胁；$P > 0.8$说明产业非常危险。据此可以在一定程度上把握一国产业安全受到威胁的程度大小，并发出相应的警报。

表 1 产业安全预警范围

	$P =$产业安全受威胁的可能性
浅绿灯区（产业非常安全）	$P \leqslant 0.1$
绿灯区（产业比较安全）	$0.1 < P \leqslant 0.3$
浅黄灯区（产业基本稳定）	$0.3 < P \leqslant 0.5$
黄灯区（产业比较危险）	$0.5 < P \leqslant 0.6$
红灯区（产业受到威胁）	$0.6 < P \leqslant 0.8$
紫红灯区（产业非常危险）	$P > 0.8$

注：预警范围采用李孟刚《产业安全理论的研究》中范围的界定。

四　我国出版传媒产业安全预警指标分析

出版传媒产业安全预警包括产业安全预测和产业安全警报两个部分，产业安全预测指的就是产业安全评价，对产业安全度的评价是做出产业安全警报的前提，上一篇报告中我们已经对我国出版传媒产业安全指标进行了详细的评价，我国出版传媒产业基本安全。本文简要概括了出版传媒产业安全评价指标的状况，为产业安全警报模型提供资料来源。需要指出的是，由于出版传媒产业资料来源有限，对警报临界值的选取较难，因此，各个一级指标对产业安全构成威胁的概率是通过分析该指标状况和对比产业安全警报范围得出的。

（一）出版传媒产业国内产业环境

1. 资本效率

由于出版传媒产业利润率较高，且行业投资热情高，国有企业贷款有保障，并且国家实施了积极的财政补贴政策，因此，该产业资本效率比较高。但是，对上市融资的集团企业和一些民营企业来说，由于国家货币政策和股票等融资市场发展不完善，也存在融资困难的情况，总的来说，该产业资本效率良好。

2. 资本成本

因央行近年来屡次上调各档次贷款利率，使得企业融资支付的利息费用增加，在一定程度上提高了产业资本成本。而发行股票、债券的筹资费用也很高，我国企业想在境外上市则要付出更多的成本。因此，出版传媒产业融资成本较高。

3. 相关产业的竞争力

与出版传媒产业相关的产业中，印刷产业、文化产业发展势头强劲，我国是世界第三大印刷基地，但与国外先进企业存在差距，面临不少困境，在技术应用与创新方面需要进一步突破；通信产业的发展步入新的阶段，然而技术应用、服务平台打造等方面有待提升。总的来说，出版传媒业相关产业发展潜力巨大，竞争力还需提高。

4. 国内市场需求量

我国国民图书阅读率逐年上升，数字化阅读量增幅显著，但是国民人均纸质阅读量远低于发达国家，各类出版物需求结构失衡，需求结构中，教育类图书如课本占很大比重，报纸期刊比重少。需求结构失衡会影响产业健康发展，并且国内市场发育不完全也会制约该产业国际市场的拓展。

5. 国内市场需求潜力

我国出版行业总产出、营业收入、出版物零售总额逐年增加，供给与消费协调发展，同步增强。随着我国国民经济日益增强，人民收入及受教育水平都会提高，广大人民群众日益重视教育、精神文化生活与文化、科学知识学习，对文化产品的需求将会同步增加，因此，我国出版传媒业国内市场需求潜力巨大。

综上所述，我国出版传媒产业国内市场繁荣，需求旺盛，相关产业的发展也日臻完善，但同时伴随的问题也很多，包括企业融资有困难，成本较高，需求结构不合理，居民文化消费水平不够高等。因此，出版传媒产业国内产业环境整体不差，不足以对产业安全构成威胁。P_1 即产业环境对产业安全构成威胁的概率定为 0.2。

（二）出版企业经营管理评价

1. 生产能力

近年来，我国新闻出版单位数量、出版单位就业人数逐年增加，出版物生产能力大幅提升，图书、报纸、期刊、电子出版物总产能逐年增加，特别是数字出版增长势头强劲，我国出版业生产能力前景可观，但是总体产业规模与发达国家相比仍有较大差距。

2. 劳动力素质及成本

我国出版传媒产业从业人员素质较高，其中编辑行业本科生居主导地位，但是缺乏高级金融、管理人才，人员市场适应能力较差。在市场经济、资本化与贸易全球化大背景下，该行业目前需要吸收大量专业型人才。对劳动力成本而言，我国出版从业者属于中高收入群体，但是较高收入者并不多。

3. 企业规模

我国出版社数量偏少且增长缓慢，成规模的出版集团也不多，进入国际排名前 50 位出版集团的只有一家，产业集中度较差，处于分散竞争的状态。在与国际大型出版集团竞争中就会处于劣势，难以与其抗衡。

4. 资源要素

我国有着悠久的历史和巨大的知识文化宝库，文化底蕴深厚，可挖掘的宝藏不可估量。但是，当前出版物和文化作品对我国文化资源开发利用的程度不够，出版物质量不高，出版物版权国际贸易存在较大逆差，缺乏具有国际竞争力的产品。此外，我国出版业数字化转型有了很大进展，但数字出版的技术壁垒仍然有待突破。

综上所述，在出版企业经营管理方面，企业出版物生产能力旺盛，劳动者素质较高，但适应市场的人才缺乏，成规模的企业集团较少，知识资源开发利用不足，整体来看，若出版行业经营管理恶化，人才需求得不到满足，大型企业培育不起来的话，则很可能会被国际出版巨头在竞争中打压，不利于产业发展。因此，出版业经营管理恶化对产业安全构成威胁的概率定为 0.5。

（三）出版传媒产业国际竞争力评价

1. 产业国内市场占有率

产业国内市场占有率反映的是该产业在国内市场的竞争状况，占有率越大，则表明产业在国内经济中重要程度越高。我国出版传媒产业销售收入占当年 GDP 比重逐年下降，从 2007 年的 0.49% 降到 2011 年的 0.27%，国内市场占有率不高，其他发达国家这一比重一般为 0.5% 以上，可见我国出版传媒产业规模与其他发达国家相比差距较大。但同时也需要认识到我国国民经济产业种类繁多，出版传媒产业在其中所占比重小也是合理的。

2. 产业国外市场占有率

我国出版传媒产业国际市场占有率逐年提高，比法国、日本、韩国的占有率高，但是在国际贸易中，我国对外出版物版权贸易一直都存在贸易逆差，引进输出比在下降。因此，我国出版物国际市场竞争力仍较弱，国际影响力有待提高。

3. 显示性比较优势指数

显示性比较优势指数是衡量一国产品或产业在国际市场竞争力的指标，可以描述一国各个产业相对出口的表现。它指的是一个国家某产业出口额占其出口总值的份额与世界出口总额中该类产业出口额所占份额的比率。该指标值大于 1 则表示该产业在国际市场具有比较优势，小于 0.8 则表明该产业竞争力弱。数据显示，我国出版传媒产业这一指标值小于 0.8，说明我国出版传媒产业不具有竞争力。

4. 产业集中度

产业集中度用行业内几家企业的某一指标占该行业总量的百分比来表示。产业集中度高，单个企业的市场份额就大，实力雄厚，在国际竞争中就会处于有利地位。我国出版传媒产业前 4 家较大企业的集中度为 24% 左右，集中程度较低，产业处于分散竞争状态，总体实力不强，与美国 70% 以上的产业集中度相比差距很大。

综上所述，我国出版传媒产业国际竞争力偏弱，国内、国际市场占有率较低，产业集中度不高，产业也不具备比较优势，如果出版传媒产业国际竞争力继续恶化的话，会对产业安全造成威胁，这一概率定为 0.6。

（四）出版传媒产业产业控制力评价

当前，我国出版传媒产业中内容编辑是核心领域，目前还没有外资进入，外资进入主要集中在印刷行业和出版物的分销领域。

总的来说，我国出版传媒产业整体开放程度仍然较低，直接流入出版产业的国外资本较少，外资企业在我国图书市场上所占的份额不是很大，也没有出现我国加入世贸组织前人们预期的外资大量涌入的局面。但在相关印刷业中，外资品牌较多，许多先进技术掌握在外资企业手中，外资技术控制率高，会对安全状况造成威胁。出版传媒产业由于具有行业特殊性，内容编辑在短时间内不会放开，产业被国内企业控制，但相关印刷业外资较多，产业控制力继续减弱有可能影响产业安全，对产业安全造成威胁的概率定为0.4。

（五）出版传媒业产业安全预警结果的输出

本文采用数量模型法建立出版传媒产业安全预警模型，P代表一国某产业安全受到威胁的可能性，$P = \sum P_i X_i$，且 $0 \leqslant P \leqslant 1$。

P_i表示一旦某项产业指标发生恶化后一国某产业安全就处于危险中的概率，$i = 1$、2、3、4。X_i代表某项产业指标的恶化对于测定一国某一产业安全受威胁的权重，$i = 1$、2、3、4，$\sum X_i = 1$。

模型中一级指标有4个，二级指标有17个。赋予4个一级指标权重分别为：出版产业国内产业环境0.2、产业经营管理水平0.2、产业国际竞争力0.4和产业控制力0.2。这样，我们可以计算我国出版传媒产业受到威胁的概率：

$$P = \sum P_i X_i = 0.2 \times 0.2 + 0.5 \times 0.2 + 0.6 \times 0.4 + 0.4 \times 0.2 = 0.46$$

对比表1预警范围，0.46落在浅黄灯指示的区域，也就是说我国出版传媒产业处于基本稳定的状态。同时，说明产业安全程度并不高，产业竞争力需要提升，需要警惕安全状况。

五 产业安全预警系统的执行

产业安全并不是孤立的，企业安全从属于产业安全，产业安全给企业安全提供了前提条件和环境依托，企业战略决策以及赢利模式的构建都离不开对产业环境的理解和把握。企业是产业的微观主体，企业安全构成产业安全的基础，没有企业的普遍安全，产业安全也就无从谈起。另外，产业安全是国家经济安全的核心组成部分，产业安全的最终目标是服务并服从于整个国家的经济安全。

基于以上所述，要制定维护产业安全的具体政策措施应当通盘考虑，既维护产业安全，又要维护企业安全和国家经济安全，这三个方面是"三位一体"关系，共同构成产业安全保障体系，应建立三级监管预警系统。国家级预警系统侧重国家经济安全，产业级预警系统以行业协会为主体，侧重产业安全，企业级预警系统关注本企业的安全，三者既互有侧重，又三位一体，共同构建起预警网络，从而落实产业安全政策措施。这就涉及如何实现对外来经济风险的监管问题，也就是预警系统的执行问题。

目前国际上常见的预警执行模式有以下三种：

第一种是监管模式。在这种模式下，中央一级的特定监管机构集中掌握着监管权。第二种是双轨多元模式。这种模式中的中央和地方机构都有监管权，这就是双轨；多元就是同一级中有多个机构共同负责监管。第三种是单轨多元模式。这种模式中的监管权集中于中央的多个机构，地方机构只负责执行，或者作为中央监管机构的代理者行使监管权。

建立三位一体的预警监管执行机构，可以共享信息资源，降低信息成本，让每一级预警机构都可以"各尽其能"。

第一级是由政府建立的官方预警机构，即国家级预警机构。目前我国已建立的预警机构有公平贸易局和产业损害调查局等。第二级是由行业自主建立各自的行业协会，这是产业级的预警机构，由行业协会搜寻信息，执行预警监督职能；要维护产业安全，必须强化行业协会等中介组织的组织协调职能，充分发挥行业协会等中介组织的作用。第三级是企业自身建立的预警机构，这是企业级的。企业可根据行业协会通报的可能发生不利情况的预警及时、迅速采取相应措施。

具体来说，预警系统的执行有以下几个步骤。首先，根据产业安全预警系统的要求，遵循一定的指标设计原则，国家产业安全预警部门、行业协会和企业搜集相关的数据建立产业历史指标数据库。其次，对这些数据进行甄别，考察是否符合预警体系建立的原则，然后通过所建立的基于数量模型法的产业安全预警模型对产业的运行态势进行评价，对照预警范围并得出预警结果。最后，预警结果输出后，国家产业安全预警部门、行业协会和企业等相关部门要组织相关领域专家对预警结果进行分析。若产业安全受到威胁，要寻找解决对策，并且建立自动更新对策库，为产业安全监控和维护提供对策储备；同时，预控对策处理结果又自动反馈给对策库，以不断更新和改进对策。

国际经验篇

International Experiences

他山之石，可以攻玉。西方发达国家的出版传媒产业有着很长的市场化历史，它们在保障本国出版传媒产业安全方面也有着十分丰富的经验。在文化全球化的过程中，受到冲击的不仅仅是发展中国家，像法国、加拿大等经济强国也都面临着传统文化受到冲击的风险。

面对风险，一方面，这些国家通过设置进口关税壁垒、市场准入限制和间接壁垒等手段给外来势力设置障碍，保护自己的出版传媒市场不受冲击；另一方面，呵护本国的出版传媒产业，通过政策扶持、税收优惠、财政扶植、基金资助和贷款支持等措施促进本国出版传媒产业的发展。它们的很多经验可供中国出版传媒产业借鉴。

国外维护出版传媒产业安全的经验研究

刘 敏*

摘 要:

西方发达国家对出版传媒产业安全都非常重视,一方面,保护自己的出版传媒市场不受冲击,通过设置进口关税壁垒、市场准入限制和间接壁垒等手段给外来势力设置障碍;另一方面,呵护本国的出版传媒产业,通过政策扶持、税收优惠、财政扶植、基金资助和贷款支持等措施促进本国出版传媒产业发展。

关键词:

进口关税 政策扶持 税收优惠 财政扶植

出版传媒产业不仅具有经济属性,更重要的是还具有文化属性,承担着传承民族文明、传播本国文化的职责。正是出版传媒业的文化属性决定了这个产业的特殊性,决定了这个产业不能像其他产业一样,实行完全的贸易自由化,而是应该既注重经济效益,又要注意维护国家的文化安全。

从世界范围来看,无论是发达国家还是发展中国家,各国政府对出版传媒产业安全都非常重视,在对外开放市场的时候总会采取各种各样的措施对本国的出版传媒产业进行保护。特别是20世纪后期,随着经济全球化的迅速发展,出版传媒产业国际化的趋势日益明显,全球出版传媒企业的兼并重组接二连三,国际出版传媒市场上涌现了一批像培生、爱思唯尔、贝塔斯曼这样规模庞大的跨国出版集团。跨国出版巨头的出现给一些国家的民族出版业带来了冲击,使得这些国家的政府在承诺开放本国出版传媒市场的时候,也考虑对本国

---

* 刘敏,北京行政学院副教授。

出版传媒产业采取保护措施，从而形成了一整套以健全的法律法规作为基础的政策体系，能够充分运用各种手段在市场经济环境下有效地保护自己国家出版传媒产业的安全。

放眼全球，世界贸易组织的 135 个成员中，只有 27 个成员承诺开放出版传媒产业，只占世贸组织成员的 20%。承诺开放出版传媒产业的成员包括欧盟及欧盟的 15 个成员国，即爱尔兰、比利时、丹麦、德国、法国、荷兰、卢森堡、葡萄牙、西班牙、希腊、意大利、英国、奥地利、芬兰、瑞典；此外还有冰岛、日本、韩国、科威特、挪威、波兰、瑞士、列支敦士登、泰国、匈牙利、美国。可以看到，承诺开放出版传媒市场的绝大多数是自己的出版传媒产业力量很强的国家。这些成员承诺开放的领域和条件也各不相同，一些国家在承诺表中明确写入保留修改规定和改变外国服务提供者进入市场条件的自由。因此，即便是承诺开放出版传媒市场的，也不是无条件地洞开门户。大多数国家都对自己的出版传媒产业采取适度呵护的政策，一方面，它们构筑各种壁垒来防止国外资本对本国出版传媒产业的冲击；另一方面，它们通过各种方式扶持本国出版传媒产业的发展。

一 构筑壁垒，给外来势力设置障碍

各国通常采取的保护本国出版传媒产业的手段有进口关税壁垒、市场准入限制和暗设间接壁垒等。这些措施的保护作用各不相同，各有特点。

（一）进口关税壁垒

进口关税是一个国家的海关对进口货物和物品征收的关税。征收进口关税会增加进口货物的成本，提高进口货物的市场价格，削弱其商品的竞争能力，从而影响外国货物进口数量，以达到保护本国相同或类似产业的目的。因此，各国都以征收进口关税作为限制外国货物进口的一种手段。

关税是国家政府的一个重要砝码，用来保护和促进本国国内出版传媒市场的发展。关税政策会根据不同国情，有所区别。例如，有些国家免图书出口税，只征图书进口税，还有的国家只对某类出版物进口征税或者免税。当前世界上对图书进口免征进口税的国家有美国、英国、爱尔兰、挪威、意大利、西班牙、葡萄牙、瑞士等国；对图书征收进口税的国家，征收额度分别为：瑞典23.46%、丹麦22%、奥地利10%、法国7%、德国7%、比利时6%、荷兰5%。

进口关税确实起到了抑制外国出版传媒产品竞争力的作用。不过，其弊端也较为明显，会限制市场机制的作用，降低出版传媒资源配置的效率，给本国国民经济增加负担，同时难免招致外方的贸易报复。

（二）市场准入限制

所谓市场准入（Market Access），是指一国允许外国的货物、劳务与资本参与国内市场的程度。有些世界贸易组织成员国为了保护本国出版传媒产业，没有承诺开放出版传媒市场，而是制定了一系列政策，针对要进入本国出版传媒市场的外资加以限制。

1993年12月法国政府在关贸总协定乌拉圭回合谈判中与美国针锋相对，带头提出了"反对美国文化帝国主义""维护欧洲和法兰西文化特征"等口号，针对美国的文化入侵制定了"文化例外"政策，希望在图书、影视、音像等方面限制外来文化进入法国市场。

加拿大出版传媒市场的准入限制是一个典型的市场准入限制案例。加拿大国土广袤，但人口稀少，而且全国有八成的人口生活在距美加边界250公里内的地区，大部分人说英语。独特的地理位置加上语言文化与美国的亲近渊源，使得加拿大文化一直处于美国超强文化的阴影之中，美国文化在长期发展中已渗透到了加拿大社会生活的方方面面。就拿期刊市场来说，从20世纪20年代起，美国杂志就开始成为加拿大杂志市场的一部分，早在1977年，《时代周刊》加拿大版每月销售57万份，《读者文摘》加拿大版每月销售200万份。加拿大的英语类消费杂志中，以美国杂志为主的外国杂志占据了81%的份额，在杂志的年度发行总收入中，外国杂志占63%的份额。[①] 长期的美国文化影响让加拿大人感到自己的出版传媒产业和文化独立受到了威胁。

---

① 张斌：《国际文化贸易壁垒研究》，山东大学博士学位论文，2010。

于是，加拿大政府出台了一系列政策和法规来限制外资出版传媒企业在加拿大的规模。1985 年，加拿大政府出台了《投资加拿大法案》，要求当时在加拿大境内的国外独资出版企业必须在两年之内至少拿出 50% 的股份出让给加拿大本国出版商，同时严禁国外资本收购本国出版传媒企业，并限制外国企业对加拿大出版传媒产业进行新的投资。《投资加拿大法案》之后又几经修订，增添了更多限制性内容，要求外国投资者在投资加拿大出版传媒产业时要承诺：促进加拿大作家的发展，与加拿大出版商合作，一起把加拿大作家推向新的出版市场；支持加拿大图书发行系统的基础设施建设等。这一措施有效地控制了国外企业在加拿大的发展势头和发展规模，为本国的出版传媒产业提供了发展机会。1992 年，加拿大政府又推出《图书出版与分销领域外资投资修正案》，这一项新的政策规定在加拿大出版传媒产业的外国投资者不能设立独资企业，投资形式只限于合资，即使合资，也要通过政府有关部门的严格审批，受政府管理部门的控制；加拿大的出版传媒企业不得出售给外国投资者。这些市场准入政策的实施，有效地防止了外国文化特别是美国文化的入侵，同时也对其本国出版传媒产业保持民族特色产生了深远的影响。

（三）暗设间接壁垒

在关贸总协定的推动下，世界平均关税水平一直在削减。有些世贸组织的成员虽然承诺了开放出版传媒市场，但是在实际操作中也都设置了一些隐蔽的、间接的市场进入壁垒。这些新的贸易保护措施包括自动出口限制、补贴、技术性贸易壁垒等更加隐蔽、更灵活的手段。有些国家在设置与出版物进口的标准、外资进入本国出版传媒市场的办法相关的壁垒时，其给出的理由不是要保护本国的出版传媒产业，而是环境、教育、管理等其他方面的理由，甚至出现了劳工标准、环保壁垒等五花八门的形式。这样，从表面上看，这些成员国并没有违反在世贸组织所做出的承诺，但从实际效果看，也在某种程度上阻碍了国外出版传媒产品以及国外出版传媒产业的进入。

在英国，无论是本国企业还是外国企业，都必须按照政府的要求到设在伦敦的公司登记所去注册登记，而且必须按年度定期上报经营情况，违者将面临罚款和撤销其经营的处罚。

二 百般呵护，扶植本国企业发展

为国外出版传媒企业进入市场设置壁垒虽然能起到保护本国企业的作用，但是很容易受到各方面的压力，甚至引起别国在国际贸易上的报复。因此，各国政府采取更多的策略是对本国的出版传媒产业加以扶持，扶持的方法也是五花八门，不过使用最多的往往是政策扶持、税收优惠、财政扶植、基金资助和贷款支持。

（一）政策扶持

各国政府为了扶持本国的出版传媒产业发展，制定了许多保护性政策。比如美国的对外贸易中有保护美国利益的"特别 301 条款"，这是美国贸易法中针对别的国家立法或行政上违反贸易协定、损害美国利益的行为采取单边行动的立法授权条款。它最早见于《1962 年贸易扩展法》，后经《1974 年贸易法》《1979 年贸易协定法》《1984 年贸易与关税法》，尤其是《1988 年综合贸易与竞争法》修改而成。"特别 301 条款"是美国针对知识产权保护和知识产权市场准入等方面的规定；还有一个"超级 301 条款"，是应对国外贸易壁垒、扩大美国对外贸易的规定。

"301 条款"的本质是美国人利用贸易政策推行其价值观念的一种手段，其核心在于把美国的市场作为一种武器，把美国的国际贸易准则强加给其他国家，以此来维护美国的利益。按照"301 条款"的有关法律规定，只要别国商品想要进入美国市场，就必须以同等条件向美国开放自己的国内市场，一旦美国人认为开放国的行为或贸易政策不符合美国的利益和标准，美国政府就会动用"301 条款"对该国的贸易进行制裁，以强迫贸易伙伴改变其贸易政策。

美国的出版传媒产品在"301 条款"的保护下浩浩荡荡涌入世界的各个角落。一旦美国政府认为产品的版权或专利权在国外受到侵犯，美国政府就将侵犯者列入其黑名单，并视情节轻重，利用双方其他贸易进行惩罚。

为了防止出现大型集团对出版传媒市场的垄断，保护文化的多样性，更好地满足公众的多种需求，西方国家普遍对中小型出版机构采取扶植的政策。法国文化部图书与阅读局每年都拿出一部分资金用于帮助中小型出版传媒机构，使其能够在竞争激烈的出版传媒市场上生存下去。

（二）税收优惠

除通过政策法律来支持本国的出版传媒企业外，西方各国政府还通过差别税率来促进本国产业的发展。税收是各国政府管理出版传媒产业的重要手段，可以起到调节出版资源配置的作用，通过对不同出版企业、不同出版物征收不同的税率，引导出版业向着符合国家利益的方向发展。

2012 年在其他商品增值税的税率为 20% 的情况下，英国政府针对出版物的增值税税率是零。出版物的零增值税政策在英国已有上百年的历史了，长期的税率优惠政策使英国出版传媒产业得到了稳定的发展，大大加强了英国出版传媒产业的竞争力，使英国成为出版强国。

税收这一调控手段在美国的出版传媒产业中发挥的作用更为明显。美国把出版机构按经营性质分为营利性和非营利性两类。营利性出版机构一般不享受特殊的优惠政策，和其他企业一样纳税。不过也有些州限定了营利性出版机构的最高税率不高于 12%。对非营利性出版机构，美国联邦政府不但给予免税优惠，而且还实施各种各样的资助。联邦政府对出版物不征产品销售税，许多州政府对出版物的税率一般也都有优惠。

法国也是出版传媒产业强国，政府对出版传媒业的扶植在税收上体现得比较明显。法国是个高税收的国家，2012 年法国企业增值税达到了 21.2%。与总体增值税不断上涨形成反差的是，法国政府逐步降低了对出版物的税收。20 世纪 80 年代，法国政府对图书、期刊、报纸征收 7% 的增值税。在这一低税率中，政府又运用降低计税基数的办法，对报纸等的增值税又打了 70% 的折扣。这样，报纸仅交 2.1% 的增值税，期刊仅交 4% 的增值税。从 20 世纪 90 年代开始，法国政府把图书的税率由原来的 7% 下调至 5.5%，比当时一般商品的 18.6% 的税率要低 2/3 还多。[①]

德国 2012 年企业增值税的税率为 19%，而出版传媒产业和医疗、食品业

---

① 董涛：《西方国家政府调控出版业的主要经济手段》，《出版发行研究》1998 年第 1 期。

一样享受优惠税率，优惠幅度是一般税率的50%。墨西哥出版企业的税率优惠幅度也达到了50%。另外，葡萄牙、加拿大等国家对图书、期刊和报纸的出版也都免征增值税。

在出版物发行环节，很多国家也有税收优惠政策。加拿大、英国、澳大利亚、新加坡、韩国、印度对书店实行零税率政策，法国、德国、美国等国家税率不超过7%。

（三）财政扶植

许多国家除了用法律制度来保障出版自由、低税率制度鼓励出版外，还为出版传媒产业提供很多财政资助。

法国政府对出版传媒产业的财政支持非常全面，由中央政府、地方政府和行业协会三者相互协调，通过财政拨款或者基金项目，支持法国国内和部分国外的图书出版项目以及各种类型的出版社和书店，尤其是中小型出版社和书店。法国政府的文化与交流部下设图书与阅览司，其主要任务就是保护和支持创作和出版，扩大图书出口，推动阅读。该司通过国家出版中心对出版传媒产业进行支持，支持的范围包括出版社的图书、期刊等出版项目；对外翻译出版法国作品的项目；书店和小型出版社的图书营销；法国图书出口等。每年的3月、6月和11月，法国的出版商可以提交申请，申请对诗歌、戏剧作品以及其他政府支持的非营利性图书类别的出版资助。为了推动法国图书走向世界，法国政府还有"境外图书计划"，资助向国外介绍法国图书。法国政府热衷于将本国作品翻译成其他国家的文字出版。法国设有各种政府计划项目用于支持不同文字之间的翻译，这些项目由法国图书中心统一管理。除此以外，法国政府通过外交部的各种计划项目对图书（尤其对关注当代的图书）的翻译进行资助，如设在法国驻伦敦使馆的伯吉斯计划（Burgess Programme）。独立书店在法国出版物的发行和传播中发挥着独特的作用，它们也得到了政府的资助，来和大型的图书发行商竞争。法国政府还资助各种全国性的阅读文化活动，每年3月有"诗歌节"，10月有"阅读节"，11月还有"外国友人"活动。这些文化活动都得到了政府的资助。从1982年开始，法国政府对出版业的资助金额逐年大幅上升。1986年补贴达1557万法郎，是1977年的3倍多；1990年达到1.11亿法郎，是1986年的7.14倍。其中，直接补贴中小书商开展图书零售活动的经费达900万法郎。每年法国政府对报业都有资助，金额会达到约25亿法郎，相当于报业年营业额的15%。

英国文化委员会每年都会拿出150万~180万英镑的图书推广费，支持英国出版商把本国的图书推向海外出版传媒市场。1979年，加拿大制定的《资助加拿大出版业发展计划》规定，政府每年投资9700万加元资助图书出版业和发行业。对非营利性的艺术、文学、学术和科学类期刊，加拿大联邦政府和地方政府每年共拨款450万加元。早在1962年，瑞典政府就规定，对一些有学术价值的图书出版进行补贴。日本文部省早在1965年就开始对学术书刊的出版进行直接资助，资助对象为"学术价值高，但市场销售差，无国库补贴则出版困难者"。

（四）基金资助

除了政府直接资助之外，西方国家还通过社会捐赠、部门统筹、机构资助等渠道建立了各种出版基金。这些出版基金对支持本国出版传媒业的发展也起到了重要的作用。

1970年瑞典政府建立了报纸贷款基金，支持那些有发展前途的报社。该贷款基金已资助成立了17家报社，贷款总额已超过1.5亿克朗，这些贷款均为可分期偿还的无息贷款。1989年，德国联邦研究与技术部所属的德国研究协会设立了"印刷补贴基金"，支出710万马克补给出版社用于资助学术著作和学术期刊的出版。澳大利亚政府1995年出资15万澳元成立图书出口基金，支持出版商开拓国外市场，尤其是亚太市场。法国政府1990年拨款1.11亿法郎建立了法国图书文化基金，主要用于补贴出口图书的书价和运输费用、资助专门出口图书和翻译法文著作的组织等。1995年，加拿大政府成立基金会来促进和提高加拿大书业的竞争能力。每个加拿大书店在购买和装配电脑设备时，政府将为其支付总费用的一半，最高资助金额为1万加元。

美国对出版业提供资助的基金会有上百个，财团设立的著名基金会有梅隆基金会、福特基金会、拉南基金会等。美国政府设立并对出版传媒产业直接资助的主要基金有国家人文基金（NHF）和国家科学基金（NSF）。国家人文基金会成立于 1965 年，作为政府的独立机构，主要资助出版和发表人文科学研究和科研成果。20 世纪 80 年代，国家人文基金会曾拨款给数十家出版社。国家科学基金会成立于 1950 年，也是美国政府的独立机构。国家科学基金会的资助范围涵盖自然科学、工程技术及人文科学等学科，主要资助这些学科科学研究和科技成果的出版与发表。20 世纪 50 年代末至 60 年代初，美国大学出版社从福特基金会得到的捐助额达到了 270 多万美元。1972 年梅隆基金会为了支持人文社科著作的出版，向 24 所大学出版社捐助了 210 万美元，1975 年又向 25 所大学出版社捐助了 140 万美元。

基金资助制度的存在对那些无赢利能力的学术著作的出版发挥着重要的作用，推动了科学技术的发展，并为西方各国的出版物走向世界发挥了积极的作用。

（五）贷款支持

出版传媒产业在许多国家都是微利行业，特别是对中小型出版社和零售书店来说，资金不足是一个普遍存在的问题。来自外部的资金支持是出版传媒产业得以发展的必要条件，向银行贷款是出版社外部资金来源的一条主要途径。

1990 年加拿大政府拨款 3300 万加元设立了专门的文版化基金银行，通过这个银行向书刊出版商提供低息贷款。

法国的一些小型出版社和书店资金不足，需要贷款。然而，小型企业的营业利润低、投资风险大，银行不愿意贷款给它们。为了解决中小型出版传媒企业贷款困难的问题，法国政府与书业相互担保公司和出版业相互担保公司联合设立了特殊担保基金，为小型书店和出版社的银行贷款担保。法国政府又于 1983 年成立了电影及文化工业投资委员会，这个委员会专门筹集了 2800 万法郎的保证金，用来保证包括出版传媒业在内的文化产业能从银行获得贷款。政府的支持解决了出版社和书店贷款难的问题，由于有了保证，银行在给出版社或书店提供贷款时还给予一些特殊优惠条件，如低利率、优先贷款、放宽贷款期限等。

纵观西方出版传媒产业安全的经验，可以看出，政府的支持是不可或缺的。但需要注意的是，西方发达国家政府虽然给予出版传媒产业政策和经济上的大力扶持，但是对出版商的具体业务运作一概不予干涉。正是由于西方国家政府对出版传媒产业的大力扶持，采取了适时和适当的文化保护政策，其出版传媒产业才得到了高速的发展。

要加强出版传媒产业的安全，主要就是要抵御外来的威胁、消除安全隐患和壮大身自的力量。从国外的经验来看，所采取的措施涉及法律方面和经济方面。用我国出版传媒产业方面的安全措施与之比较，可以看出，由于市场化时间不长，我国出版传媒产业在管理方面依赖行政的力量过多，对法律和经济手段的运用还不足。为了保障出版传媒产业的安全，我们需要加强法制建设，为出版传媒市场的健康运行提供一个安全的环境。另外，要对我国的出版传媒企业从经济上进行扶植。只有自身发展、强大了，我们的产业安全才会有保障。

参考文献

爱德华·萨义德著《文化与帝国主义》，李现译，三联书店，2003。

陈源蒸：《数字技术在国内出版业应用的几个问题》，《大学图书馆学报》2012年第6期。

陈颖：《论网络环境下学术期刊的出版安全》，《清华大学学报》（哲学社会科学版）2009年第3期。

董涛：《西方国家政府调控出版业的主要经济手段》，《出版发行研究》1998年第1期。

董中锋：《论数字化时代中国的出版文化安全》，《河南大学学报》（社会科学版）2008年第2期。

郭全中：《新闻出版业转企改制的现状与问题》，《青年记者》2013年2月（上）。

郝振省：《2005～2006中国数字出版产业年度报告》，中国书籍出版社，2007。

郝振省：《2007～2008中国数字出版产业年度报告》，中国书籍出版社，2008。

郝振省：《2009～2010中国数字出版产业年度报告》，中国书籍出版社，2011。

郝振省：《2010～2011中国数字出版产业年度报告》，中国书籍出版社，2012。

郝振省：《2011～2012中国数字出版产业年度报告》，中国书籍出版社，2012。

郝振省：《中国数字出版存在的问题及发展趋势》，《中国高新技术企业》2011年第8期。

贺剑峰：《中国出版企业竞争力研究》，湖北人民出版社，2004。

胡惠林：《文化产业发展与国家文化安全——当代文化产业论丛》，广东人民出版社，2005。

黄先蓉、邓文博、田常清：《新闻出版业国际竞争力与影响力的模型化测量》，《现代出版》2013年第4期。

黄先蓉、黄霄旭：《出版产业国际竞争力理论模型研究》，《科技和产业》2013 年第 6 期。

黄先蓉、田常清：《我国出版产业国际竞争力要素探析》，《武汉大学学报》2012 年第 6 期。

及烁：《海外巨头布局中国悄然成形》，《中国图书商报》2010 年 12 月 3 日。

姜飞：《海外传媒在中国北京》，中国文联出版社，2005。

金炳亮：《中国出版产业化进程与国家文化安全》，《出版科学》2004 年第 5 期。

景玉琴：《产业安全概念探析》，《当代经济研究》2004 年第 3 期。

景玉琴：《产业安全评价指标体系研究》，《经济学家》2006 年第 2 期。

景玉琴：《政府规制与产业安全》，《经济评论》2006 年第 2 期。

景玉琴、宋梅秋：《美国维护产业安全的政策及其借鉴意义》，《当代经济研究》2006 年第 5 期。

李孟刚：《产业安全理论研究》，经济科学出版社，2012。

李孟刚：《产业安全理论研究》，《管理现代化》2006 年第 3 期。

李孟刚：《产业安全的分类法研究》，《生产力研究》2006 年第 3 期。

李孟刚：《产业组织安全理论研究》，《生产力研究》2008 年第 24 期。

李彤彤：《从波特的五力模型看我国图书出版业的竞争环境》，《编辑之友》2011 年第 9 期。

李怀亮：《国际文化贸易导论》，中国传媒大学出版社，2008。

李怀亮编《当代国际文化贸易与文化竞争——当代文化产业论丛》，广东人民出版社，2005。

李先波：《WTO 案例选评及对我国的启示》，湖南人民出版社，2006。

李祥洲：《新时期出版安全面面观》，《中国出版》2001 年第 7 期。

廖建军：《出版产业竞争力的分层立体评价模型》，《出版科学》2007 年第 2 期。

刘平：《贝塔斯曼：成功是失败之母》，《中外企业文化》2009 年第 1 期。

刘文忠：《简版书进军海外华文市场》，《出版参考》2005 年第 9 期。

刘文忠：《台湾出版集团产业对华文市场的影响》，《出版参考》2006 年第 3 期。

柳斌杰：《大力提升中国新闻出版产业的国际竞争力》，《中国出版》2012 第 1 期。

罗影：《培生曲线办学》，《英才》2009 年第 6 期。

马晓刚：《合作出版不是版权贸易》，《出版工作》1990 年第 4 期。

马莹：《十年国际巨头悄然织网布局中国》，《中国图书商报》2011 年 9 月 22 日。

缪立平、辛广伟：《世界华文出版业的新格局——访华文出版学者辛广伟》，《出版参考》2006 年第 7 期。

欧宏：《转制——中国出版业艰难翻新页》，《半月谈》（内部版）2004 年第 10 期。

潘一禾：《文化安全》，浙江大学出版社，2007。

潘文年：《中国出版产业“走出去”：新建式投资模式分析》，《科技与出版》2009 年第 10 期。

彭伟祥：《走出去，我们准备好了吗?》，《对外大传播》2007 年第 5 期。

全国国民阅读调查课题组、郝振省等：《传统与数字融合中的国民阅读走势分析——基于“第九次全国国民阅读调查”数据解读》，《出版参考》2012 年第 9 期。

塞缪尔·亨廷顿：《文明的冲突与世界秩序的重建》，周琪、刘绯、张立平、王圆译，新华出版社，1998。

孙瑛等：《转企改制后的出版企业建立现代文化企业制度研究》，《现代出版》2012 年第 1 期。

王雪野：《国际图书与版权贸易》，中国传媒大学出版社，2009。

闻学、邢红霞、肖海林：《境外资本进入中国出版发行和版权服务市场的模式和分布》，《出版发行研究》2012 年第 11 期。

新闻出版总署：《2006 年新闻出版产业分析报告》，2007 年 7 月。

新闻出版总署：《2007 年新闻出版产业分析报告》，2008 年 7 月。

新闻出版总署：《2008 年新闻出版产业分析报告》，2009 年 7 月。

新闻出版总署：《2009 年新闻出版产业分析报告》，2010 年 7 月。

新闻出版总署：《2010 年新闻出版产业分析报告》，2011 年 7 月。

新闻出版总署：《2011 年新闻出版产业分析报告》，2012 年 7 月。

新闻出版广电总局：《2012 年新闻出版产业分析报告》，2013 年 7 月。

杨实诚：《面对入世，谈维护出版文化安全》，《出版科学探索论文集第 6 辑》，2003。

姚德权、曹海毅：《外资进入中国传媒业与政府规制创新》，《吉林大学社会科学学报》2007 年第 3 期。

俞锋、李海龙：《对出版社改制后经济角色定位的探讨》，《生产力研究》2012 年第 9 期。

曾庆宾：《中国出版产业发展研究》，暨南大学博士学位论文，2003。

张斌：《国际文化贸易壁垒研究》，山东大学博士学位论文，2010。

张洪波：《数字出版产业发展亟待破解版权问题》，《中华读书报》2012 年 3 月 28 日第 21 版。

张骥：《中国文化安全与意识形态战略》，人民出版社，2010。

张晋光：《行业协会自律监管机制探讨》，《商业时代》2007 年第 12 期。

张蔚萍：《如何正确认识当今的国际环境和国际政治斗争带来的影响》，《理论研究》2001 年第 16 期。

张晓东：《爱思唯尔的中国"攻略"》，《北京商报》2010 年 3 月 29 日第 F11 版。

张雅：《中国出版产业竞争力研究》，兰州商学院硕士学位论文，2013。

赵洪斌、盛梅等：《出版产业的概念、内涵及其特征》，《重庆社会科学》2011 年第 2 期。

周谋武：《开拓华文市场合作是关键》，《出版参考》2004 年第 6 期。

朱建伟：《出版体制改革背景下的出版安全观》，《河南大学学报》（社会科学版）2006 年第 5 期。

Arnold Wolfers, *Discord and Collaboration*, Baltimore, Johns Hopkins University Press, 1962.

Baensch, Robert E. (ed.), *The Publishing Industry in China*, New Brunswick,

N. J. : Transaction Publishers, 2003c.

Bergsland, David. , *Introduction to Digital Publishing*, Clifton Park, NY: Thomson/Delmar Learning, 2002c.

Bretherton, Charlotte, *Security After the Cold War: Towards a Global Paradigm?*, Cambridge: Blackwell, 2002.

Brown, David J. , *Impact of Electronic Publishing: The Future for Publishers and Librarians*, Open access resource, selected by the UC Libraries, DOAJ online journals, 2011.

Cano, Guiomar Alonso, et al. , *Culture, Trade and Globalization: Question and Answers*, UNESCO Publishing, 2000.

Campbell, Robert (eds.), *Academic and Professional Publishing*, Oxford: Chandos Pub. , 2012.

Datamonitor, "Publishing in China", http: // www. datamonitor. com, 2013.

Foote, John, "Canada's Cultural Policy Profile 2009", http: //www. cultural Policies. net/web/canada. PhP? aid =536, 2012.

Gargi Bhattacharyya, *Race and Power: Global Racism in the Twenty-first Century*, London: Routledge, 2002.

Gordon, Christopher, *European Perspectives on Cultural Policy*, UNESCO Publishing,2000.

Greco, Albert N. , Jim Milliot, and Robert M. Wharton, *The Book Publishing Industry*, New York, NY, Milton Park, Abingdon, Oxon: Routledge, 2013.

Hesmondhalgh, David, Andy C. Pratt, "Cultural industries and cultural policy", *International Journal of Cultural Policy*, 2005, 11 (1).

Marketline, "Publishing in China", http: //www. marketline. com/ 2013.

Media Awareness Network, "Canada's Cultural Policies", http: //www. media - awareness. ea/ english/issues/cultural_ policies/canada_ cultural_ polieies. cfm.

Porter, M. E. , *Clusters and New Economics of Competition*, Harvard Business Review, 1998.

Porter, Michael F. , *Competition in Global Industries*, Boston, Mss: Harvard Business School Press, 1986.

Publishersweekly, "The Global 50 The World's Largest Book Publishers, 2012", http://www. publishersweekly. com/pw/ 2013. 3.

Ranald Michie, *The Global Securities Market: A History*, Published to Oxford Scholarship Online, September, 2007.

Reed Elsevier, "Annual Reports and Financial Statements 2011", http:// reporting. reedelsevier. com/ar11/business - review/2012.

Striphas, T. , *The Late Age of Print: Everyday Book Culture from Consumerism to Control*, New York: Columbia University Press, 2009.

Taras, David, Maria Bakardjieva, and Frits Pannekoek (ed.), *How Canadians Communicate* , Calgary: University of Calgary Press, 2003c.

Taras, David, Maria Bakardjieva, and Frits Pannekoek (ed.), *How Canadians Communicate II: Media, Globalization, and Identity*, Calgary: University of Calgary Press, 2007c.

Thompson, J. B. , *Books in the Digital Age: The Transformation of Academic and Higher Education Publishing in Britain and the United States*, Cambridge: Polity Press, 2005.

Thompson, John B. , *Merchants of Culture: The Publishing Business in the Twenty-First Century*, Cambridge: Polity Press, 2010.

Thompson, John B. , *Books in the Digital Age: The Transformation of Academic and Higher Education Publishing in Britain and the United States*, Cambridge, U. K. ; Malden, Mass. : Polity Press, 2005.

Thompson, John B. , *The Media and Modernity: A Social Theory of the Media*, Stanford, Calif. : Stanford University Press, 1995.

Thomson Reuters, *Global Publishinc: Changes in Submission Trends and the Impact on Scholarly Publishers*, http://www. thomsonreuters. com, 2012.

Xing Lu, Wenshan Jia, and D. Ray Heisey (ed.), *Chinese Communication Studies: Contexts and Comparisons*, Westport, CT: Ablex Pub. , 2002.

权威报告　热点资讯　海量资源

当代中国与世界发展的高端智库平台

皮书数据库　www.pishu.com.cn

　　皮书数据库是专业的人文社会科学综合学术资源总库，以大型连续性图书——皮书系列为基础，整合国内外相关资讯构建而成。该数据库包含七大子库，涵盖两百多个主题，囊括了近十几年间中国与世界经济社会发展报告，覆盖经济、社会、政治、文化、教育、国际问题等多个领域。

　　皮书数据库以篇章为基本单位，方便用户对皮书内容的阅读需求。用户可进行全文检索，也可对文献题目、内容提要、作者名称、作者单位、关键字等基本信息进行检索，还可对检索到的篇章再作二次筛选，进行在线阅读或下载阅读。智能多维度导航，可使用户根据自己熟知的分类标准进行分类导航筛选，使查找和检索更高效、便捷。

　　权威的研究报告、独特的调研数据、前沿的热点资讯，皮书数据库已发展成为国内最具影响力的关于中国与世界现实问题研究的成果库和资讯库。

皮书俱乐部会员服务指南

1. 谁能成为皮书俱乐部成员？

- 皮书作者自动成为俱乐部会员
- 购买了皮书产品（纸质皮书、电子书）的个人用户

2. 会员可以享受的增值服务

- 加入皮书俱乐部，免费获赠该纸质图书的电子书
- 免费获赠皮书数据库100元充值卡
- 免费定期获赠皮书电子期刊
- 优先参与各类皮书学术活动
- 优先享受皮书产品的最新优惠

社会科学文献出版社　皮书系列
SOCIAL SCIENCES ACADEMIC PRESS (CHINA)

卡号：2841475752202703

密码：

3. 如何享受增值服务？

（1）加入皮书俱乐部，获赠该书的电子书

　　第1步 登录我社官网（www.ssap.com.cn），注册账号；

　　第2步 登录并进入"会员中心"—"皮书俱乐部"，提交加入皮书俱乐部申请；

　　第3步 审核通过后，自动进入俱乐部服务环节，填写相关购书信息即可自动兑换相应电子书。

（2）免费获赠皮书数据库100元充值卡

　　100元充值卡只能在皮书数据库中充值和使用

　　第1步 刮开附赠充值的涂层（左下）；

　　第2步 登录皮书数据库网站（www.pishu.com.cn），注册账号；

　　第3步 登录并进入"会员中心"—"在线充值"—"充值卡充值"，充值成功后即可使用。

4. 声明

　　解释权归社会科学文献出版社所有

皮书俱乐部会员可享受社会科学文献出版社其他相关免费增值服务，有任何疑问，均可与我们联系

联系电话：010-59367227　企业QQ：800045692　邮箱：pishuclub@ssap.cn

欢迎登录社会科学文献出版社官网（www.ssap.com.cn）和中国皮书网（www.pishu.cn）了解更多信息

法 律 声 明

　　"皮书系列"（含蓝皮书、绿皮书、黄皮书）由社会科学文献出版社最早使用并对外推广，现已成为中国图书市场上流行的品牌，是社会科学文献出版社的品牌图书。社会科学文献出版社拥有该系列图书的专有出版权和网络传播权，其 LOGO（ ）与"经济蓝皮书"、"社会蓝皮书"等皮书名称已在中华人民共和国工商行政管理总局商标局登记注册，社会科学文献出版社合法拥有其商标专用权。

　　未经社会科学文献出版社的授权和许可，任何复制、模仿或以其他方式侵害"皮书系列"和 LOGO（ ）、"经济蓝皮书"、"社会蓝皮书"等皮书名称商标专用权的行为均属于侵权行为，社会科学文献出版社将采取法律手段追究其法律责任，维护合法权益。

　　欢迎社会各界人士对侵犯社会科学文献出版社上述权利的违法行为进行举报。电话：010－59367121，电子邮箱：fawubu@ ssap. cn。

社会科学文献出版社